Edwin Hübner · Mit Computern leben

Edwin Hübner

Mit Computern leben

Kinder erziehen – Zukunft gestalten

MAYER

Edwin Hübner, geboren 1955, studierte Mathematik und Physik in Frankfurt/M. und Stuttgart. Seit 1985 unterrichtet er unter anderem Mathematik und Physik an der Freien Waldorfschule Frankfurt/M. Seit 1990 zusätzliche Tätigkeit als Beratungslehrer für Suchtprävention.

Die Deutsche Bibliothek – CIP-Einheitsaufnahme

Hübner, Edwin:
Mit Computern leben: Kinder erziehen – Zukunft gestalten;
Edwin Hübner. – Stuttgart; Berlin: Mayer, 2001
ISBN 3-932386-47-7

ISBN 3-932386-47-7

Umschlaggestaltung: Bruno Schachtner, Dachau
Satz und Druck: fgb · freiburger graphische betriebe
www.fgb.de

Inhalt

Geleitwort

Seit dem Entstehen der modernen Datenverarbeitung wird auch versucht, das Wesen dieser Technik zu erfassen und ihre Möglichkeiten und Grenzen zu beschreiben. Ihre Wurzeln führen bis zu den logischen Untersuchungen des Aristoteles zurück und können je nach Gesichtspunkt stärker in der Tradition der formalen Logik oder in der Technikgeschichte aufgesucht werden. Letztlich wirken Logik und technische Erfindung in der heutigen Daten- und Informationstechnik eng zusammen. Ein Ende dieser Entwicklung ist noch nicht absehbar.

Fast alle Lebensbereiche sind in den letzten dreißig Jahren zunehmend durch die Informationstechnik verändert worden. Insbesondere die weltweite Vernetzung der Maschinen und dadurch der an ihnen tätigen Menschen ruft individuelle und gesellschaftliche Veränderungen hervor, die aus einem bloßen Technikverständnis nicht abgeleitet werden können. Die eigentliche Bedeutung der technischen Entwicklung scheint gerade in diesen individuellen und gesellschaftlichen Veränderungen zu liegen.

Weil diese Technik es mit Vorgängen zu tun hat, die sonst durch menschliches Denken veranlaßt werden, und der Mensch sich als Mensch gerade durch die Denkfähigkeit bestimmt, ist die Unsicherheit verständlich, die – anders als bei anderen Techniken – in der Abgrenzung des Menschen von der Maschine auftritt. Der Mensch stellt sich in ihr materiell einer Welt gegenüber, die vorher reiner Bewußtseinsinhalt war. Wird die technische Welt in Zukunft die Bewußtseinswelt dominieren? Zahlreiche Untersuchungen, Vermutungen, Hypothesen und Visionen sind zu dieser Frage erschienen. Interessanterweise hängt aber der tatsächliche Einfluß dieser Technik davon ab, als was sich der Mensch selbst bestimmt. Kann er den Blick auf den Ursprung der Kräfte richten, die diese Technik hervorgebracht haben, das heißt auf sein eigenes Denken und dessen Möglichkeiten? Oder bleibt der Blick an dem vom Denken hervorgebrachten Produkt haften?

Fragen dieser Art sind nicht müßige philosophische Spekulationen. Sie haben eine eminent praktische Bedeutung, deren wichtigste Auswirkung in der Bildung des Menschen selber, das heißt in der Erziehung liegt. Ist der Mensch wie ein Computer regelhaft zu programmieren oder sind die in ihm veranlagten schöpferischen Kräfte und seine offene Intelligenz zu pflegen? Ob Technik zu Heil oder Unheil der Menschheit wird, hängt davon ab, ob wir über ihr Wesen und die eigenen Bewußtseinsmöglichkeiten eine sachgemäße Anschauung haben.

Edwin Hübner übernimmt es, aus anthroposophischer Sicht Charakteristiken der Informationstechnik aufzusuchen, schon vorhandene Einflüsse auf das Erziehungswesen zu beschreiben, deutlich sichtbar gewordene Gefahren zu benennen und auf ihm notwendig erscheinende Gesichtspunkte hinzuweisen.

Als 1990 mein Buch »Erziehung in einer Computer-Gesellschaft. Datentechnik und die werdende Intelligenz des Menschen« erschien, wurde versucht, manche der auch hier behandelten Themen darzustellen. Der Vergleich zeigt einmal mehr, welche ungeheuer rasche Entwicklung seither stattgefunden hat und wie die Technik inzwischen fast metastasenartig in weite Bereiche der Zivilisation eingedrungen ist, und er läßt vorausschauen, mit welcher Geschwindigkeit Veränderungen auch in nächster Zeit noch zu erwarten sind. Der Blick auf den Menschen selber mit differenzierten Begriffen und wachem Bewußtsein wird immer dringlicher, um die notwendigen Grenzziehungen zwischen

Mensch und Maschine sachgemäß vornehmen zu können. Dazu möchte eine auf der Anthroposophie beruhende Betrachtungsweise klärend beitragen.

Januar 2001 *Ernst Schuberth*

Einleitung

Mensch werden ist eine Kunst. NOVALIS

Braucht mein Kind einen eigenen Computer? Verbaue ich ihm die Zukunft, wenn es nicht schon im Kindergarten mit einem PC umgeht? Viele Eltern sind verunsichert durch die allgemeine Hysterie mit der das Netz der Netze – das Internet – gefeiert wird. Wird jetzt alles ganz anders? Wird die normale Schule, so wie wir sie kennen, verschwinden? Ist »Online-Lernen« wirklich das bessere Lernen?

Technik bietet ungeheure Möglichkeiten. Wir bewältigen gegenwärtig Probleme, die noch vor wenigen Jahren undenkbar schienen, und wir stehen erst am Anfang dieser Entwicklung. Eine strahlende Zukunft erwartet uns in dieser Hinsicht. Unsere Kinder wollen wir natürlich so erziehen, daß sie dieser Zukunft gewachsen sind. Aber jede Sache hat mehrere Aspekte.

In dem vorliegenden Buch werden Gesichtspunkte dargestellt, die in der gegenwärtigen Diskussion um die Schule der Zukunft und die beste Vorbereitung auf das »Multimedia-Zeitalter« nur selten auftauchen. Denn die so strahlend geschilderte Zukunft hat auch eine dunkle Seite, die sich erst allmählich vollständig zeigen wird. Die Menschheit macht mit sich selbst und ihren Kindern ein gewaltiges Experiment, dessen Ausgang ungewiß ist. Wir entwickeln heute Technologien, die sich so sehr verselbständigen, daß sie immer schwerer zu beherrschen sind. Die unerwarteten Folgen der neuen Techniken liegen noch im Verborgenen. Gentechnisch manipulierte Lebewesen könnten leicht außer Kontrolle geraten. Computer und Roboter werden in kurzer Zeit so leistungsfähig sein, daß eine »mögliche Machtübernahme der Maschinen«[1] eine realistische Zukunftsperspektive darstellt. Gewaltige Fragen kommen auf uns Menschen zu.

An diesen Herausforderungen kann viel gelernt werden. Sie weisen uns vor allem darauf hin, den Wert des Menschen neu zu entdecken und die Stationen seiner Entwicklung zu verstehen, denn wir haben den Sinn des Menschseins weitgehend verloren. Was unterscheidet den Menschen von der Maschine? Wer bin ich wirklich als Mensch?

Unsere Maschinenkultur fordert die Wiederentdeckung des Menschen und seiner zentralen Stellung in der Welt. Vor diesem Hintergrund bewegt sich die Diskussion über die Erziehung der kommenden Generation. In welche Richtung müssen sich Schule und Erziehung verändern? Ist es notwendig, daß die Maschinenerziehung schon im Kindergarten beginnt? Mit solchen Fragen geht das vorliegende Buch um.

Das Wesen der Maschinenwelt kristallisiert sich im Computer. Daher beschäftigt sich das erste Kapitel dieses Buches mit der Frage nach dem Wesen des Computers.

Hat der Umgang mit dem Computer eine Rückwirkung auf den Benutzer? Ist das Werkzeug »PC« neutral oder überbringt es eine heimliche Botschaft? Es gibt deutliche Hinweise, daß der Computer unterschwellig Aussagen vermittelt, die den Benutzer in seinem Denken und Fühlen allmählich verändern. Dieses Thema kommt im zweiten Kapitel zur Sprache.

Was erleben Kinder und Jugendliche, wenn sie mit Lernprogrammen und Internet umgehen? Anhand eigener Erlebnisse im Umgang mit Lernprogrammen und auch Erfahrungen aus dem Schulalltag werden mögliche Gefährdungen aufgezeigt.

Im Zentrum der Schule kann nur der werdende Mensch stehen und nichts anderes. Auch in der Schule der Zukunft muß der Mensch und seine Entwicklung der Maßstab sein, an dem die Gestaltung des Lebens in der Schule gemessen wird.

Daher steht in der Mitte des Buches ein Kapitel, das sich mit dem Menschen und seiner Entwicklung im Laufe des Lebens beschäftigt. Unser Leben ist eine Ganzheit. Kindheit hängt mit dem Alter zusammen. Man kann das eine nicht ohne das andere betrachten. Vor allem kann man heranwachsende Menschen nicht ohne ein Wissen vom Werden des Menschen erziehen. Das Wesen des Menschen wurzelt jedoch auch in einer geistigen Sphäre, und der Sinn des Menschseins läßt sich nur dort finden.

Heute drängen Illusionen und massive Wirtschaftsinteressen das »Online-Lernen« in die Schulen hinein. Welche Fragen muß man stellen? Was brauchen unsere Kinder wirklich? Technik hat sich im Laufe der letzten hundert Jahre immer wieder in die Schule hineingedrängt. Schon mehrmals wurde im 20. Jahrhundert verkündet, daß mit einer gerade neu entwickelten Technik eine Revolution des Lernens anbrechen würde. Was ist aus diesen Versprechungen geworden? Was kann aus der Vergangenheit gelernt werden für die Schule von morgen? Was ist die eigentliche Aufgabe der Erziehung zu Hause und in der Schule? Was können Eltern tun? Worauf sollten sie in der Erziehung zur Medienkompetenz achten?

Das ganze Ausmaß der gegenwärtigen Herausforderung kann nur dann erahnt werden, wenn auch der Versuch unternommen wird, übergeordnete Gesichtspunkte mit einzubeziehen. Deshalb wird in den letzten beiden Abschnitten dieses Buches das Verhältnis des Menschen zu seiner Technik von einem bewußtseinsgeschichtlichen Standpunkt aus betrachtet. Die allmähliche technische Entwicklung im Laufe der Jahrhunderte ist ein Ausdruck der Bewußtseinsentwicklung der Menschheit. In dem Maße, wie sich sein Denken und Fühlen veränderte, war der Mensch in der Lage, sein Leben mit zunehmend ausgefeilterer Technik zu gestalten. Die eigenen Schöpfungen wirken auf den Menschen aber wieder zurück und formen die Art und Weise, wie er sich selbst und das Leben betrachtet. Daher entsteht gegenwärtig eine neue technische Ideologie, die sich über Bücher, Zeitungen, Zeitschriften, Film, Radio und Fernsehen immer mehr verbreitet.

Ein Abgesang auf das Menschsein erhebt sich: »Mach's gut, Mensch«[2] wird verkündet. Der Cyborg, der Maschinenmensch, wird als das große Zukunftsideal gefeiert. Eine nichtmenschliche Zukunftsvision wird als notwendig hingestellt: Die »intelligente« Maschine als der Nachfolger des Menschen. Ist das eine zutreffende Zukunftsvision oder gibt es eine wahre Zukunft der Erde, die den Menschen mit einbezieht, ihn gar als Mittelpunkt hat? Dieser für unsere Kinder und Enkelkinder so wesentlichen Frage wird im letzten Teil des Buches nachgegangen.

Wir stehen gegenwärtig in einem kulturellen Umbruch. Ein eisiger Technikorkan droht alles Menschliche hinwegzufegen. Vorerst erleben wir nur erste kühle Winde. Es gilt die Anfänge von gefährlichen, aber auch von segensreichen Zukunftsmöglichkeiten kritisch wahrzunehmen. Es geht darum, die durch die Technik eröffneten Chancen und Gefahren zu sehen und ihnen gewachsen zu sein.

Es gilt, die Chance der Neuentdeckung des Menschen aktiv zu nutzen.

Die Maschine

... so läßt sich auch der menschliche Geist nicht auf die Systeme festnageln, die er einmal erkannt zu haben glaubt oder jeweils entwickelt. WERNER SESINK

Unsere neue Welt

Der sechzehnjährige S. kann sich kaum noch bewegen. Im vorigen Jahr konnte er noch die Blockflöte halten und im Klassenorchester mitspielen. Jetzt vermag er seine Hände nur noch mühsam zu heben. S. leidet an einer unheilbaren Muskelkrankheit. Seit kurzem ist er in seiner Klasse für die Erstellung der Einladungen und für den Briefwechsel zuständig.

Mit seinem elektrischen Rollstuhl fährt er zu einem extra für ihn angeschafften PC und zeigt dem Besucher stolz sein Können. Er beherrscht mittlerweile den Umgang mit dem Schreibprogramm und weiß, wie man einen Geschäftsbrief oder eine Einladung schreibt und ansprechend formatiert. Es geht zwar nur langsam voran, aber die Zufriedenheit, daß er etwas beherrscht, was seine Klassenkameraden nicht so gut können, leuchtet aus seinem Gesicht. Nach dem Ende seiner Schulzeit ist ihm eine Stelle in einer kleinen Firma sicher, wo er Arbeiten am Computer erledigen kann.

Für den jungen S. ist es ein Glück, daß es eine Technik gibt, die es ihm ermöglicht, auch bei seiner fortgeschrittenen Erkrankung noch am gesellschaftlichen Leben teilzunehmen. – Kaum ein Zweig unserer Zivilisation wird durch Technik so segensreich verändert wie der Bereich, der sich mit der Linderung von Behinderungen beschäftigt.

Es gibt mittlerweile Methoden, die es S. ermöglichen würden, nur über Gedanken seinen PC zu steuern. Man bringt am Kopf des Menschen Elektroden an, die die Gehirnströme aufzeichnen. Diese Gehirnströme ändern sich in charakteristischer Weise, wenn der Mensch bestimmte Gedanken denkt. Ein Computerprogramm analysiert diese Veränderungen und veranlaßt entsprechende Befehle.

So haben Tübinger Forscher vom Institut für Medizinische Psychologie und Verhaltensneurologie schon vor einigen Jahren Verfahren entwickelt, wie fast vollständig gelähmte Patienten mit Hilfe eines Computers Briefe schreiben können.

Einer der Patienten ist in der Öffentlichkeit bekannt geworden: Hans Peter Salzmann.[3] Seine Augen fixieren auf einem Monitor einen Ball. Wenn er dabei an Ruhe denkt, »fällt« der Ball nach unten. Denkt er an Hektik, bewegt er sich nach oben. Auf diese Weise kann er Buchstaben auswählen und zu Wörtern zusammensetzen. Fünfunddreißig Sekunden dauert derzeit im Schnitt die Auswahl eines Buchstabens. Es ist aber nur eine Frage der Zeit, bis das Verfahren so verbessert ist, daß es wesentlich schneller geht.

Wir stehen mit solchen Entwicklungen erst am Beginn eines Zeitalters, das uns ermöglichen wird, allein durch Gedankenkraft auf Maschinen zu wirken, und in dem – umgekehrt – Maschinen direkt das Seelenleben der Menschen beeinflussen können. Eine Mensch-Maschine-Symbiose wird machbar.[4]

Die ersten deutlichen Zeichen sind zu sehen. Es gibt Entwicklungen, die Blinden bis zu einem gewissen Grad das Sehvermögen wiedergeben. Zu Beginn des Jahres 2000 wurde in den USA die »Dobelle-Brille« als marktreif vorgestellt.[5] Eine miniaturisierte Videokamera ist auf ein Brillengestell montiert und nimmt Bilder der Umgebung auf, die an einen handtaschengroßen tragbaren Computer weitergeleitet werden. Dieser verarbeitet die Bilder sowie die von einem Ultraschallsensor gelieferten Abstandsmessungen. Vom Computer führen Drähte durch ein Loch im Schädel direkt ins Gehirn des Patienten und stimulieren dessen Sehzentrum – mit verblüffendem Erfolg: »Es geht mir wie jemandem, der stark kurzsichtig ist«, beschreibt Patient Jerry seine Erfahrungen. »Die Welt ist verschwommen, aber immerhin: sie ist da.«[6]

Andere Forscher arbeiten an Chip-Folien, die man in das Auge selbst hineinoperieren kann, um Licht in elektrische Impulse umzuwandeln, mit denen der Sehnerv direkt gereizt werden kann. In wenigen Jahren hofft man, so weit zu sein, daß dieses Verfahren ein Standardverfahren ist.

Tatsächlich kann man also heute mit Hilfe der Technik ein altes biblisches Wort realisieren: *»Blinde sehen wieder«* (Matthäus 11–5; Lukas 7–22). Aber auch das Wunder *»Taube hören«* wird von moderner Technik vollbracht, indem man den Betroffenen im Bereich des Ohres ein Implantat einsetzt, das den Hörnerv stimuliert. Etwa 20 000 Menschen leben bereits mit einer solchen Neuroprothese.

»Lahme gehen« dank einer außerordentlich ausgefeilten Prothetik, die man immer mehr direkt an die noch verbliebenen Nerven des Menschen »anschließt«.

Aber nicht nur im Gesundheitswesen bringt Technik ungeahnte Möglichkeiten, auch unser Alltagsleben hat sich unglaublich verändert. Und wir sind inzwischen schon an die Flut der technischen Innovationen gewöhnt. Technische Wunder, die eigentlich an Magie grenzen, sind uns selbstverständlich geworden.

Schauen wir uns in unserem Alltagsleben etwas aufmerksamer um, finden wir verblüffend viele technische Möglichkeiten, die vor einem Vierteljahrhundert noch nicht existierten:

- Geldautomaten und Online-Banking – unsere Bank ist rund um die Uhr durch Maschinen zugänglich.
- Leitsteuerung für Autos – mitten in einer fremden Großstadt zeigt der im Auto installierte Kleincomputer den richtigen Weg zum gewünschten Ziel.

- Satellitentelefon oder Handy – wir telefonieren von jedem Ort der Erde aus. Egal wo wir sind, ob mitten in einer Großstadt oder zwischen den Bergen der Schweiz – es erreichen uns Anrufe.
- Wir bestellen einen Handwerker, der neue Fenster einbauen soll, und sind etwas besorgt darüber, ob die alten Normgröße hatten. Es wird erklärt, daß dies keine Rolle mehr spiele. Durch die computergesteuerte Herstellung kann jedes beliebige Maß verwendet werden. Es ist sozusagen jedes Maß zur »Normgröße« geworden.
- Wir gehen ins Kino, sehen uns spannende Filme an und bemerken nicht, daß viele der Bilder, zum Beispiel, wenn Dinosaurier sich anmutig oder gefräßig über die Landschaft bewegen, durch Computer-Bildprogramme erzeugt wurden.
- Wir haben vielleicht einen PC zu Hause und bedienen ihn nicht nur durch Tasten, sondern sprechen in ein Mikrophon, und es erscheint auf dem Bildschirm das gesprochene Wort als geschriebener Text. Wer möchte, kann den Computer auch durch gesprochene Worte steuern, kann bestimmte Programme aufrufen und andere schließen, ohne einen Finger zu krümmen.
- Wir möchten vielleicht eine neue Küche kaufen oder von einem Architekten ein Haus oder einen Anbau planen lassen. Durch moderne CAD-Systeme kann die neue Küche oder das neue Haus schon nach kurzer Zeit auf dem Computerbildschirm dargestellt werden. Man kann sich sogar seine neue Küche, sein neues Haus von allen Seiten aus ansehen, indem man darin »herumläuft«.
- Wer einmal in einem Flugsimulator gesessen hat, ist verblüfft, wie lebensecht die verschiedenen Situationen nachgespielt werden können. Die Luftfahrtunternehmen schulen ihre Piloten in solchen Simulatoren. Vor allem die Bewältigung kritischer Situationen, wie der Ausfall von Antrieb oder anderen wichtigen Teilen des Flugzeugs, die

man nicht real herstellen darf, kann auf diese Weise gefahrlos geübt werden.

- Unser Auto ist zum großen Teil von computergesteuerten Robotern auf langen Produktionsstraßen hergestellt, wo sich nur hin und wieder ein Mensch aufhält, der den Produktionsprozeß überwacht.
- In der Medizin werden schwierige Operationen, wenn man zum Beispiel ein neues Hüftgelenk einsetzen will, durch computergesteuerte Fräsen ausgeführt. Der »Robodoc« macht die Operation. Der Arzt überwacht bloß noch den Vorgang.

Man kann diese Liste beliebig verlängern. Aber schon diese kurze und unvollständige Aufzählung zeigt, welch großartigen Möglichkeiten die Menschheit durch die moderne Technik erhalten hat und noch weiter entwickeln wird.

Man arbeitet beispielsweise daran, Roboter herzustellen, die weitgehend unabhängig vom Menschen arbeiten können. So wie man einen Computer gebaut hat, der den amtierenden Schachweltmeister besiegen konnte, baut man an ersten Prototypen von Fußball-Robotern, die in fünfzig Jahren die Fußballweltmeister besiegen sollen. Ansätze sind schon vorhanden: Seit 1997 wird alljährlich ein sogenannter »Robocup« ausgetragen, in der kleine Roboter gegeneinander um die Weltmeisterschaft im Roboterfußball kämpfen. Die offizielle Zielsetzung des Robocup lautet: »Bis Mitte des 21. Jahrhunderts soll eine Mannschaft vollständig autonomer, humanoider Roboter nach den offiziellen Fifa-Regeln gegen den Sieger der letzten Fußball-WM gewinnen.«[7]

Dies ist ein Beispiel für das erklärte Ziel vieler Techniker und Ingenieure, eine Maschine herzustellen, die alles, was der Mensch beherrscht, ebenfalls tun kann – und das noch etwas besser.

Sogar unser menschliches Denken und Fühlen soll maschinell simuliert werden. Der Amerikaner Ray Kurzweil beispielsweise rechnet damit, daß in hundert Jahren die Maschinen den Menschen auf allen Ebenen weit überlegen sein werden.

Fragen

Eine andere Beobachtung: Achtzehn Schüler (11. Klasse) nehmen an einem von mir moderierten Programmierpraktikum teil. Sie sitzen an ihrem PC und haben die Aufgabe, kleine Computerprogramme selbst zu schreiben. Zunächst sind alle wie gebannt von dem Bildschirm, der vor ihnen auf dem Tisch steht. Eine Erklärung, die sich an *alle* Schüler richtet, ist nahezu unmöglich, weil immer einige auf ihren Bildschirm schauen und es nicht fertigbringen, für zwei Minuten ihre Aufmerksamkeit woandershin zu richten.

Innerhalb kurzer Zeit polarisiert sich die Gruppe. Die begabten Schüler kommen schnell voran und beherrschen die einzelnen Befehle gut. Die Aufgaben sind bald erledigt. Die etwas schwereren »Sonderaufgaben« fallen der Versuchung, allerlei »Allotria« zu programmieren, zum Opfer. Sie entwerfen mit Vorliebe Programme, die mit dem Nutzer »kommunizieren« sollen. Auf bestimmte Worte, die eingegeben werden, sollen bestimmte Antwortsätze auf dem Bildschirm erscheinen.

Die schwächeren Schüler brauchen intensive Hilfen von den Mitschülern oder vom Lehrer. Es stellt sich bei ihnen recht bald das lange Gesicht der Unlust ein, und sie blicken auffallend häufig auf die Uhr. Die strenge, von ihnen nur schwer zu leistende Gedankenarbeit, die auch schon ein kleiner Programmentwurf fordert, ermüdet sie.

Die Gruppe teilt sich also zunehmend in die guten Programmierer und die »Verzweifelten«, die sich an die anderen »dranhängen« und ihnen bei ihrem Tun zuschauen, ohne wirklich etwas zu verstehen. – Zu Hause bei der Vorbereitung liest man dann in der entsprechenden Fachliteratur folgende Sätze: »Der Computer reduziert Leistungsbandbreiten von Schulklassen, weil er jeden Schüler zum selbständigen Lernen anhält und jeden auf seine Weise zum Erfolg führt, auch wenn das jeweils in einem anderen Lerntempo ist.«[8]

Habe ich da in meinem Praktikum pädagogisch »versagt«, weil sich meine Lerngruppe polarisiert hat? Oder sind an der Aussage in dem betreffenden Buch Zweifel anzumelden?

Der Computer als pädagogisches »Muß« für eine zeitgemäße Schule wird überall gefordert – und das mit Recht, denn es ist selbstverständlich, daß im Rahmen der Schule auch die Errungenschaften modernster Technik behandelt werden. Viele Stimmen fordern sogar, den PC möglichst früh in der Schule einzusetzen, damit die Kinder auf das multimediale Zeitalter richtig vorbereitet werden. Das mag sein. Aber eine Reihe von Stimmen stellen auch kritische Fragen.

Was soll da in unsere Schulen hinein? Ist der Umgang mit dem Computer in der Schule wirklich ein pädagogischer Segen und gibt er unseren Kindern wirklich nur die optimale Voraussetzung für ihr späteres Leben? Oder gibt es vielleicht unterschwellige Wirkungen des PC-Unterrichts, die noch nicht bedacht beziehungsweise genau untersucht worden sind? Brauchen wir in Zukunft vielleicht ganz andere Formen des Unterrichts, die ein Gegengewicht zu schädigenden Rückwirkungen der Computerkultur auf uns Menschen bilden?

Kaum eine technische Erfindung drängt sich so radikal in die Pädagogik und unser Schulleben hinein wie der Computer. Über seinen pädagogischen Nutzen gibt es sowohl enthusiastische Berichte als auch sehr kritische und warnende Stimmen.

Was ist das für ein Gerät, das unsere zivilisierte Welt immer mehr und mehr durchdringt? Mit was müssen sich unsere Kinder da auseinandersetzen? Wie rüsten wir sie gut aus für die technische Welt der Zukunft?

Bevor diese Fragen näher behandelt werden, sei zuerst

einmal die Maschine selbst angeschaut. Vielleicht gibt uns die Betrachtung der Eigenart des Computers erste Antworten.

Vom Wesen des Computers

Der Name »Computer« stammt aus dem Englischen – to compute = (be)rechnen. Der eigentliche Ursprung des Wortes liegt jedoch, wie bei so vielen Wörtern, im Lateinischen: computare = berechnen.

Das Wort »rechnen« verführt dazu, den Computer als bloßen Rechner zu betrachten, als eine Maschine wie alle bisherigen Maschinen auch. »Mein Computer ist bloß etwas komplizierter als mein Auto oder eine alte Registrierkasse im Laden«, könnte man auf den ersten Blick meinen. Dem ist aber nicht so. Der Computer ist vielmehr ein technisches Universalgerät, das alle Formen unseres kausal-logischen Denkens abbilden und auf mechanische Weise nachvollziehen kann. Es sei dies an einem einfachen Beispiel erläutert.

Im Vorstand eines kleinen Vereins sind drei unterschriftsberechtigte Mitglieder. Sie heißen A, B und C. Für eine Banküberweisung reicht es aus, wenn einer der drei unterschreibt, die Unterschrift von A *oder* B *oder* C muß auf dem Formular stehen. Diese Logik kann durch die Parallelschaltung von drei Schaltern realisiert werden:

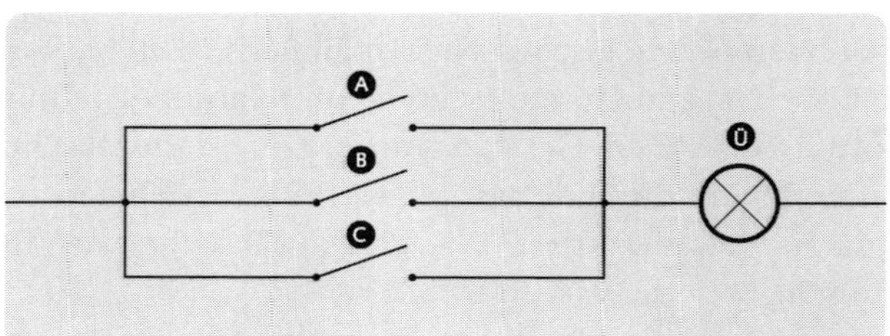

Wird der Schalter A *oder* B *oder* C geschlossen, dann brennt die Lampe Ü, das heißt, der Scheck ist gültig.

Bei einem anderen, sehr mißtrauischen Verein gilt ein Scheck nur, wenn alle drei Vorstandsmitglieder unterschreiben; dann muß die Unterschrift von A *und* B *und* C auf dem Scheck zu sehen sein. Diese logische Schlußfolgerung kann durch die einfache Reihenschaltung von Schaltern realisiert werden:

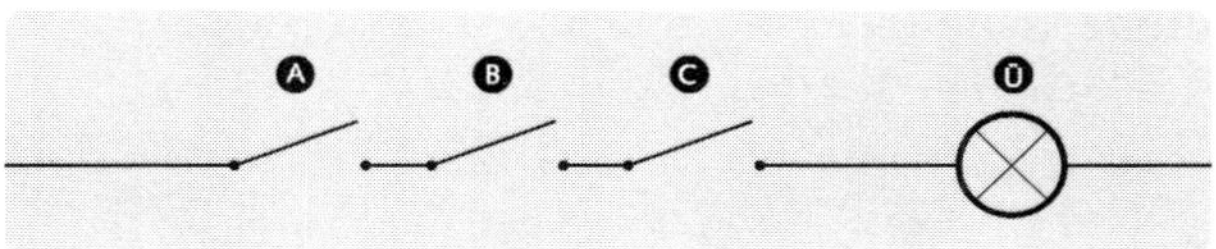

Diese Reihenschaltung (alle drei Schalter müssen geschlossen sein, damit die Lampe Ü leuchtet) nennt man auch UND-Schaltung, da die erste *und* die zweite *und* die dritte Bedingung erfüllt sein müssen, damit ein bestimmtes Ereignis eintritt. Die zuvor beschriebene Schaltung, die Parallelschaltung, bezeichnet man auch als ODER-Schaltung, da eben die eine *oder* die andere Bedingung erfüllt sein muß.

Die UND-Schaltung sowie die ODER-Schaltung sind die beiden grundlegenden Schaltungen der Computertechnologie. Das dritte grundlegende Element ist die Schaltung für die Verneinung, die NICHT-Schaltung.

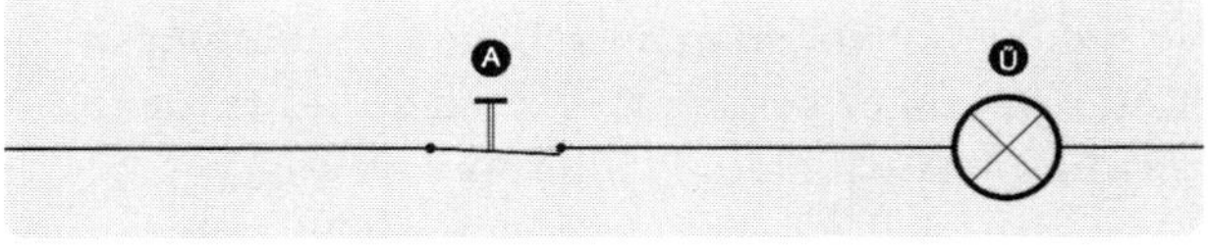

Der elektrische Kontakt ist zunächst geschlossen, und erst wenn der Schalter A betätigt wird öffnet er sich.

Mit Hilfe dieser drei Grundelemente kann man kausal-logisch formulierbare Denk-Vorgänge auf einer gleichbleibenden Anordnung von elektrischen Schaltern abbilden. Das kann man am Beispiel eines vorsichtigen Vereins, der jeweils zwei seiner drei Vorstandsmitglieder zusammen unterschreiben läßt, veranschaulichen. Ein Scheck ist dann gültig, wenn (A *und* B) *oder* (A *und* C) *oder* (B *und* C) unterschrieben haben.

Das Problem der Doppelunterschrift läßt sich durch folgende Schalteranordnung, die UND-, ODER- sowie NICHT-Schaltung kombiniert, darstellen:

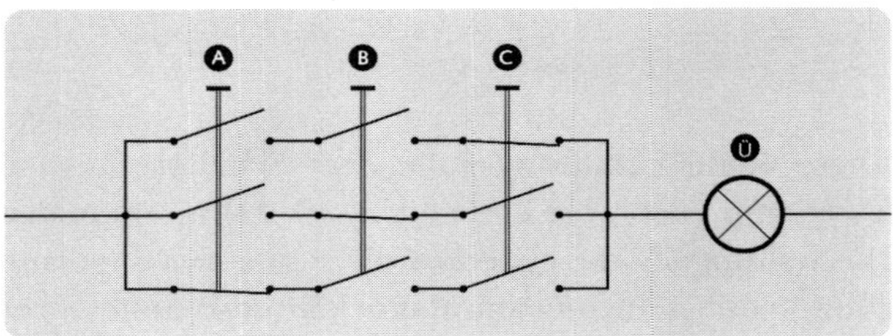

Drückt man beispielsweise die Schalter A und C, schließen sich jeweils zwei Schaltelemente und gleichzeitig öffnet sich ein drittes. Bei der mittleren Schalterreihe sind dann alle drei Schaltelemente geschlossen, das heißt, die Lampe Ü brennt.

Wie diese Schaltung realisiert wird, ob durch eine mechanische Einrichtung, elektrische Relais oder durch Transistoren, ist völlig unerheblich. Wesentlich ist, daß eine bestimmte Reihe rein kausal aufeinander folgender Schaltungszustände am Ende zu einem bestimmten Zustand führt, der in einer spezifischen Weise inhaltlich interpretiert wird.

Die prinzipiell möglichen Schalterstellungen und ihr jeweiliges Ergebnis kann man als Tabelle hinschreiben. Man braucht dazu nur festzulegen, daß die offene Schalterstellung mit »Null« bezeichnet wird und die geschlossene mit »Eins«.

Die Zahl »Eins« bedeutet also: »Strom fließt«, und »Null«: »Strom fließt nicht«. Das Beispiel des vorsichtigen Vereins ergibt damit diese Tabelle:[9]

A	B	C	Ü
0	0	0	0
0	0	1	0
0	1	0	0
0	1	1	1
1	0	0	0
1	0	1	1
1	1	0	1
1	1	1	0

Diese Tabelle realisiert die Regel, nach welcher die Zustände von A, B, C und Ü miteinander verknüpft sind. Steht zum Beispiel in der Spalte von A eine »1«, dann bedeutet dies: »A hat unterschrieben« – analog für die Spalten von B und C. Taucht in der Spalte Ü eine »0« auf, dann heißt dies: »Scheck ist ungültig« beziehungsweise wenn eine »Eins« auftritt: »Scheck ist gültig«.

Genau betrachtet ist diese Tabelle eigentlich schon eine Maschine, denn unsere Denk- und Vorstellungsvorgänge, die der Tabelle zugrunde liegen, verlaufen maschinenartig, sie entsprechen maschinellen Vorgängen. Demgegenüber ist die Realisierung als technisches Gerät zweitrangig.

Die Tabelle regelt den genauen Zusammenhang zwischen A, B, C und Ü. Sie liegt der Schöpfung der Maschine zugrunde und läßt sich auf ganz verschiedene Probleme anwenden, wenn sie dieselbe kausal-logische Struktur haben, wenn ihnen die gleiche Schlußweise zugrundeliegt. Ein und dieselbe Schalterstellung wird dann am Ende eben inhaltlich verschieden interpretiert.

Die Gültigkeit eines Schecks bei dem mißtrauischen Verein und die Schaltung der Fußgänger-Grünphase an einer T-Kreuzung lassen sich durch dieselbe Tabelle darstellen:

A	B	C	Ü
0	0	0	0
0	0	1	0
0	1	0	0
0	1	1	0
1	0	0	0
1	0	1	0
1	1	0	0
1	1	1	1

Diese Tabelle regelt exakt, wann der Scheck gültig ist – eben genau dann, wenn in den Spalten von A, B und C eine »1« steht, muß in der Spalte Ü eine »1« stehen.

Genauso kann das Grün für die Fußgänger bei einer Ampelschaltung geregelt sein. Die Fußgänger dürfen nur dann die Straße überqueren (Ü=1), wenn die Autos vor der Ampeln A *und* vor der Ampel B *und* vor der Ampel C stehen (das heißt A=1, B=1; C=1)

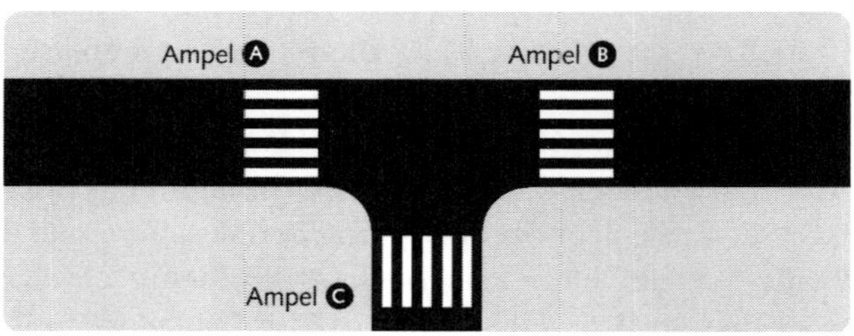

Es ließen sich leicht eine Vielzahl von weiteren einfachen Abläufen des täglichen Lebens finden, die durch diesen maschinellen Ablauf geregelt werden können.

Bedenkt man, daß in einem Mikrochip Millionen von winzigen elektrischen Schaltern untergebracht sind, so kann vielleicht einleuchten, daß sich die meisten Probleme des Alltags, denen logische Abfolgen und kausale Zusammenhänge zugrunde liegen, durch Schaltungen darstellen lassen. Die Geschwindigkeitssteuerung durch Leuchttafeln auf viel befahrenen Autobahnen, die Steuerung der Waschmaschine, die des Fahrstuhles, die Regelung des Ablaufes in einer automatischen Fabrik und so weiter werden tatsächlich durch Mikrochips gesteuert.

Der Zerfall des Gedankens

Entscheidender Gedanke 19. Juni 1937
Erkenntnis, daß es Elementaroperationen gibt, in die sich sämtliche Rechen- und Denkoperationen auflösen lassen.
Ein primitiver Typ eines mechanischen Gehirns besteht aus einem Speicherwerk, Wählwerk und einer einfachen Vorrichtung, in der einfache Bedingungsketten von 2–3 Gliedern behandelt werden können. Mit dieser Form des Hirns muß es theoretisch möglich sein, sämtliche Denkaufgaben zu lösen, die von Mechanismen erfaßbar sind, jedoch ohne Rücksicht auf die dazu erforderliche Zeit.[10]

Der Ingenieur Konrad Zuse, der 1941 in Berlin als erster einen programmgesteuerten Digitalcomputer baute und zum Funktionieren brachte, hat in dieser Tagebucheintragung die entscheidende Idee des Computers festgehalten. Nachdem er sie ausgearbeitet hatte, fand er, daß seine Gedanken in rein mathematischer Form schon vor ihm dargestellt und unter dem Namen »Boolesche Algebra« den Mathematikern bekannt waren.

George Boole (1815–1864) hat der zweiwertigen Logik,

die in der griechischen Philosophie ihre Wurzeln hat, eine formale mathematische Form gegeben. Auf Aristoteles geht die zweiwertige Aussagenlogik zurück: Eine Aussage ist entweder »wahr« oder »falsch« – eine dritte Möglichkeit wird nicht zugelassen.[11]

Der sogenannte »Wahrheitswert« einer Behauptung oder Aussage läßt sich daher als eine binäre Größe darstellen: durch die beiden Elementar-Wahrheitswerte »wahr« und »falsch«. Mit ihrer Hilfe lassen sich alle formalisierbaren Gedankengänge in eine mathematische Form bringen. Kausallogische Schlußfolgerungen können durch die so gebildete gedankliche Maschinerie nachgeahmt werden und enden zuletzt in einer zweiwertigen Aussage: entweder »0« oder »1«. Die inhaltlichen Gedanken des Menschen werden auf ihnen zugrunde liegende Schlußweisen reduziert und diese durch die Bausteine »0« und »1« sowie die drei Funktionen »UND«, »ODER« sowie »NICHT« formalisiert.

Diese Reduktion des inhaltlichen Denkens auf rein formallogische Schlußweisen führte zu Beginn des 20. Jahrhunderts zu einer Grundlagenkrise in der mathematischen Mengenlehre. Man traf auf zunächst unlösbare Paradoxien im Bereich der grundlegenden einfachen Begriffe. Diese Paradoxien hatten eine Struktur, wie sie schon in dem berühmten klassischen Widerspruch formuliert ist: »Epimenides der Kreter sagt, daß alle Kreter lügen.« Der Widerspruch ist klar: Epimenides ist ein Kreter, also ist seine Aussage gelogen, das heißt, es gibt Kreter, die die Wahrheit sagen. Wäre die Aussage des Epimenides aber wahr, dann kann er kein Kreter sein.

Die berühmte Russellsche Antinomie weist eine ähnliche Struktur auf. Russell betrachtete die Menge M aller Mengen, die sich nicht selbst enthalten. Nun ist M selbst auch eine Menge. Sie muß also auch daraufhin untersucht werden, ob sie sich selbst enthält oder nicht. Wenn sich M nicht selbst enthält, dann muß sie selbstverständlich zur Menge M dazu gezählt werden. Dadurch wird aber M zu einer Menge, die sich selbst enthält, darf also doch nicht zu sich selbst gerechnet werden. Diese Antinomie beschäftigte besonders in den ersten drei Jahrzehnten des vergangenen Jahrhunderts die Mathematiker.

Es ist Paul Finslers Verdienst, den dieser Antinomie zugrunde liegenden Tatbestand entdeckt zu haben. Er zeigte auf, daß es in jedem Formalismus, der eine gedanklich-inhaltliche Deutung zuläßt, Aussagen gibt, die innerhalb des Formalismus mit Sicherheit unentscheidbar sind, die aber ihrem gedanklichen Inhalt nach falsch sind. Eine formal korrekte Aussage kann inhaltlich falsch sein.

Was Finsler zunächst durch inhaltliche Gedankengänge aufzeigte, bewies Kurt Gödel einige Jahre später mit seinem Unvollständigkeitsbeweis auch formal: Ein formalisiertes Axiomensystem kann den Bereich arithmetischer Wahrheiten nie vollständig ausschöpfen.

Finslers Leistung besteht darin, schon auf mathematischem Feld gezeigt zu haben, daß es keinen Formalismus geben kann, der die Gedankenwelt der Menschen *vollständig* erfassen könnte. Das menschliche Denken läßt sich daher niemals vollkommen von einem formallogischen System darstellen und ist deshalb auch nicht vollständig durch Computer simulierbar. Denn Maschinen sind nichts anderes als technische Realisierungen formaler Systeme. Die Erfolge der in maschinelle Strukturen umgesetzten Formalismen dürfen uns nicht über diese prinzipielle Tatsache hinwegtäuschen. Die oben zitierte Tagebuchnotiz von Konrad Zuse schränkt deshalb auch ihre eigene Aussage ein: Wo es eingangs noch heißt, es ließen sich »sämtliche« Denkoperationen in Elementaroperationen auflösen, wird später einschränkend bemerkt, es ließen sich auf diese Weise Denkoperationen lösen, »die von Mechanismen erfaßbar sind«.

Denn das Gebiet des lebendigen Denkens ist unendlich viel reicher als das von Mechanismen erfaßbare logisch-kausale Denken.[12]

Das zeigen auch die bereits besprochenen Beispiele. Die Aussage »Vorstandsmitglied A hat unterschrieben« ist entweder »wahr« (das entspricht dem Symbol »1«) oder »falsch« (entspricht »0«). Eine »halbe« Unterschrift oder »noch nicht unterschrieben« ist in dieser Logik nicht darstellbar. Der lebendige Gedanke, der Begriffsinhalt ist im Mechanismus völlig verschwunden. Es ist nur die in ihm vorhandene Schlußweise in eine starre Regelhaftigkeit umgewandelt, nach der die Aussagenwertigkeit (»0« oder »1«) »behandelt« wird.

Ein Gedanke ist im Computer nicht mehr als inhaltlicher Gedanke vorhanden, sondern nur das ihm zugrunde liegende logische Gerüst bleibt in seiner toten Form als Regelwerk und »Aussagengerippe« übrig, und die lebendige Inhaltlichkeit des menschlichen Gedankens verschwindet in den inhaltsleeren maschinellen Verknüpfungsregeln von abstrakt-formalen Aussagen.

Der Gedanke »Wenn das Wetter schön ist und ich frei habe und die Wege trocken sind, dann gehe ich spazieren« hat eine andere gedankliche Inhaltlichkeit als die Aussage: »Wenn eine bestimmte Neuerscheinung im Buchhandel ist und ich das Geld zum Kauf des Buches habe und genügend Zeit zur Verfügung habe, dann lese ich das Buch.« Und dennoch haben beide Sätze dieselbe logische Struktur wie die Aussage: »Wenn A und B und C unterschrieben haben, dann ist der Scheck des Vereins gültig.«

Allen drei Gedanken liegt also dieselbe Schlußweise zugrunde, deshalb können sie durch dieselbe Wertetabelle beschrieben werden:

A	B	C	Ü
0	0	0	0
0	0	1	0
0	1	0	0
0	1	1	0
1	0	0	0
1	0	1	0
1	1	0	0
1	1	1	1

Die Gedanken sind auf diese Weise auf die drei Aussagen A, B und C reduziert, die jeweils nur die zwei Zustände »0« (»falsch«) oder »1« (»wahr«) annehmen können und durch die Verknüpfung UND verbunden werden. Als Ergebnis ergibt sich der Zustand Ü: entweder »0« oder »1«.

Die ursprüngliche Intention ist auf diesem Weg völlig verloren gegangen; erst am Ende wird vom Menschen, der die Maschine nutzt, die »0« oder die »1« interpretiert: »gehe spazieren« oder »lese Buch« oder »Scheck ist gültig«. Der lebendige Gedanke zerfällt dabei in ein kausales Aussagenskelett, aus dem ein rein maschinelles Regelwerk gesponnen wird. Das innere Leben des Denkens wird herausgetrieben, und es bleibt die bloße Gedankenmechanik zurück.

An diesem einfachen Beispiel wird klar, was sich prinzipiell im Computer abspielt: regelhaft gesteuerte Abläufe, gedankenleere Prozesse, die nach bestimmten Gesetzen Ergebnisse herstellen. Diese abstrakten Ergebnisse werden dann vom Menschen interpretiert. Er gibt den Rechnerergebnissen erst ihren gedanklich inhaltlichen Sinn. Ohne den Menschen sind die Ergebnisse eines Computers im wahren Sinne des Wortes sinnlos. Denn solange sie das menschliche Bewußtsein noch nicht interpretiert hat, sind die Ergebnisse lediglich mechanische oder elektrische Muster an einem bestimmten Ort, nämlich dem Ort der Maschine.

Die bunten Bilder, die auf den Bildschirmen der Computer zu sehen sind, täuschen uns nur über diese elementare Tatsache hinweg, denn das bunte Bild ist selbst schon eine einprogrammierte, anthropomorphische Interpretation der eigentlichen Rechenvorgänge.

Die geronnene Regel

Im Computer ist eine Qualität des Maschinellen vorhanden, die die Maschinen der vergangenen Jahrhunderte nicht hatten. Die eigentliche Maschine ist gar nicht mehr der Computer selbst, sondern das Programm, das ihn steuert. Das sichtbare Gerät, das ich anfassen und handhaben kann, ist eine Universalmaschine, eine Art physikalische Plattform (Hardware), auf der die eigentliche, unsichtbare Maschine – das jeweilige Anwendungsprogramm (Software) – sich abspielen kann.

Das ist in der Geschichte der Maschinen ein völlig neues Prinzip. In allen früheren Automaten war die Funktionsweise fest in die Mechanik und später in die elektrische Verdrahtung eingebaut. Mit der Entwicklung des Computers in den 40er und 50er Jahren des 20. Jahrhunderts ist zum erstenmal konsequent die Funktionsweise vom Aufbau des Gerätes selbst getrennt worden. Dadurch wurde es möglich, mit dem Computer nicht nur mathematische Berechnungen auszuführen, sondern ihn auch als elektrische Schreibmaschine, als Uhr, Telefon, Fernsehgerät oder als Simulator von technischen Vorgängen wie etwa das Fahren von Autos oder das Fliegen von Flugzeugen zu benutzen. Künstliche »Räume« können simuliert werden, das heißt, die perspektivische Sicht auf unsere reale Welt kann auf dem Bildschirm durch eine Abfolge zweidimensionaler Bilder wiederholt werden und so die Illusion eines Raumes hervorrufen.

Es war die große Leistung der Wissenschaftler und Techniker des 20. Jahrhunderts, daß es ihnen gelungen ist, das Regelhafte in unserem vielfältigen alltäglichen Denken und Handeln zu finden, zu beschreiben und zuletzt technisch zu kopieren. Dabei bleibt aber weiterhin die Frage offen, ob dieses Maschinelle eine unserer Welt prinzipiell innewohnende Eigenschaft ist oder ob der Mensch dieses Regelhafte durch seine intelligente Reduktion der Welt auf abstrakte Programme und Regeln in seinem alltäglichen Denken und Handeln erst neu geschaffen hat.

Alles, was Menschen mechanisch tun können, wo ihr Handeln festen Regeln folgt oder sie sich setzt, kann prinzipiell von einem Algorithmus (Rechenvorgang, der nach einem bestimmten Schema abläuft) beschrieben, in ein Computerprogramm umgesetzt und zuletzt von einer Maschine ausgeführt werden. Kurz: Man kann den Computer überall da als Steuergerät einsetzen, wo man Abläufe des täglichen Lebens in feste Regeln fassen kann. Dieser maschinelle Vorgang ist dann durch das Programm genau festgelegt – auch wenn durch viele Verzweigungsmöglichkeiten und Ablaufvarianten Vielfalt und Flexibilität vorgetäuscht werden.

Im Computerprogramm hat sich menschliches mechanisches Denken und Handeln abgedrückt. Im Computer realisiert sich das von den Menschen losgelöste regelhafte Handeln unabhängig von uns in der Welt.

Der PC ist eine Allzweckmaschine, in der sich immer wieder die eigentliche Maschine – die virtuelle Maschine – als Anwendungsprogramm »inkarnieren« kann. Der Computer realisiert die geronnene Regel des menschlichen Denkens und Handelns. Mit seiner rasanten Ausbreitung in unserem Alltagsleben sind wir bereits mit Riesenschritten in eine Zukunft gegangen, in der die von uns Menschen abgesonderte Regelhaftigkeit unsere Kultur bis in die Details geprägt hat und weiter prägen wird.[13]

Die zunehmende Normierung unserer Zivilisation darf uns aber nicht dazu verführen, das menschliche Denken ebenfalls als einen rein maschinellen Ablauf aufzufassen, als den es von manchen Menschen angesehen wird.

Das menschliche Denken ist weit umfassender als alles, was jemals mit einem Computer technisch simuliert werden kann. In Extremsituationen wird diese Tatsache besonders deutlich. In unvorhergesehenen Lebenslagen, in denen alle Regeln versagen, ist nur der Mensch in der Lage, neue Ideen zu fassen, die den unerwarteten Ereignissen gewachsen sind.

So wurde in einer Studie der Universität von Illinois in Chicago die Entscheidungsfindung von Testpersonen in kritischen bis lebensgefährlichen Situationen untersucht. In einem Flugsimulator sollten sie simulierte Katastrophensituationen bewältigen. Die Teilnehmer waren in zwei verschiedene Gruppen aufgeteilt. Die eine verfügte über ein Computersystem, das »sehr verläßliche, aber nicht perfekte« Informationen lieferte, während die andere Gruppe ohne Hilfe eines Rechners die Situation bewältigen sollte.

Es stellte sich heraus, daß die Gruppe, die über den Computer verfügte, in fast der Hälfte aller Fälle eine Fehlentscheidung traf. Obwohl die Menschen dieser Gruppe wußten, daß der Rechner fehlerhaft sein konnte, verließen sie sich auf dessen Berechnungen und »Empfehlungen«. Die Gruppe *ohne* Computerunterstützung dagegen traf in 97 % der Fälle eine richtige Entscheidung, die die Katastrophensituation bewältigte.[14]

Die Implosion von Raum und Zeit

Mit der rasant zunehmenden Virtuosität, durch die es Ingenieuren gelungen ist, viele menschliche Tätigkeiten zu formalisieren und in computerausführbare Programme umzusetzen, ist eine weitere interessante Entwicklung verknüpft.

Betrachtet man eine Maschine, die in der ersten Hälfte des 20. Jahrhunderts gebaut wurde, zum Beispiel eine Uhr, so kann man dieses Gerät zerlegen und durch die ausführliche Betrachtung des Zusammenhanges seiner Teile sehr wohl herausfinden, wie es aufgebaut ist und funktioniert.[15]

Diese Einsichtsmöglichkeit in die Apparatur durch die eigenen Sinne gilt auch noch für den ersten primitiven Computer, den Konrad Zuse Ende der 30er Jahren des 20. Jahrhunderts gebaut hat. Doch dann begann eine Entwicklung, die die einzelnen Bauteile immer kleiner werden ließ. Die elektrischen Röhren der ersten Computer wurden recht bald von den wesentlich kleineren und sehr viel zuverlässigeren Transistoren ersetzt. Mehrere Transistoren wurden dann im Laufe der 60er Jahre zu Schaltkarten zusammengefaßt, die wiederum immer mehr miniaturisiert wurden, so daß man eine Lupe brauchte, um die Verschaltungen sehen zu können.

Der nächste Entwicklungsschritt bestand in der Herstellung von Mikrochips. Die Schaltungen und Schaltelemente wurden so klein, daß man sie mit bloßem Auge nicht mehr unterscheiden konnte, man brauchte ein Mikroskop.

In einem Zeitraum von jeweils etwa zwei Jahren verdoppelte sich die Leistungsfähigkeit der auf solchen Mikrochips untergebrachten Mikroprozessoren. Die Schaltzeiten verkürzten sich, und die Anzahl der auf einem Chip untergebrachten Elemente wurde immer mehr vergrößert.

Gordon Moore, der Erfinder der integrierten Schaltkreise und der Gründer der Weltfirma »Intel«, beobachtete in den 60er Jahren, daß die Oberflächen der Transistoren jeweils innerhalb von zwölf Monaten um etwa die Hälfte verkleinert werden konnten. Er prognostizierte daraufhin, daß sich diese Entwicklung in der Zukunft fortsetzen und sich etwa alle zwei Jahre die Anzahl der Transistoren, die man auf einem Chip unterbringen könne, verdoppeln würde. Diese als »Mooresches Gesetz« bekannte Prognose hat sich bisher erfüllt.

Es ist auch das erklärte Ziel der Halbleiterindustrie, die Schnelligkeit und die Leistung weiterhin innerhalb von jeweils vierundzwanzig Monaten zu verdoppeln, obwohl man weiß, daß man etwa im Jahr 2015 im atomaren Bereich angekommen sein wird und dann, wie zum Beispiel Bill Gates sagt, das Mooresche Gesetz wohl nicht mehr gelten werde. Techniker wie etwa Ray Kurzweil sind da anderer Meinung. Sie hoffen auf den Quantencomputer, dessen Verhältnis zu einem heutigen PC dem Unterschied »zwischen einer Wasserstoffbombe und einem Knallfrosch«[16] entsprechen würde.

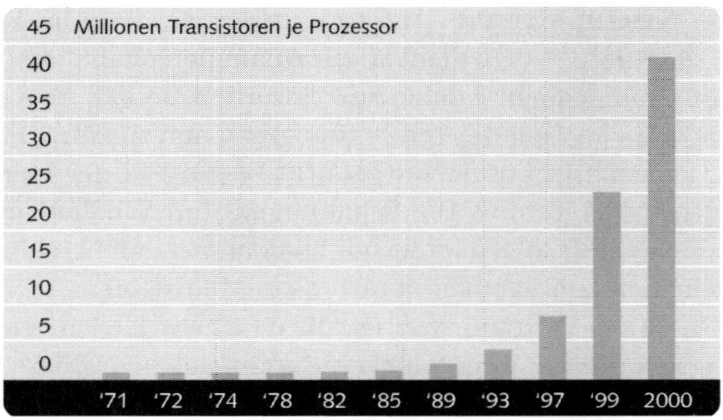

Quelle: http://www.intel.com/research/silicon/mooreslaw.htm

Der Mikroprozessor Pentium III von Intel enthält auf einer Fläche von wenigen Quadratzentimetern rund 9,5 Millionen Schaltelemente. Nimmt man, um einen Größenvergleich zu haben, als Länge eines Autos etwa 4,25 m an, dann würde die gleiche Menge an Autos hintereinander gereiht ausreichen, um einmal den Erdäquator zu umrunden.

Dieselbe Entwicklung hat bei den Schaltzeiten stattgefunden. Waren bei den alten elektromechanischen Rechnern nur ein bis zwei Operationen pro Sekunde möglich, so war der amerikanische Computer ENIAC schon zweihundertmal schneller: Er schaffte rund fünfhundert Rechenoperation pro Sekunde. Heute sind allgemein Rechner üblich, die in der Sekunde dreihundert Millionen Operationen ausführen können.

Der schnellste Computer ist derzeit (1999) der »Pacific Blue« von IBM, der weit mehr als zehntausendmal schneller ist als ein handelsüblicher PC. Er schafft 3,9 Billionen Rechenoperationen in einer Sekunde – eine unvorstellbar große Zahl und eine unvorstellbar kurze Zeit, die eine einzelne Rechenoperation braucht. In Japan wird an einem Rechner mit Parallelarchitektur gebaut, der 10 Billionen Rechenoperationen in der Sekunde schafft. Er soll im Jahre 2001 fertig sein.

Wir sehen: Die Maschine ist im Laufe der letzten Jahrzehnte aus dem sichtbaren Bereich der Welt herausgefallen. Sie ist für unsere Sinne nicht mehr zugänglich, so daß man mit Fug und Recht sagen kann: Eine solche Maschine ist nicht mehr von dieser Welt. Sie ist für die menschlichen Sinne unsichtbar, untastbar geworden und fällt aus dem Gesamtzusammenhang der sichtbaren Welt heraus. Damit hat das menschliche Denken und Handeln zu einer »Nebenwelt« geführt, die den natürlichen Zusammenhang entbehrt. Die Maschine steht außerhalb der Sinne.

Raum und Zeit sind fast zu Null geworden. Die Maschine operiert in einem nahezu raum- und zeitlosen untersinnlichen Bereich und verbirgt uns Menschen dadurch ihre ins Gigantische gewachsene Größe und Geschwindigkeit. Der äußere sinnliche Anblick eines Mikrochips ist im Grunde eine Unwahrheit – seine Erscheinung lügt. Der Mikrochip verdeckt die zu ihm gehörige immense Flut kausal-logischer Vorstellungsatome, die ihn zu einer gewaltigen Maschine machen, durch seine harmlos erscheinende Winzigkeit.

Die Explosion der inneren funktionellen Möglichkeit wurde durch die Implosion der äußeren räumlich-zeitlichen Größe zugedeckt.

Weltmaschine

Eine dritte Tendenz lebt im Computer. Als ich, um ein Beispiel zu nennen, 1985 anfing zu unterrichten, schrieben alle Kollegen ihre Arbeitsblätter entweder mit der Hand oder mit einer elektrischen Schreibmaschine. In der Schule gab es für Unterrichtszwecke als ersten PC den »C64« – ein Gerät, das heute ungefähr so antiquiert und legendär anmutet wie eines der ersten Autos aus dem Beginn des letzten Jahrhunderts. 1993 waren die Preise für PC und Notebooks so gefallen, daß ich mir ein billiges Notebook erstehen konnte. Es ging nach einem Jahr kaputt. Also wurde ein zweites gekauft. Es war wesentlich leistungsfähiger und mit einem farbigen Bildschirm ausgestattet. Ein Btx-Anschluß mit Internet-Möglichkeit kam hinzu. Einen Scanner und ein CD-ROM Laufwerk konnte man aber nicht gleichzeitig anschließen; außerdem war es zu langsam für die neuen Programme. Also kam 1996 der dritte PC ins Haus, diesmal mit allem »Drum und Dran« nebst ISDN und damit einem schnellen Internet-Anschluß. Zwei Jahre später waren auch die Grenzen der Schnelligkeit dieses PCs erreicht. Für eines der neuesten Schreibprogramme, die das gesprochene Wort unmittelbar über ein Mikrophon in Schriftzeichen umsetzen können, war der Prozessor schon wieder zu langsam. Mein erstes Notebook – gerade mal fünf Jahre alt und inzwischen doch repariert – ist nur noch sehr eingeschränkt Internet-tauglich.

An diesem Erlebnis wird deutlich, daß »meine« Maschine in einem unausgesprochenen Zusammenhang mit allen anderen Maschinen auf der Welt steht. Durch deren Veränderung wird – wenn man auf dem Laufenden sein will – ein Zwang zur Neuanschaffung ausgeübt. Meine eigene Maschine zu Hause in der »Medienecke« ist offensichtlich nur ein winziger Teil einer riesigen, weltumspannenden Gesamtmaschine.

Diese Tendenz hat der weitsichtige Philosoph Günther Anders schon in den 60er Jahren als im Wesen der Technik überhaupt liegend charakterisiert:

Die Maschinen werden zu einer einzigen Maschine. [...] Wenn Einzelmaschinen [...] zu Teilen von Großmaschinen geworden sind, dann geschieht das Gleiche auch mit diesen Großmaschinen, [...] dann werden auch diese zu bloßen Maschinenteilen, zu Teilen von wiederum größeren Komplexen usf. Ein Ende dieser Wiederholung ist nicht abzusehen, es sei denn [...], es werde eines Tages das Stadium erreicht, in dem alle Maschinen als Teile in einer einzigen, mit dem globalen Produktionssystem identischen Maschinerie selig aufgehoben wären und als Teile mitfunktionieren würden. [...] Was wir für übermorgen zu erwarten haben, ist also nicht nur [...] eine Verminderung der Zahl der Maschinen, sondern geradezu die Abschaffung des Plurals »Maschinen«.[17]

Günther Anders hat diese Zeilen 1969 veröffentlicht, als der erste Keim des Internets – die damals noch vom US-Militär finanzierte Entwicklung des ARPA-Netzes – in den Vereinigten Staaten entstand. Und gerade die Entwicklung des Internets belegt beeindruckend deutlich die Anderssche Beobachtung.

Wie das Internet entstand – ein kurzer Rückblick

Es war Mitte der 60er Jahre, als einige Forscher der ARPA (Advanced Reseach Projekt Agency, eine vom US Militär im Pentagon eingerichtete Zentralstelle für Grundlagenforschung und Entwicklung) damit begannen, eine bis dahin völlig neue Idee in die Tat umzusetzen. Sie wollten die in den USA über das ganze Land verteilten Großrechner durch Telefonleitungen miteinander verbinden. Es sollten dadurch teure, aber ungenutzte Rechenleistungen, die an einigen Universitätscomputern im Überfluß vorhanden waren, den anderen Universitäten zur Verfügung stehen, wenn deren Computerkapazität erschöpft war.

Die Rechner sollten darüber hinaus so miteinander verbunden werden, daß der Ausfall eines oder mehrerer Rechner die Funktion des Gesamtverbundes nicht beeinträchtigen sollte. Diese Forderung führte dann dazu, jeden Rechner mit mehreren anderen (mindestens drei bis vier) zu verbinden. So entstand die Idee, die Großcomputer wie ein Netz – vergleichbar einem Spinnennetz – zu verkabeln.

Innerhalb von wenigen Jahren wurde diese technisch nur schwer zu realisierende Idee in die Tat umgesetzt. Das Hauptproblem war, daß es noch keine Standards gab. Man konnte nicht einfach die Computer aneinander stöpseln, sondern mußte Wege finden, die völlig verschiedenen Computertypen kompatibel zu machen.

Anfang Oktober 1969 wurden die beiden ersten Computer über eine Leitung und zwei weitere speziell für die Verbindung eingerichtete Computer vernetzt. Ab dann kamen in der ersten Zeit pro Monat jeweils ein weiterer Großrechner zum Netz hinzu. Schon Ende März 1970 wurde die erste Verbindung von der Ostküste zur Westküste der USA möglich.

Von Anfang an war in dieses erste Netz die Möglichkeit einer zentralen Kontrolle eingebaut. Diese wurde ab März 1970 auch ausgeführt und zwar recht bald vierundzwanzig Stunden am Tag. Im Oktober 1972 wurde das ARPA-Netzwerk zum erstenmal der Öffentlichkeit vorgeführt und war für die Veranstalter ein voller Erfolg.

Parallel zum Netz der ARPA entstanden weitere Netze, zum Beispiel das Funknetzwerk ALOHA-Net der Universität Hawaii. Per Funk waren sieben Computer, die sich auf vier verschiedenen Inseln befanden, verbunden. Auch außerhalb der USA wurden in einigen Staaten (zum Beispiel England und Frankreich) kleine Netze aufgebaut.

So kam es 1972 zu der Idee, diese verschiedenen Netze wiederum zu einem noch größeren Netz zu verbinden: Es entstand das »Internetting-Projekt«. Ein internationales Netz der Netze wurde in Angriff genommen – das heutige Internet war geboren.

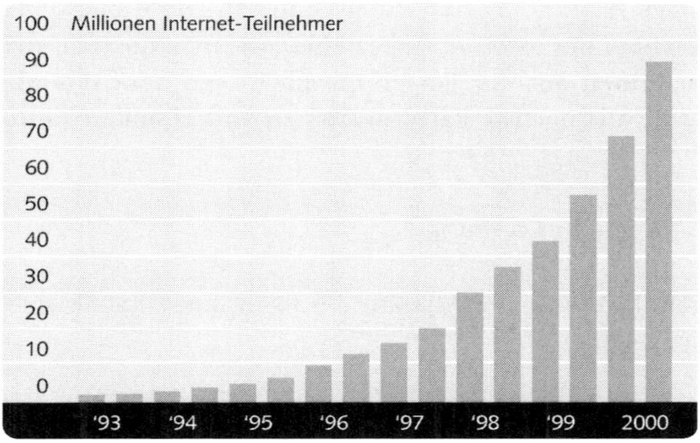

Quelle: Internet Software Consortium (http://www.isc.org)

Im Laufe der 80er Jahre schlossen sich in den verschiedenen Ländern viele Rechner zu lokalen Netzwerken zusammen, die wiederum zu einem weltumspannenden Netz verbunden waren. Und als dann 1989 das World Wide Web (WWW) in Genf erfunden wurde und wenig später von Studenten in Illinois eine graphische Benutzeroberfläche, die die Bedienung des WWW ungeheuer vereinfachte (durch einen sogenannten »Browser«), dazu kam, trat das Internet seinen Weg in den Alltag unserer Kultur an.

Durch die Benutzerfreundlichkeit und die Möglichkeit, Bilder und Töne ohne Aufwand auf den eigenen PC übertragen zu können, entwickelte es sich explosionsartig zu dem, was wir heute als das »Internet« im Alltagsgebrauch kennen.

Der eigene Heimcomputer schließt sich mit Millionen anderen Heim- und Großcomputern zu einer einzigen Weltmaschine zusammen – mein eigener PC wird zum winzigen Mosaikstein der Weltmaschine Internet.

Der nächste Entwicklungsschritt besteht zur Zeit darin, daß sich das heimische Fernsehen und das Internet zu einer einzigen Apparatur zusammenschließen. Filme sind dann genauso über das Internet zu beziehen, wie man die neuesten Informationen aus der Forschung nachlesen oder das Abendkleid für die nächste Party aussuchen und bestellen kann.

Illusion der Oberfläche

Drei wesentliche Aspekte des Computers haben sich bisher gezeigt:

1. Im Computer begegnet dem Menschen das technische Bild der logischen Regeln seines eigenen Verstandes. Das ins Maschinelle Reduzierte des eigenen Denkens und Handelns tritt ihm in der Maschine von außen entgegen, wobei der konkrete Inhalt des Gedankens verloren gegangen ist.
2. Die Maschinen haben das Bestreben, sich zu einer einzigen Maschine zusammenzuschließen, den Plural »Maschinen« abzuschaffen, wie es Günther Anders formulierte.
3. Die Entwicklung der Maschinen tendiert dahin, aus dem Raum und der Zeit zu verschwinden. Sie implodieren ins Unsichtbare.

In dem Maße nun, wie der Computer in seiner Größe implodierte (aber gleichzeitig in seiner funktionalen Größe explodierte), entstand eine neue technische Möglichkeit: die graphische Benutzeroberfläche.

Bei den ersten Computern in den 40er und 50er Jahren,

mußten Programme noch per Hand durch Steckverbindungen »eingegeben« werden, das heißt, es wurde jeder einzelne Befehl, der anwies, wie die »Nullen« und »Einsen« miteinander verknüpft werden sollten, direkt eingegeben. Jeder Befehl war binär dargestellt und konnte von der Maschine unmittelbar ausgeführt werden (der Maschinencode oder die sogenannte »Maschinensprache«).

In diesem Maschinencode ist die unmittelbare Beziehung zu dem, was in der Maschine wirklich geschieht, gegeben. Der Umgang mit ihm ist jedoch schwer und mit großem Aufwand verbunden. Vor allem geschehen sehr leicht Fehler, die man nur schwer findet. Deshalb entwickelte man schon früh sogenannte »Programmiersprachen«, die dem menschlichen Sprachverständnis näher standen.

Dazu braucht es aber eine Zwischenstufe, einen Übersetzer (»Compiler« oder »Interpreter«), der die Befehle der Programmiersprache in den Maschinencode umwandelt. Eine neue Schicht also, die sich zwischen Maschine und Mensch schiebt und den Computer »benutzerfreundlich« werden läßt. Der Mensch geht mit ihm in einer seiner eigenen Sprache ähnlicheren Form um, und die eigentliche Funktionsweise der Maschine beginnt sich somit immer mehr seinem Blick zu entziehen.

Heute haben die meisten Menschen bloß noch Umgang mit fertigen Anwendungsprogrammen, die in der Regel leicht zu bedienen sind. Viele Programme erklären sich selbst und sind so gestaltet, daß sie aus einem intuitiven Alltagsverständnis heraus bedient werden können. Die Einarbeitungszeit in ein neues Programm ist verhältnismäßig kurz.

Dagegen war in der Anfangszeit des »Personal-Computers« der Umgang mit dem Computer noch recht mühsam. Man mußte die einzelnen Befehle, mit denen man Programme aufrufen oder der Maschine Anweisungen geben konnte, gut kennen. Für einen Neuling konnte es eine geraume Weile dauern, bis er das Betriebssystem eines PCs und die einzelnen Anwendungsprogramme einigermaßen virtuos handhaben konnte.

Um die »Benutzerfreundlichkeit« zu erhöhen, also die Bedienung eines Computers einfacher und leichter verständlich zu machen, entwickelte man wie gesagt »Benutzeroberflächen«. Sie waren zuerst mehr text- und zeichenorientiert, wichen aber bald den heute allgemein üblichen graphischen Benutzeroberflächen. Nachdem in den 70er Jahren mit ersten solchen graphischen Oberflächen in den Laboren experimentiert wurde, entwickelte die Firma »Apple« für ihre Computer »Lisa« und »Macintosh« entsprechende Programme, und ab 1991 wurde das heute allgemein bekannte und von »Microsoft« entwickelte »Windows« in der Welt der PCs vorherrschend und setzte den Standard.

Mit diesen Benutzeroberflächen schiebt sich zwischen den Menschen und die Anwendungsprogramme eine weitere Schicht, die der Benutzer ganz nach seinen Wünschen »einrichten« kann. Das Wesentliche dabei ist, daß eine solche Oberfläche dem Menschen nun die Illusion gibt, daß er sich in einer quasi realen Welt bewegt, in der er nach denselben Gesetzen wie im Alltag handeln kann. Beispielsweise drückt der Mensch mit dem Mauszeiger und der Maustaste auf einen virtuellen Knopf, um ein bestimmtes Programm aufzurufen oder um der Maschine eine bestimmte Anweisung zu geben. Man hat die Illusion, daß dies genau so einfach sei wie bei einem Lichtschalter. In Wahrheit wird durch diesen einen »Klick« eine Lawine von Befehlen ausgelöst, die letztendlich dazu führen, daß der PC das tut, wozu er »angeklickt« wurde.

Durch die Implosion der Technik in das nahezu raum- und zeitlose Sein fällt uns nicht mehr auf, daß eine lange Befehlskette, das heißt tausende und abertausende von einzelnen kleinen Schaltvorgängen, ausgeführt werden mußte, bevor auf dem Bildschirm ein bestimmtes Programm zur Ausführungsbereitschaft kommt.

Die graphische Benutzeroberfläche verschleiert uns das Wesen der Maschine: Durch die gigantische Winzigkeit der Maschine kann sie sich mit dem Schleier der Illusion umgeben, durch die sie ihr eigentliches Wesen verbirgt. Einerseits paßt sie sich immer mehr dem Menschen an, wird scheinbar immer leichter verständlich und verbirgt dabei andererseits ihre ins Unermeßliche gewachsene Komplexität.

Die im Verborgenen arbeitende Maschine gaukelt dem Menschen in der graphischen Benutzeroberfläche eine neue illusionäre Welt vor und bringt ihn in Versuchung, das Wesen der Maschine mit dem farbigen Geschehen des Bildschirms zu verwechseln.

Der Einzug des PCs in die Haushalte und Betriebe hätte nicht in dem Maße stattgefunden, wenn es die graphische Benutzeroberfläche nicht gegeben hätte. Auch der Siegeszug des Internet begann im Grunde erst mit der Entwicklung einer Oberfläche (Browser) und dem www, dem *world wide web*, das es ermöglicht, Informationen systemunabhängig von einem Computer auf andere zu übertragen.

Ein Streifzug durchs www

Am späten Abend fällt mir ein: »Oh, ich habe meine Rechnung noch nicht bezahlt.« Flugs ist der Computer eingeschaltet. Die Verbindung über die Telefonleitung zum Netz und zum Bankcomputer ist schnell hergestellt. Die persönliche Identifikationsnummer wird eingegeben, und nach wenigen Sekunden erscheint der Kontostand auf dem Bildschirm. Die Überweisung wird rasch erledigt. »Jetzt den PC wieder ausschalten? Ach, noch schnell nachschauen, ob ein E-Mail angekommen ist.« Einige Mausklicke später: Drei E-Mails sind da. Zweimal Werbung von einem Buchhändler und eine persönliche Nachricht von Freunden aus dem Ausland. »Muß ich gleich beantworten.« Eine Antwort wird ge-

schrieben und mit einem Mausklick abgeschickt. In den beiden anderen E-Mails wird nachgeschaut, welche neuen Bücher es gibt – man will ja auf dem neuesten Stand sein. Eine sehr interessante Neuerscheinung über das Internet ist erschienen. Die muß ich gleich bestellen!

Im Internet wird die Adresse meines Buchhändlers aufgerufen. Der Titel des Buches wird eingegeben, die eigene (reale) Adresse sowie die Art und Weise der Zustellung des Buches. Morgen, spätestens übermorgen werde ich dann das Buch abholen können.

»Jetzt ausschalten? Noch mal schnell schauen, ob es interessante neue Nachrichten gibt.« Die entsprechende Homepage wird angeklickt. Die »wichtigsten« Nachrichten des Tages erscheinen: Der Titel »Scharfe Flachmänner – LCD-Displays unter 2000 Mark« interessiert und wird angeklickt. Zu einer bekannten Online-Zeitschrift wird die Verbindung hergestellt. Ein kurzer Artikel über die neuesten LCD-Flachbildschirme ist zu lesen mit drei Verweisen (»Links«): »Was Sie über LCD-Monitore wissen sollten« interessiert, wird angeklickt. Eine kurze Beschreibung erklärt die Unterschiede zum herkömmlichen Monitor. Am Ende steht: »Weiter zu: Highlights auf dem Markt.« Angeklickt. Werbung ganz oben: »Sie suchen den BH von Marilyn Monroe? Vielleicht finden Sie ihn bei ...« Neugierig geworden – wird angeklickt – die Homepage einer Auktionsfirma taucht auf – langweilig. Wieder zurück zu den »Highlights«. Die Seite »Günstiger Einsteiger« wird gewählt; ein Bildschirm wird vorgestellt. Am Ende ein Verweis auf »Scharfer Allrounder«. Genug von neuen Bildschirmen – ist eh noch zu teuer.

Eigentlich wollte ich doch nach neuesten Nachrichten schauen. Zurück zur Nachrichten-Homepage. N-tv 24-Stunden Online-TV wird angeklickt. Zwanzig Sekunden später erscheint ein kleiner Bildschirm, in dem ein ruckartig bewegtes Bild erscheint. Eine Stimme ertönt aus dem Lautsprecher und erläutert die Bilder. Eine Reportage über eine Blumenausstellung. Uninteressant – »Beenden« wird angeklickt. »ProSieben« hat vielleicht Nachrichten.

Es funktioniert nicht. Die Version meines installierten Fernsehprogrammes ist zu alt. Ein neues muß aus dem Netz herunter geladen werden. Zehn Minuten später ist das neue Programm installiert. Es wird nochmals »ProSieben« angeklickt. Jetzt klappt es. Die Nachrichten werden übertragen, zwar kein Bild, aber vielleicht am Ende der Übertragung? Nein. Irgend etwas ist falsch gelaufen. Nochmals probieren. Jetzt geht gar nichts mehr – abgestürzt.
Reset-Knopf drücken, Computer völlig neu starten. Es dauert zwei bis drei Minuten, bis die Verbindung zum Netz wieder steht.
Jetzt fällt mir ein, wo ich gerade doch wieder im Netz bin, könnte ich doch mal nachschauen, ob was zum Stichwort »Fibonacci« da ist.[18] *– Eine Suchmaschine, die im Netz nach Seiten sucht, auf denen der Name vorkommt, wird aufgerufen. Wenig später: 580 Treffer. Eigentlich zu viel, aber da sind ein paar interessante Angaben am Anfang. Eine vielversprechend erscheinende Seite einer Universität wird aufgerufen. Ein Lernprogramm über die Fibonacci-Folge für Schüler wird angeboten. Die Übertragung funktioniert nur teilweise. Die Seite wird erst noch konstruiert. Adresse vormerken, in einigen Tagen nochmals nachschauen. Wieder zurück zur Suchmaschine. Nach einigem Suchen findet sich über einen nordrhein-westfälischen Server ein Computer in England, auf dem fast ein ganzes Buch mit lauter interessanten Details zur Fibonacci-Folge zu finden ist. Genau das habe ich gesucht! Alle Dateien werden aus England auf den eigenen PC geladen und sofort ausgedruckt. Sicher ist sicher. Im Netz weiß man nie, wie lange eine Seite bestehen bleibt. Morgen kann sie schon wieder weg sein.*
Ein Blick auf die Uhr – oh Gott, es sind jetzt schon fast drei Stunden vergangen, seit ich im Netz bin. Aber es ist ja noch nicht ganz so spät, zehn Minuten kann ich noch ein wenig surfen. Mal sehen, was es sonst noch gibt …
Nach weiteren zwei Stunden tun die Augen weh, sie fühlen sich starr an, der rechte Arm ist vom Halten der Maus ein wenig kalt

geworden. Jetzt aber raus aus dem Netz – du wolltest doch eigentlich nur eine Überweisung veranlassen und nach den E-Mails schauen.

Folgen?

Der Siegeszug der elektronischen Medien hat zur Folge, daß gegenwärtig mit großer Anstrengung auf das Ziel »Schüler und Lehrer im virtuellen Klassenzimmer« hingearbeitet wird. Das klingt gut, modern und fortschrittlich. Es wird jedoch in tausenden von Publikationen, die solche Zukunftsaussichten beschreiben, die Hauptfrage vergessen: Welche Rückwirkungen hat der Umgang mit der neuen Technik auf den Menschen und insbesondere auf Kinder?

Was für Arzneimittel selbstverständlich ist, daß man nach den Nebenwirkungen fragt und dann erst entscheidet, ob man sie in der Therapie einsetzen kann, wird für die Pädagogik nicht einmal im Ansatz gedacht.

Dabei ist es doch eine für die Zukunft unserer Kinder ganz wesentliche, wenn nicht gar existentielle Frage: Welche Wirkungen haben Computer auf den vor ihm sitzenden Menschen?

Die Maschine und der Mensch

Kurz: die Subjekte von Freiheit und Unfreiheit sind ausgetauscht. Frei sind die Dinge: unfrei ist der Mensch.
GÜNTHER ANDERS

Drei Fragen

Verändert das Lernen und Arbeiten mit Maschinen den Menschen, und wenn ja, wie? Erst langsam kommen einzelne Stimmen und erste Untersuchungen auf, die hierzu Stellung nehmen. Die Beobachtungen, die von dieser Seite geschildert werden, sind alles andere als ermutigend; sie sind besorgniserregend.

Es geht dabei nicht um Technikfeindlichkeit. Dazu bin ich von den modernen technischen Möglichkeiten viel zu begeistert. Ich möchte also nicht als »Maschinenstürmer« mißverstanden werden, sondern es geht mir darum, die Folgen der Computerisierung unseres Lebens und vor allem unserer Kinderzimmer kritisch zu beleuchten.

Als das Auto erfunden wurde, dachte niemand an die Schäden, welche die Abgase für die Erdatmosphäre haben werden. Man brauchte fast ein ganzes Jahrhundert, um die Folgen überhaupt zu bemerken. Um daraus zu lernen und etwas durchgreifend zu ändern, braucht es wohl noch ein weiteres Jahrhundert. Wir sollten daher aus der Geschichte des 20. Jahrhunderts lernen und bei der Anwendung des Computers in der Pädagogik die möglichen Innenweltvergiftungen frühzeitig bemerken und vor allem Gegengewichte dazu aufbauen.

Welche Wirkung hat der Umgang mit dem PC auf den Menschen? Diese Frage ist bisher nur unzureichend erforscht.

Es ist offensichtlich auch kein – wirtschaftliches – Interesse vorhanden, großflächige und genaue wissenschaftliche Untersuchungen zu finanzieren, die mögliche »Nebenwirkungen« der Computernutzung aufdecken. Und dennoch gibt es bereits eine Reihe von Hinweisen und Ergebnissen, die nachdenklich machen.

Zunächst kann sich jeder klar machen, daß man bei der Computernutzung immer vor einem Bildschirm sitzt und aus recht kurzer Entfernung auf ihn schaut. Salopp gesagt: Sitzt man vor einem PC, dann sitzt man prinzipiell vor einem Bildschirm, nur räumlich sehr viel näher an ihm dran als beim Fernsehen. – Über die Gefahren des Bildschirms gibt es jedoch seit Jahren schon eine Reihe von Erfahrungen und Erkenntnissen.[19]

Andererseits ist ein wesentlicher Unterschied des PCs zum Fernseher der, daß man über eine Tastatur Befehle eingeben kann. Je nach getippter Tastenfolge reagiert der Computer in einer bestimmten Weise. Der Mensch kann aktiv in das eingreifen, was auf dem Bildschirm erscheint. Er kann Computerprogramme entwickeln und dabei eine (einseitige) technische Kreativität entwickeln.

Zwischen passivem Fernsehen – das mittlerweile auch mit Hilfe des PCs und entsprechender Hard- und Software funktioniert – und aktivem Programmieren des Computers gibt es noch eine Mischform. Das sind die vielen Multimedia-Programme mit ihren zwei Hauptgruppen, den Computerspielen einerseits und der Lernsoftware andererseits. Da bewegt sich der Mensch »interaktiv« in vorgegebenen Bildern, die er passiv entgegennimmt, in die er aber in gewissem vorgegebenen Rahmen verändernd eingreifen kann. *Drei Hauptfragen kann man daher stellen:*

1. Wie wirkt ein Bildschirm auf den Menschen?
2. Hat der aktive Umgang mit der Maschine »Computer« prinzipiell eine Rückwirkung auf den Menschen?

3. Welche Inhalte werden durch Multimedia-Programme vermittelt? Welche Inhalte interessieren Jugendliche im Internet?

Der wahrnehmende Mensch

Um die Wirkung des Bildschirmes deutlicher hervorzuheben, sei eine kurze Betrachtung des Menschen vorangestellt.

Was macht jeden Menschen einzigartig? Sicher auch die Fähigkeit der eigengesteuerten Aktivität. Eigene Motive, Ideen, individuelle Absichten selbst umsetzen zu können – dies ist etwas, das zutiefst unser Menschsein ausmacht. Es ist das Zentrum unseres Seins.

Die oft beschworenen Zukunftsfähigkeiten »Kreativität«, »Selbständigkeit«, »Flexibilität« et cetera sind Ausdruck des dem Menschen allein vorbehaltenen Vermögens, aus sich selbst heraus durch eigene Tätigkeit etwas absolut Neues hervorzubringen. *Menschsein heißt, aus sich selbst heraus aktiv sein, schöpferisch sein!* Wir spüren das sehr genau, auch wenn es uns nicht immer bewußt wird.

Ohne Eigentätigkeit, ohne die Möglichkeit des Schaffenkönnens verliert der Mensch die Sinnhaftigkeit des eigenen Lebens und fällt in Resignation. Er verliert den Sinn seines Daseins – womit auch eines der großen Probleme der Arbeitslosigkeit benannt ist.

Nicht nur seelisch ist der Mensch zur Aktivität bestimmt, sondern auch leiblich bis in die Sinnesorgane hinein. Auge, Nase, Ohr und so weiter sind keine passiv empfangenden Organe, sondern im Gegenteil bei jedem Wahrnehmungsvorgang höchst aktiv. Ohne eigene Tätigkeit der Wahrnehmungsorgane käme unser Bild von der Welt nicht zustande. Beim Tastsinn ist das unmittelbar klar: Ich muß etwas abtasten, wenn ich von einem Gegenstand eine Tastwahrnehmung haben will. Aber auch das Sehen und Hören sind Willensakte: Einen Baum zu sehen, eine Melodie zu hören, setzt einen meist unbewußt gebliebenen Willensakt voraus.

Seit frühester Kindheit haben wir das Sehen geübt und lernten somit allmählich, unsere Umwelt zu erkennen. Das ist im Laufe der Jahre dann so selbstverständlich geworden, daß der eigene Anteil am Zustandekommen unseres Weltbildes nicht mehr auffällt.

Nun gibt es Menschen, die blind geboren wurden. Erst in einem späteren Alter wurden ihre Augen durch eine Operation geöffnet. Operierte Blindgeborene müssen dann in einem späteren Alter nachholen, was alle anderen in der Kindheit gelernt haben: die Welt zu sehen. Und es ist in diesem Zusammenhang aufschlußreich, diese zum Teil sehr gut dokumentierten Fälle zu verfolgen.[20]

Alle Patienten sagen, wenn sie mit ihren sehfähig gewordenen Augen zum erstenmal die Welt betrachten können, daß sie nur ein gestaltloses, chaotisches Durcheinander von Farben sehen, welches sie als beängstigend erleben. Erst nach einiger Übung erkennen sie langsam auch Formen und Gestalten. Von einem zwanzigjährigen Patienten wird berichtet, daß er sich nach der Operation zunächst derartig anstellt, daß der behandelnde Arzt, Dr. Dufour, überzeugt ist, an einer Fehloperation schuld zu sein. Eine Untersuchung stellt jedoch fest, daß der Augenhintergrund einwandfrei beschaffen ist. Dufour erkennt, »daß gar keine Anomalie vorliegt«.

Am zweiten Tag bekommt er dann eine Taschenuhr gezeigt und kann sofort die Farbe angeben. »Ist es etwas rundes oder viereckiges?« – Keine Antwort. – »Wissen Sie, was ein Quadrat ist?« – Er stellt seine beiden Hände so, daß sie zwei Flächen bilden, die sich am Radialrande unter einem beinahe rechten Winkel berühren. Er erhält auf diese Weise eine Kante die tatsächlich Teil eines Kubus ist. – »Und ein Kreis?« – Er biegt seine Hand wieder ein, indem er die Finger zur Handwurzel zurückkehren läßt, und produziert dadurch einen fast geschlossenen Ring. Er hat also in der Weise eine Kenntnis der Rundung. Beim Anblick der Uhr, auf die er offensichtlich den Blick richtet, bleibt er absolut außerstande zu sagen, ob die rund oder eckig ist. Ich kann gut bestehen auf Antwort, es erfolgt keine. Ich stecke die Uhr ein, ohne ihm etwas zu sagen und ohne ihn die Uhr befühlen zu lassen. Am folgenden Morgen dieselbe Frage, dieselbe Unfähigkeit zu antworten. Darauf ließ ich ihn dann die Uhr befühlen. Sobald er sie mit der Hand ergriffen hat, sagt er sofort: »Das ist rund es ist eine Uhr.«[21]

Von einem anderen Fall wird berichtet:

Zunächst nannte der Junge all die verschiedenen Karten rund, als ihm aber ein Quadrat gezeigt wurde mit der Frage, ob er Ecken daran entdecken könne, wollte er durchaus die Karte betasten. Da ihm das aber verwehrt wurde, prüfte er sie eine Zeit lang und sagte schließlich, er hätte eine Ecke gefunden, und zählte dann prompt die 4 Ecken des Quadrats; und als ihm dann ein Dreieck gezeigt wurde, zählte er die Ecken auf dieselbe Weise, aber während er das tat, glitt sein Auge an der Kante entlang von einer Ecke zur andern, wobei er die Ecken entsprechend dem Weiterkommen an der Kante nacheinander bezeichnete.[22]

Einige Zeit später wird von diesem Patienten berichtet:

Am 19. wurden die verschiedenfarbigen Kartonblätter wieder gesondert vor sein Auge gelegt, und so wenig hatte er in den 13 Tagen dazugelernt, daß er ihre Gestalt nicht angeben konnte, ohne daß er die Ecken eine nach der anderen zählte. Das tat er allerdings sehr rasch, indem sein Auge ganz rasch an der Außenlinie entlanglief, sodaß er also offenbar immer noch beim Lernen war, genau wie ein Kind lesen lernt.[23]

An diesen Beispielen wird deutlich, daß wir fortwährend unsere Augen an den Konturen der gesehenen Gestalt entlang bewegen. Wir schaffen durch die Bewegung unserer Augen dauernd die Gestalten unserer Umgebung nach.

Mit technischen Hilfsmitteln läßt sich das bei jedem gesunden Auge feststellen. Ein von uns angeschautes Bild wird auf diese Weise vom Auge fortwährend abgetastet. Dabei fixiert es für etwa 0,15 bis 0,4 Sekunden eine Stelle, um dann in einem schnellen Sprung (Saccade) zur nächsten Fixationsstelle zu springen. Das angeschaute Bild wird mit einem Netz von Fixationspunkten überzogen. Durch kleinste unbewußte Augenbewegungen im Millisekundenbereich (Saccaden von 10–80 Millisekunden) wird aktiv das Bild der Welt ergriffen.

Was bestimmt diese Bewegung des Auges? Einerseits sind es die Konturen des Objektes und andererseits das Interesse des Betrachters. Die Bedeutung, die der Mensch einem angeschauten Gegenstand zumißt, lenkt die Bewegungen des Auges. Die individuellen Intentionen des Betrachters bestimmen die Bewegungen der Augenmuskulatur.

Unser Sehen erweist sich damit als ein Akt des Nachschaffens, ja sogar als ein Akt des Schaffens selbst, wie man am Beispiel von »Kippbildern« sehen kann.[24]

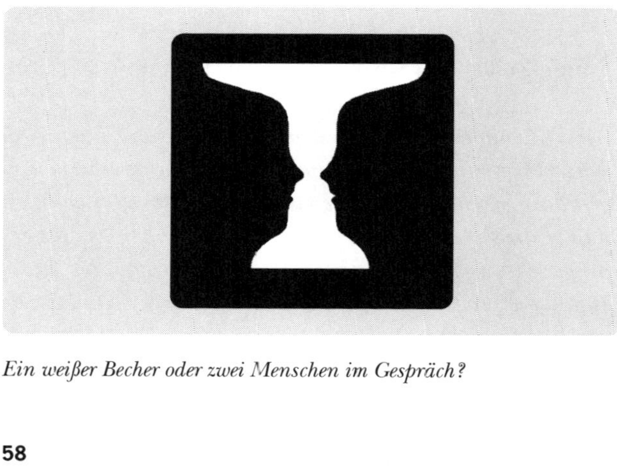

Ein weißer Becher oder zwei Menschen im Gespräch?

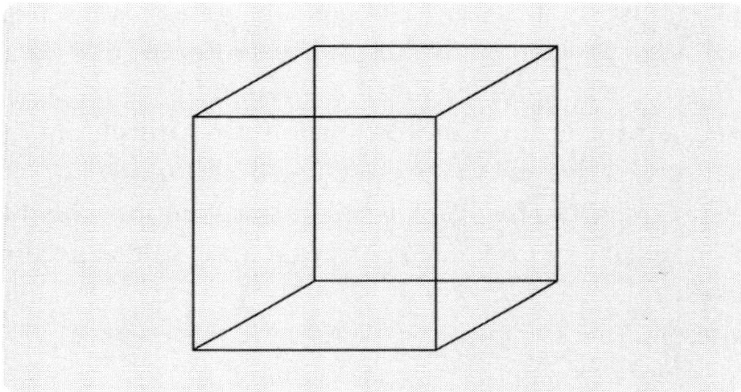

Ist der Würfel nach vorne geklappt oder nach hinten?

Ein ähnliches gilt für das Ohr. Auch das Ohr ist kein bloß passiv empfangendes Sinnesorgan, wie man oft annimmt, sondern im Gegenteil höchst aktiv am Zustandekommen eines Höreindruckes beteiligt.

Man hat herausgefunden, daß das Ohr auf äußere Sinnesreize mit einem eigenen Ton antwortet! Das Ohr erzeugt selbst sehr leise Töne – sogenannte otoakustische Emissionen. Der ganze Hörvorgang ist entscheidend davon abhängig, wie das Ohr in seiner Eigentätigkeit auf einen Höreindruck antwortet.[25]

Aber nicht nur das Ohr ist beim Hören aktiv beteiligt, sondern der ganze Mensch.

Viele haben beispielsweise schon erlebt, daß sie in einem Vortrag sitzen und einem Redner zuhören, der heiser ist. Es vergeht nur eine kurze Zeit, und das vorher still sitzende Auditorium beginnt sich auffallend oft zu räuspern und zu husten. Man selbst verspürt im Kehlkopfbereich ein leises Unwohlsein. Achtet man genauer auf die Ursache, ist zu bemerken, wie man mit dem eigenen Sprachorgan die Worte des Redners in einer feinen Weise mitspricht. Der eigene Kehlkopf spricht mit, wenn man zuhört!

Das weist darauf hin, daß sich der ganze Mensch beim Hören von Worten und Musik mit seinem eigenen Bewegungsapparat in feiner subtiler Weise mitbewegt. Das Individuum antwortet im Zuhören fortwährend durch ein feines Mitschwingen des eigenen Bewegungsorganismus.

Es ist deutlich: Im Wahrnehmen der Welt umschließt der Mensch mit seiner eigenen Aktivität das wahrgenommene Objekt.

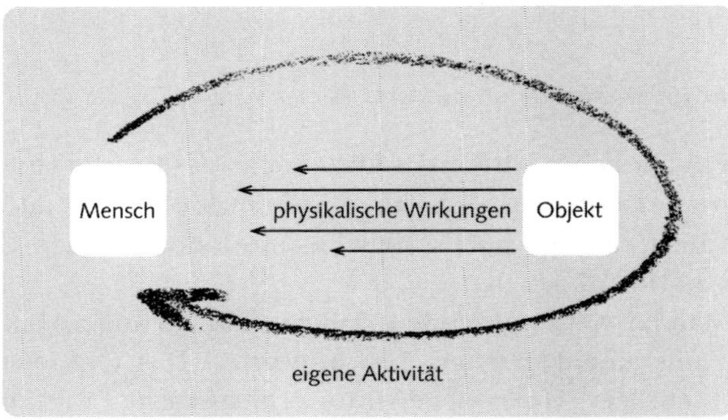

Mensch und Wahrnehmungsobjekt

Wie wirkt der Bildschirm?

Beim Bildschirmerleben ist das nun anders.[26] Als wahrgenommener Gegenstand steht er in einem völlig anderen Verhältnis zum Menschen als jedes andere reale Objekt.

- Der Bildschirm muß zu den hellsten Gegenständen im Raum gehören, da man die Bilder und Texte sonst nicht auf ihm sehen kann.
- Man sitzt in der Regel allein vor dem Bildschirm, in den seltensten Fällen ist man zu zweit oder gar zu mehreren.

- Die Aufmerksamkeit des Menschen wird aufgesogen, die restliche Welt außerhalb des Bildschirms wird ausgeblendet.
- Der Körper wird weitgehend ruhig gehalten, der Dämpfungsvorgang betrifft auch die inneren Organe.
- Die Augen bewegen sich sehr viel weniger als beim Anschauen eines realen Objektes. Die Scharfstellung der Augenlinse wird nicht verändert, sie wird starr eingestellt – daher das unbewußte Starren auf den Bildschirm.

Zusammenfassend gilt: Vor dem Bildschirm isoliert sich der Mensch von seiner Umgebung und wird in den Inhalt des Monitors hineingesaugt. Dort tut sich für ihn ein völlig neuer Erfahrungsraum auf: ein künstlicher, ein virtueller Raum.

Durch diesen werden zunächst die vorhandenen Bezüge der verschiedenen Sinnesqualitäten auseinandergerissen. Der neue virtuelle Sehraum vermittelt eine andere Welt als der reale Tastraum. Die durch die Augen vermittelten Gleichgewichtsverhältnisse des Bildschirmraumes (zum Beispiel »Titanic beim Untergang«) stehen im Widerspruch zu denjenigen im realen Raum (»bequeme Couch mit Chips und Coca Cola«).

Der Bildschirm zerreißt den Sinnesmenschen in zwei Teile, das heißt, er zerrt ihn in zwei verschiedene Erlebnisräume hinein:

1. in die optisch-akustische Wahrnehmungswelt, die durch das Gerät vermittelt wird,
2. in den durch die anderen Sinne erfaßten realen Lebensraum.

Diese Dualität der beiden Erfahrungsräume, die nicht zueinander passen, kann bei manchen Menschen, die sich vermittels eines Datenhelms bewußtseinsmäßig vollständig in einem virtuellen Raum wähnen, zu Schwindel und Übelkeit führen. Denn der Körper vermittelt andere Gleichgewichtsverhältnisse, als sie das Vorstellungsbild des Datenhelms suggeriert.

Der von einem Monitor vermittelte virtuelle Erfahrungsraum existiert also nur in meiner Illusion. Der Bildschirm eines Fernsehers besteht beispielsweise aus 625 Zeilen mit jeweils etwa 800 Punkten. Das sind insgesamt rund eine halbe Million Punkte, aus denen ein Bild aufgebaut wird. Diese Punkte werden beim herkömmlichen Monitor von einem Elektronenstrahl abgetastet oder durch elektrische Steuerungsvorgänge beim LCD-Bildschirm für einen winzigen Sekundenbruchteil erhellt.

Bei einem Film, aber auch bei einem Monitorbild wird innerhalb einer Sekunde 25–50 mal ein neues Bild beziehungsweise Halbbild aus den rund 500 000 Punkten aufgebaut. In 40 msec wird also ein ganzes Bild aufgebaut und gleich danach das nächste Bild. Diese Zeit entspricht etwa der Saccade eines Auges (10–80 msec). Innerhalb der Fixationszeit des Auges wird das Bild immer wieder neu aufgebaut (4–10 mal). Es steht dem Auge somit gar nicht richtig zur Verfügung, und dadurch kommt es in ein Starren hinein. – Die »Aktivität« des Bildschirmes lähmt die Beweglichkeit des Auges.

Beim Betrachten eines Bildschirmes dreht sich also im Wahrnehmungsvorgang tendenziell die Richtung der Aktivität um: Der Mensch wird passiv und die Maschine ist aktiv.

Pointiert formuliert darf man sagen: Die aktive Instanz des Menschen – das Ich – wird paralysiert. Das Ich des Menschen wird betäubt und »ruhig gestellt«. Beim Wahrnehmen der Vorgänge auf einem Bildschirm handelt es sich, wie es Rainer Patzlaff treffend beschreibt, um eine »ichlose Wahrnehmung«.

Die virtuelle Welt des Bildschirmes saugt den Menschen in einen Bereich, in dem er fortwährend bedroht wird, sich selbst zu verlieren. Die Bildschirmwelt will das Ich aussaugen, zur

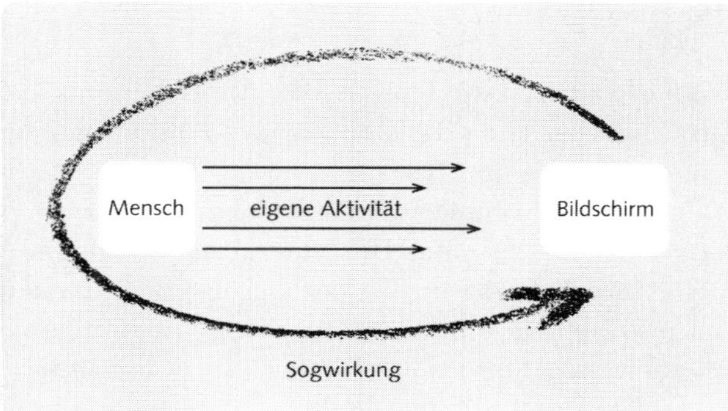

Mensch und Bildschirm

Untätigkeit herablähmen. Besonders deutlich wird das beim passiven Fernsehkonsum. Bei der aktiven Arbeit an dem Bildschirm scheint das zuerst nicht der Fall zu sein. Dennoch ist bei subtiler Selbstbeobachtung auch hier ein Sog wahrnehmbar.

Die positive Chance besteht darin, daß wir aus dieser Selbstbeobachtung auf das Zentrum unseres Menschseins – unser autonomes Ich – aufmerksam werden können. Was uns gewöhnlich unbewußt bleibt, wird in der potentiellen Gefährdungssituation sichtbar.

Die erste der drei Fragen kann also dahingehend beantwortet werden, daß es nicht egal ist, ob ich einen Baum in der Natur anschaue oder ihn auf dem Bildschirm sehe. Der Bildschirm wirkt bis in die äußere Leiblichkeit hinein ablähmend. Und diese Wirkung ist völlig unabhängig vom Inhalt des Gesehenen. Allein die Tatsache, daß ich auf einen Bildschirm schaue, wirkt auf mich und macht mich bis in die leiblichen Vorgänge hinein passiv.

Der heimliche Lehrer

Verändert der aktive Umgang des Menschen mit der Maschine Computer auch das Denken und Fühlen beziehungsweise Empfinden seines Benutzers?

Der Diplom-Psychologe Robert Gaßner ist dieser Fragestellung im Rahmen seiner Dissertation nachgegangen.[27] Er befragte Menschen, die noch keine Berührung mit einem PC gehabt und sich für einen einführenden Kurs in Computerprogrammierung angemeldet hatten. Er stellte ihnen eine Fülle von Fragen, durch die sie ihr Verständnis von und ihre Einstellung zur Welt und insbesondere zum Computer deutlich machen konnten.

Dieselben Fragen, nur in einer anderen Reihenfolge, stellte er diesen Menschen noch ein zweites Mal, nun aber *nach* Absolvierung des Programmierkurses. Gaßner interessierte, ob die Antworten nach dem Kurs noch genauso gegeben würden wie vor dem Kurs.

Er verglich die Antworten sehr genau, und es stellte sich heraus, daß die Antworten nach dem Kurs sich in eine bestimmte Richtung hin verschoben hatten. Er bemerkt, daß Computerkurse die Gruppe der Beteiligten polarisieren; in diejenigen, die gut mit der Maschine zurechtkommen, und diejenigen, denen das Verständnis schwer fällt. Beide Gruppen beginnen dann gegenseitig aufeinander herabzusehen.[28]

Die »Programmier-Cracks« entwerten einfache Anwenderkenntnisse und bewerten die Gründe, warum jemand Schwierigkeiten im Umgang mit dem PC hat, deutlich negativer als vor dem Kurs. Und umgekehrt bezeichneten die unzufriedenen Kursteilnehmer die typischen Programmierer als verantwortungslose Kopfmenschen.[29]

Besonders die erfolgreichen Teilnehmer am Computerkurs zeigten in der zweiten Befragung nach dem Kurs verstärkt ein mechanistisch-positivistisches Welt- und Wissenschaftsbild.

Die in der ersten Befragung genannten humanistischen Ideale fielen beim zweiten Interview weg. Gaßner konstatiert, daß ein technokratisches Weltbild in den Vordergrund getreten ist. Kritik am technischen Fortschritt wird in der zweiten Befragung deutlich geringer.[30] Damit zusammenhängend fällt ihm auf, daß in den Gesprächen, die er nach dem Kurs führt, den Gefühlen ein verringerter Stellenwert zukommt. »Streng rationale Kosten-Nutzen-Analysen zur privaten Entscheidungsfindung werden generell positiver bewertet.«[31]

Gaßner vermutet, daß der Computer den Menschen, die im sozialen Umgang mit anderen Schwierigkeiten haben, Argumente gibt, die es ihnen ermöglichen, »bestimmte Bereiche des sozialen Handelns zu vermeiden«.[32]

Bei der Charakterisierung des Unterschiedes zwischen Mensch und Maschine werden Gefühle auch nicht mehr als Unterscheidungsmerkmal genannt[33], was zu der wohl bedenklichsten und für die Pädagogik wichtigsten Beobachtung Gaßners führt: Vor dem Kurs wurde mit starker Überzeugung und Sicherheit zwischen Mensch und Maschine unterschieden. Nach den ersten Erfahrungen mit dem Computer fiel diese Sicherheit weg. Ja mehr noch, die Befragten zeigten die Tendenz, sich und andere mit der Maschine zu vergleichen. Qualitative Unterschiede zwischen Mensch und Computer wurden nicht mehr genannt, sondern es wurde nur noch auf quantitative Verschiedenheiten verwiesen. »Die prinzipielle Wesensfremdheit wird in fast masochistischer Weise nicht mehr beachtet, stattdessen werden nur noch Vorsprünge des Menschen genannt, die aber prinzipiell aufholbar sind.«[34]

Das suggestive Bild vom Menschen als Computer prägt sich nicht nur stark ein, sondern es wandelt sich bereits zur Auffassung vom Menschen als dem *schlechteren* Computer. Gerade die jugendlichen Teilnehmer in Gaßners Untersuchung fühlten sich dem Computer in der Konkurrenz um den Arbeitsplatz unterlegen.

Gaßner faßt am Ende der Studie seine Ergebnisse in folgenden Hypothesen zusammen:

- *Computernutzung fördert in hohem Maße eine positivistische Weltsicht und ein technokratisches Wissenschaftsverständnis. Diese Form der Betriebsblindheit setzt früh ein und beeinflußt die Mehrzahl der Nutzer.*
- *Computernutzung führt langfristig zum Verlust von Wünschen und Idealen, also zur Reduktion des Wünschbaren auf das aktuell (technologisch) Machbare. Konkrete Inhalte werden in den Hintergrund gedrängt.*
- *Auf die Dauer stieg die Tendenz, sich und andere als Computer beziehungsweise Roboter wahrzunehmen.*
- *Die Ansprüche an die soziale Interaktion werden zunehmend verringert.*
- *Gefühle und soziale Bedürfnisse werden langfristig entwertet. Von Anfang an gelten sie im sachlich technologischen Kontext von Gesprächen unter »Computerkennern« als unpassend.*[35]

In dieser Studie Gaßners, die meines Wissens leider nicht auf größerer Ebene wiederholt wurde, zeichnet sich eine deutliche Signatur ab. Der Umgang mit dem Computer wirkt auf das menschliche Denken, Fühlen und damit auch auf das Handeln zurück.

Das erste Wesensmerkmal des Computers – die starre Regelhaftigkeit – prägt sich dem Menschen auf. Die von Programmierern in die Maschine hineinkonstruierten Regeln wirken auf den Maschinennutzer zurück. Er übt sich im Umgang mit den Regeln der Maschinen, trainiert die eigene Regelhaftigkeit des Denkens und übersieht zunehmend in seinem eigenen Inneren, was niemals in Regeln faßbar ist: die Inhaltlichkeit unseres Denkens, das intuitive Element unserer Seele und die innige gefühlsmäßige Beziehung zu den Dingen der Welt – man kann auch sagen: die Liebe.

Der Computer ist also ein heimlicher Lehrer!

Er behauptet und lehrt, daß die Welt nur aus Regeln und Algorithmen bestehe. Ja, sogar noch mehr: Er lehrt, daß der Mensch selbst auch nur eine Maschine sei, eine schlechte sogar, die dringend der technischen Verbesserung bedürfe.

Mit seinen Ergebnissen bestätigt Gaßner auch empirisch, was andere vor ihm mit dem Ausdruck »defining technologies« bezeichnet haben.

Der Umgang mit der Uhr, der Dampfmaschine und heute eben mit dem Computer prägt die Art und Weise, wie wir die Welt anschauen. Sie wirken wie stark getönte Sonnenbrillen – sie verändern unseren Blick auf die Welt.

Eine paradigmatische Technologie ist, so sagt David J. Bolter, »immer verfügbar, um als Metapher zu dienen, als Beispiel, Modell oder Symbol. Eine paradigmatische Technik gleicht einem Vergrößerungsglas, das scheinbar unterschiedliche Ideen einer Kultur in einem leuchtenden, manchmal durchdringenden Strahl sammelt und bündelt. Technik ruft an sich keine größeren kulturellen Veränderungen hervor, aber sie stellt Ideen in eine neue Perspektive, indem sie sie beispielhaft einem breiteren Publikum vermittelt.«[36]

Der Computer ist also ein Lehrer, der nicht nur theoretisch lehrt, sondern durch seine Existenz und sein Bedientwerden die empfindungsmäßige Anschauung der Welt prägt. Er ist quasi materialisierte Weltanschauung! Er lehrt nicht nur, daß Welt und Mensch bloß komplizierte Maschinen sind, sondern er bringt die Menschen dazu, diesen Gedanken in ihr Gefühl aufzunehmen. Und aus diesem Fühlen entsteht letztendlich unser Handeln.

Man sollte das nicht beklagen, vielmehr sollte man durch solche Tatsachen aufgerüttelt und wach werden für die Lebensfragen, die dadurch auf uns zukommen.

Was ist das Wesen des Menschen? – Das ist die zentrale Frage unseres 21. Jahrhunderts.

Insofern kann man die Existenz der technischen Welt nur begrüßen, denn sie fordert auf, ja zwingt, über unser Menschsein nachzudenken und uns selbst als Menschen in unserer geistigen Wirklichkeit zu finden.

Die Maschine im sozialen Leben

Was haben eigentlich unsere Großeltern in ihrer Freizeit gemacht? Wie haben sie die Abende verbracht? Gab es doch damals noch kein Fernsehen. Haben sie sich deshalb gelangweilt?

Meine Eltern erzählten noch, wie sie in ihrer »Vor-Fernsehzeit« abends Gesellschafts- oder Kartenspiele spielten, viel Besuch hatten, Bücher lasen oder einfach miteinander plauderten.

Das große Zentrum der Familie war der Familientisch. Um ihn saß die Familie herum – man war einander zugewandt.

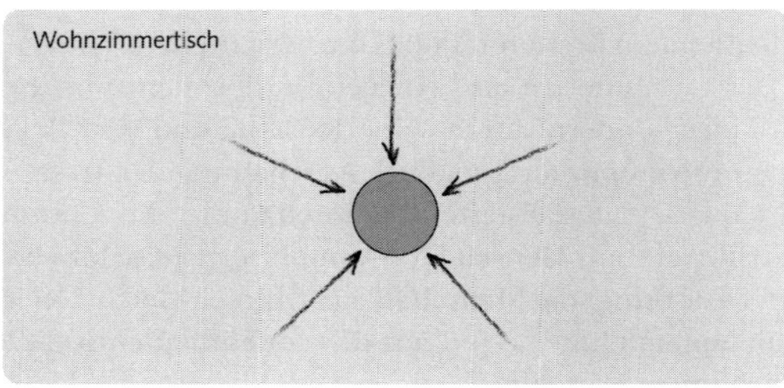

Mit dem Aufkommen der Fernsehkultur wurde bis in die Architektur der Neubauten hinein sichtbar, daß sich dieses Zentrum allmählich auflöste.

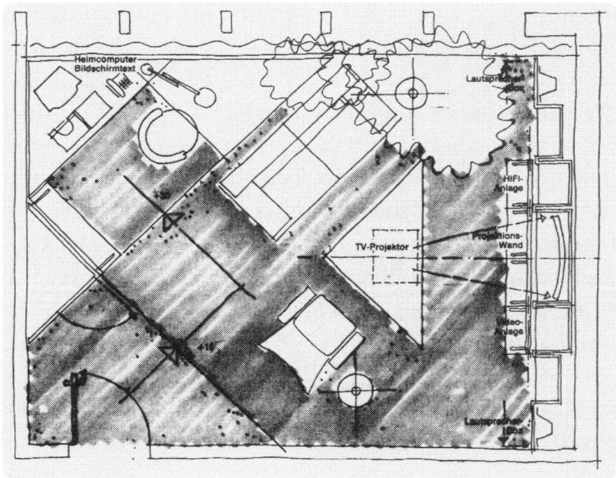

Bild aus: Eurich/Würzberg, 30 Jahre Fernsehalltag, Reinbek 1983

Der Familientisch wich der Fernsehecke oder dem Fernsehschrank. Er war nun nicht mehr der gemeinsame Mittelpunkt der Familie, sondern deren gemeinsamer »Fluchtpunkt«. Die Sozialbeziehungen parallelisierten sich.

Fernseher als gemeinsamer Fluchtpunkt

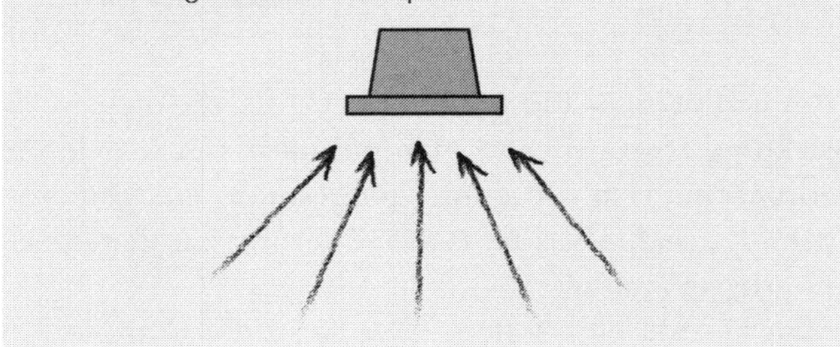

Man konnte nun den Problemen im Zwischenmenschlichen entfliehen, indem man sich gemeinsam dem Fernsehbild überließ.

Erstaunlicherweise gibt es in dieser Entwicklung noch einen weiteren Schritt. Ein Schüler lädt mich beispielsweise zu einer »Computer-Session« ein. Er hat mehrere Freunde gebeten, ihren eigenen PC mitzubringen. Bei ihm zu Hause werden diese vernetzt, und man kann dann ein gemeinsames Computerspiel auf mehreren PCs spielen. Eine gemeinsame virtuelle Welt, an der jeder von seinem PC aus Anteil hat und in ihr agieren kann.

Die »Session« findet im Keller statt. Tatsächlich sitzt jeder an seinem PC und spielt gegen die anderen. Jeder gegen jeden und jeder vor seinem eigenen Bildschirm, mit dem Rücken zu den anderen.

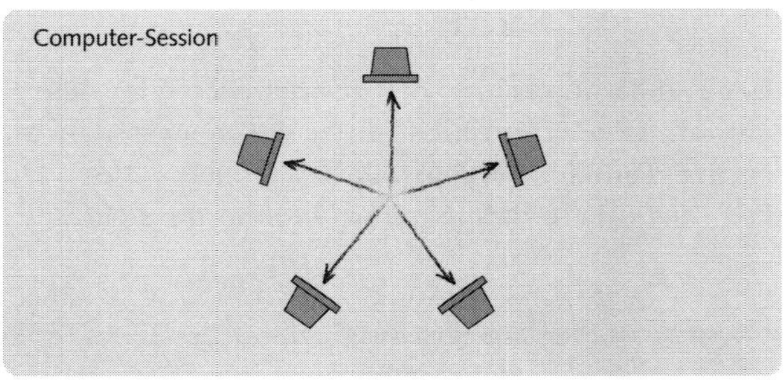

Betrachtet man die qualitative Geste, die sich in dieser Entwicklung zeigt, so kann man pointiert sagen: Der alte Familientisch hat sich vollständig umgestülpt. Das gemeinsame Zentrum hat sich über die Parallelisierung zur gemeinsamen Peripherie verwandelt.

Man könnte einwenden, man hätte die Computer auch nebeneinander oder gar zueinander stellen können. Der Einwand trifft aber nicht das Wesentliche, denn es sitzt jeder vor seinem eigenen Bildschirm, der prinzipiell unabhängig von einem Ort innerhalb des realen Raumes ist. Gemeinsam ist nur noch der virtuelle Raum – ein technisch festgefrorener Phantasieraum –, in dem man nach bestimmen Regeln agieren muß.

Daß diese jungen Menschen in einem gemeinsamen physischen Raum sitzen, ist nur aus finanziell-technischen Gründen notwendig und dem »Relikt« zuzuschreiben, daß es einfach schön ist, wenn Menschen mit einem gemeinsamen Interesse zusammen sind. Über ein Telefonnetz könnten sie genausogut miteinander spielen.

Dies geschieht auch. Viele sitzen zu Hause einsam vor ihrem PC und spielen stundenlang mit Gegnern, die sie nie von Angesicht zu Angesicht kennen lernen. Ihre Einsamkeit wird nur durch die fesselnde »Action« des Spieles betäubt. Die Maschine fungiert als Mittler zwischen isolierten Menschen und schafft eine virtuelle Gemeinschaft von real einsamen Menschen.

Dieser Mittler ist nur scheinbar passiv. Wer sich im Umgang mit der Maschine genauer beobachtet, der bemerkt, daß von ihr ein »Saugendes« ausgeht, sie zieht den Menschen zu sich, man könnte auch sagen: sie zieht ihn in sich hinein. Im Umgang mit der Maschine entsteht eine heimliche Lustempfindung. Eine Lust, der man verfallen kann.

Sucht

»Können wir mit Ihnen sprechen?« »Ja – selbstverständlich.« Ein Gesprächstermin war schnell für einen der nächsten Tage vereinbart.

Beide, Mutter und Vater, kamen: »Wir machen uns Sorgen um unseren Sohn.« Sie schildern dann, daß ihr Sohn seit einigen Monaten einen eigenen PC besitzt und seitdem sehr viel

Zeit mit ihm verbringt. »Nein, nicht, daß er bloß Computerspiele spielt, dazu ist er zu intelligent, er beschäftigt sich nur mit dem Gerät selbst. Ständig verändert er etwas, installiert ein neues Programm oder macht sonst irgendetwas. Er sitzt jeden Tag mehrere Stunden an seinem Computer.«

Was den Eltern vor allem Sorgen macht, ist die Tatsache, daß er seine sozialen Kontakte nicht pflegt. »Er macht kaum noch etwas mit seinen Freunden.« Das andere, was sie beunruhigt, ist die Befürchtung, daß er die Schule nicht mehr so wichtig nimmt und seine schulischen Leistungen darunter leiden könnten.

»Was können wir als Eltern tun? Was können die Lehrer tun?« sind die bangen Fragen, um die es in diesem Gespräch ging. Es wurden dann Möglichkeiten besprochen und Empfehlungen gegeben, wie man diesem sechzehnjährigen Jungen helfen könnte, seine »Computerzeit« auf ein sinnvolles Maß zu reduzieren.

In solchen Gesprächen wird deutlich, daß auf Eltern und Lehrer eine weitere neue Herausforderung zukommt, die sich mit der Drogenfrage wahrscheinlich mühelos wird messen können. Der Versuchung durch Alkohol, Haschisch, XTC und anderen Drogen stellt sich die Verführung durch die problematische Seite von Internet und Computerspielen gleichberechtigt zur Seite.

Es wird kaum einen PC-Besitzer geben, der nicht gelegentlich seiner Verführung erlegen wäre. Da hat man sich ein neues Programm oder ein Zusatzgerät – einen Scanner, eine zweite Festplatte und so weiter – gekauft. Man will es anschließen. Fast immer gibt es dabei irgendwelche Schwierigkeiten zu bewältigen. Das dauert Stunden. Manchmal geht dann alles schief, man macht einen Fehler, und das System stürzt komplett ab – nichts geht mehr. Dann wird vielleicht eine ganze Nacht geopfert, um alles wieder neu zu installieren – bis es so klappt, wie man es gern hätte.

Ein Schüler erzählt in einem Gespräch über seinen Computer, daß er sich immer wieder eine neue Hardware-Erweiterung oder ein neues Programm besorgt und in seinen Computer installiert. »Wenn es dann klappt, wird es langweilig. Dann besorg ich mir halt ein neues Teil und baue es ein.«

Wer erkennt da nicht in diesem Jungen oder auch in sich selbst den »Hacker« wieder, den Joseph Weizenbaum schon vor über zwanzig Jahren so prägnant beschrieben hat? Er beobachtete in allen Rechenzentren der Welt die jungen Männer, die mit zerzausten Haaren und völlig übernächtigt stundenlang, tagelang ihre Zeit vor ihrem Computerterminal verbrachten. Männer, die sich völlig vernachlässigten und nur für den Computer lebten. Weizenbaum bezeichnete sie als zwanghafte Programmierer, die einer milden Form der Paranoia verfallen waren.[37]

Was Weizenbaum damals als ein auf Rechenzentren beschränktes Phänomen beschrieb, hat sich mit der Ausbreitung des PCs über die ganze Welt verbreitet. Und was er noch als das Phänomen des zwanghaften Programmierens bezeichnet hat, wird heute in der Öffentlichkeit zunehmend bekannt als das Phänomen der »Internet-Sucht«. Aber auch im Umgang mit Computerspielen gibt es Formen der Abhängigkeit.

Es ist eine bittere Realität: Der Umgang mit der Maschine Computer birgt ein enormes Suchtpotential in sich. So wie viele Menschen vom Umgang mit Glücksspielautomaten abhängig sind, so gibt es mittlerweilen Hunderttausende, ja Millionen, die in eine Abhängigkeit vom Computer verwickelt sind.

Die wenigsten Menschen aber nehmen das Suchtpotential der Computerwelt wirklich ernst – außer den Betroffenen, die sich von ihrer Abhängigkeit befreien wollen.

Im Internet mehren sich in der letzten Zeit die Seiten, auf denen »Online-Süchtige« ihre Leidensgeschichten erzählen. Die psychologischen Fakultäten vieler Universitäten bieten im

Internet ihre Hilfe gegen Internet-Sucht an. Diese Sucht betrifft Frauen und Männer gleichermaßen.

Aus der Werbung für eine Graphikkarte: Der Sog in die Maschine

Nach einer im August 1999 veröffentlichten amerikanischen Studie, in der über 17000 Internet-Nutzer befragt wurden, ergab sich, daß 5,7% der Nutzer als süchtig betrachtet werden mußten. »Bei weltweit 200 Millionen Internet-Nutzern ließe sich dieser Wert auf 11,4 Millionen Betroffene hochrechnen. Der meistverbreitete Suchtindikator war die positive Antwort auf die Frage, ob das Internet als eine Fluchtmöglichkeit vor dem Alltag benutzt wird – dies bejahten 30 Prozent der Befragten.«[38]

In Deutschland hat das Institut für Pädagogische Psychologie an der Humboldt-Universität in Berlin ab Juli 1999 innerhalb von drei Monaten Online-Nutzer nach ihren Gewohnheiten gefragt (http://www.internetsucht.de). Etwa 9000 von 10000 Teilnehmern beantworteten alle Fragen. Dabei ergab sich folgendes Bild: Die Befragten verbrachten durchschnittlich 34 Stunden pro Woche im Internet. 3,18% aller Teilnehmer erfüllten die Kriterien für Internet-Sucht. Dabei waren die Jugendlichen besonders betroffen: 8,2% der Jungen und 6% der Mädchen unter achtzehn Jahren zeigten im Umgang mit dem Internet Suchtphänomene.

Erschütternde Erlebnisberichte kann man in der noch spärlichen Literatur zu diesem Thema lesen. Aber auch im Internet selbst findet man »Bekenntnisse«, die das ganze Elend der Online-Sucht erahnen lassen:[39]

Zweite Onlinesucht
Von Sascha am 9. 10. 1999, 08:34

Hallo. Ich bin vor ein paar Minuten aufgestanden, ins Badezimmer gerannt und habe mich anschließend gleich an meinen Computer gesetzt. Ich war vor genau 2 Jahren einer Online-Sucht verfallen und musste daher meinen Computer verkaufen (8 Stunden arbeiten, 8 Stunden Internet, 7 Stunden schlafen und 1 Stunde für Sonstiges.) Ich dachte, dass ich das Problem jetzt nach 2 Jahren im Griff hätte, aber ich merke dass es wieder anfängt. Ich bin jetzt wieder seit 2 Wochen Online und mittlerweile von 1 Stunde täglich auf 4 Stunden gestiegen. Ich kann wieder nicht schlafen ohne vorher im Netz gewesen zu sein und auch im Offlinemodus denke ich immer ans Web. Ich habe auch keine Lust in 30 Minuten auf die Arbeit zu gehen, weil ich dann meinen Computer wieder abschalten muss. Ich hoffe, dass irgendjemand, der dass gleiche Problem wie ich hat oder hatte, diese Message liest und mir sagen kann, wie ich dieses Problem wieder in den Griff bekomme.
Danke, Sascha.

Ein anderer schreibt mitten in der Nacht an unbekannte Menschen, auf Hilfe hoffend:

Einsam am Computer und im Internet
Von nicht wichtig am 23.09.1999, 23:58

Liebe Leserinnen und Leser des Forums!

Ich moechte hier mal anonym meine Situation beschreiben:
Mein Problem ist wohl nicht 100% nur Onlinesucht, aber hoert es Euch mal an:
Ich bin 34, maennlich und Informatiker. Beruflich geht es mir gut, Einkommen stimmt und ich habe eine geachtete Stellung. Niemand ahnt, wie es mir geht ... Privat, nun, die Wahrheit ist, dass es kein Privatleben gibt, das ausserhalb des Internets stattfinden wuerde.
Ich bin jeden Abend irgendwo im Chat, schreibe Emails, spiele Online-Spiele etc. Freunde und Bekannte im realen Leben gibt es nicht mehr, die letzte Freundin hat schon vor 10 Jahren das Weite gesucht.
Bevor der Internet-Hype aufkam, waren es Mailboxen, oder nur »Basteln« am Computer, die meine Freizeit eingenommen haben, heute ist es fast nur noch das Internet.
Ich gehe nur aus meiner Wohnung heraus, wenn es unbedingt notwendig erscheint. (Kuehlschrank leer ...)
Ich sehne mich nach einer Familie, nach Freunden oder einfach nur netten Bekannten, aber da ist nichts mehr und ich habe nicht die Kraft, etwas zu aendern. Wer will schon dauernd mich anrufen, und fragen, wie es mir geht, wenn ich mich nie ruehre?
Ich bin oft sehr deprimiert und nur online gehen, bewahrt mich dann vor dem Zusammenbruch. Segen und Fluch zugleich ...
Bitte schreibt mir Euere ehrliche Meinung dazu, Hilfe, nun, Hilfe erwarte ich keine. Ich habe nie von Therapeuten und Aerzten etwas gehalten, die irgendwo »Psycho« oder wie auch immer im Namen tragen. Aber vielleicht helft Ihr mir ja mit Eueren Antworten doch ein wenig.
Ich gruesse Euch alle

Nicht nur im Netz findet man solche Berichte. Man begegnet diesem Problem auch in der Schule. Welcher Lehrer kennt nicht die leidenschaftlichen Spieler von Computerspielen, die morgens in der Schule sitzen und kaum aus ihren müden Augen schauen können. Völlig erledigt sitzen sie da und versuchen, im Unterricht mitzukommen. Zum Teil technisch sehr begabte Schüler, die dann in Mathematik kaum etwas verstehen, weil sie zu müde zum Denken sind.

Liest man dann in einer Familienzeitschrift[40] als Überschrift auf der Titelseite »Wie der PC Kinder schlau macht – Großer Report auf 10 Seiten«, kann man es kaum fassen, wie naiv an die Frage »Kind und Computer« herangegangen wird.

Wenn ein Schüler im Gespräch unumwunden sagt: »Der PC ist mein bester Freund!«, dann hat die Pädagogik völlig andere Aufgaben, will sie diesem Menschen liebevoll zu einem stärkeren Anschluß an das reale Leben verhelfen.

Der PC und das Internet sind keine pädagogischen Wundermittel, denen wir unsere Kinder bedenkenlos anvertrauen könnten. Noch herrscht in vielen Köpfen unserer Gesellschaft wie eine Art »Internet-Rausch«, der sich an den wahrhaft faszinierenden technischen Möglichkeiten entzündet. Aber die Ernüchterung kündigt sich schon an.

An der Alfred University, New York stellte man Mitte der 90er Jahre fest, daß sich die Anzahl der Studenten, die ihr Examen nicht bestanden, plötzlich verdoppelte. Normalerweise schafften etwa dreißig Studenten ihr Examen nicht, auf einmal waren es fünfundsiebzig. Die Universitätsleitung ging der Sache nach und stellte fest, daß viele der durchgefallenen Studenten aufgrund ihrer guten Aufnahmeprüfung das Studium eigentlich erfolgreich hätten absolvieren müssen. »Aber sie blieben bis spät nachts im Internet und tauchten am nächsten Tag nicht in der Klasse auf«[41] berichtete der Dekan der Universität, W. Richard Ott. Von den fünfundsiebzig durchgefallenen Studenten waren zweiunddreißig bis spät in die Nacht im Internet.

»Es entbehrt nicht der Ironie«, stellt Dekan Ott fest, »da haben wir so viel Geld in ein Lehrmittel gesteckt, und einige Studenten haben nichts besseres zu tun, als sich damit selbst zu zerstören.« Joe Gow, ein Kollege von Ott ergänzt: »Das sollte uns daran erinnern, daß wir einerseits mit dem Computer wissenschaftlich arbeiten, aber auch eine Menge Zeit vergeuden können.«[42]

Weitere Fragen

Die Klöster des Mittelalters waren ab dem 11. Jahrhundert »das wichtigste Experimentierfeld für die damaligen Maschinen«. Der Beweggrund der Mönche war ein edler: »Sie wollten sich monotone Arbeit ersparen, um für jene Arbeiten frei zu sein, die den Kopf in Anspruch nehmen – das Kopieren und Illuminieren von Büchern zum Beispiel.«[43] Die Mönche benutzten die Maschinen, um mehr Zeit zu haben für ihre kulturellen Leistungen.

Heute existieren Supermaschinen, die uns enorm viel Freiheit für menschliche Kulturleistungen geben. Das ist eine großartige Chance. Die Gefahr dabei ist, daß das, was eine Höchstblüte unserer menschlichen Kultur ermöglichen könnte, zugleich die Kraft in sich trägt, diese Kultur in den Abgrund der sinnlosen und isolierten Aktivität zu reißen.

Wir Erzieher müssen die Kinder mit der Welt der Computer in Berührung bringen, wir müssen ihnen zeigen, wie man die Gerätewelt richtig benutzt. Sie von der modernen Welt fern halten zu wollen, wäre ein Unrecht an ihrem Leben. Aber wie erzieht man Kinder so, daß sie der verlockenden Seite der Technik nicht verfallen? Daß sie der heimlichen Botschaft, die die Gerätewelt fortwährend ungefragt ausspricht, etwas entgegenzusetzen haben?

Ist das möglichst frühe Kennenlernen der Computerwelt der richtige Weg? Ist »Online-Lernen« wirklich das Lernen der Zukunft? Bringt Lernsoftware und Internet die Kinder und Jugendlichen tatsächlich weiter?

Mit der Maschine lernen

Viel Hertz, aber keine Gnade:
Intel Pentium III Prozessor
550 Mhz von Vobis WERBUNG IM INTERNET

A Lernsoftware

Besuch bei einem Lernprogramm für Kindergartenkinder

Die folgenden Seiten geben das Protokoll einer Sitzung am PC mit einer Lernsoftware, die für das Kindergartenalter gedacht ist, wieder.44 Wiederholungen sind bewußt nicht stilistisch geglättet worden, um ein möglichst authentisches Bild zu geben, was ein Kind so oder in ähnlicher Weise erlebt. Der Cover-Text verspricht: »Startklar Kindergarten 3–5 Jahre eröffnet ihrem Kind unwiderstehliche Spiel- und Lernmöglichkeiten. Altersgemäße Inhalte werden durch lustige Animationen und kindgerechte Aufgaben spielerisch gelernt. Und schon ist ihr Kind ›startklar‹ für den Kindergarten!«

In einem Kasten ist angegeben, was das Kind alles lernen kann: Buchstaben, Mengen, Zahlen, Farben, Formen, Kreatives Spielen, Erinnerungsvermögen, Konzentration, Kombinationsgabe. Die Startseite dieser Lernsoftware beginnt mit einem gelben Auto, welches rasch in den Bildschirm rollt. Man sieht es von hinten. Dabei ertönt ein von einer Frauenstimme gesungenes Lied:

Hast du Lust, was zu lernen,
dann hör mal gut zu,
wir lernen zusammen,

ich und du.
ich freu mich, daß wir zusammen sind,
mach mit und sei ein Start-Klar-Kind.

Das Auto steht nun in einer einfach gestalteten Landschaft, rechts ein rotes Haus mit Fenstern und eine grüne Wiese auf beiden Seiten der Straße; links ein Baum. Aus dem Auto streckt sich ein Arm mit einem Schreibblock in der Hand. Eine kindhafte Stimme spricht: »Klick auf den Block, um dich anzumelden.«

Nach dem Mausklick öffnet sich ein neues Bild: Das Innere des Autos ist zu sehen. Ein Teil des Lenkrades und vor allem der Schreibblock fällt ins Auge. Oben rechts ist innerhalb eines eingeblendeten kreisförmigen Fensters das Gesicht einer Elefantendame zu sehen. Diese spricht: »Gib einfach deinen Namen mit der Tastatur ein oder klick mit der Maus auf deinen Namen, wenn er schon auf dem Block steht.«

Man muß nun seinen Namen eintippen und auf den Autoschlüssel klicken, dann springt der Motor geräuschvoll an, eine Stimme ruft »Los geht's«, und das Auto fährt davon.

Das Bild eines kindlich gestylten Stadtbildes tut sich auf: Eine Feuerwehrstation, ein Kleiderladen in Gestalt eines großen aufgeblasenen Hemdes, eine Baustelle, eine Konditorei in Form einer Geburtstagstorte, ein Flugplatz, ein Imbiß in Form einer großen Kaffeetasse, ein Spielwarenladen, und ein Karussell neben dem Park. Das Feuerwehrauto fährt dauernd in seine Garage herein und heraus, ein Polizeiauto fährt heulend durch die Straßen, und sonstige Teile bewegen sich, Töne von sich gebend, auf dem Bildschirm. Eine Melodie, die sich unbemerkt nach einigen Takten wiederholt, ist dem Ganzen unterlegt. Eine Stimme sagt:

Willkommen in unserer Stadt. Hier gibt's ganz viel zu sehen und zu tun. Klick einfach mit der Maus auf ein Gebäude, um eines der spannenden Spiele zu spielen und vergiß nicht, nachher im Park vorbei zu schauen. Dort erwartet dich echt viel Spaß. Suche mit der Maus die versteckten Überraschungen in diesem Bild.

Also suche ich nach den versteckten Überraschungen. Im Vordergrund sind zwei Phantasietiere abgebildet. Diese klicke ich an. Sie beginnen, mit einem Ball zu spielen, und dann ertönt ein Lied:

Mit andren zu teilen, ist manchmal schwer,
manch einer hat viel und will trotzdem mehr,
doch wenn du teilst, wirst du sehn,
alles wird leichter gehen.
Teilen ist was Schönes – wohowoho,
Teilen ist was Schönes – wohowoho,
Teilen ist was Schönes.

Das war die erste »Überraschung«. Das Polizeiauto heult, die Feuerwehr fährt laut durch die Straßen, Vogelgezwitscher ertönt, während ich nach der nächsten versteckten Überraschung suche.

Oben rechts im Bild finde ich etwas ähnliches wie ein Eichhörnchen vor einem Zebrastreifen. Angeklickt. Es dreht den Kopf nach rechts und links und nochmals nach rechts, dann geht es langsam über den Zebrastreifen. Ein Lied wird von der angenehmen Frauenstimme gesungen:

Über die Straße zu gehen, ist nicht so leicht,
rechts und links sehn,
erst dann kannst du gehen.
Sicherheit ist wichtig – wohowoho,
Sicherheit ist wichtig.
Paß auf, wo du hinläufst, dann wird nichts geschehn.
Paß auf, wo du hinläufst, dann wird dir nichts geschehn.
Sicherheit ist wichtig.

Noch eine »Überraschung« irgendwo in der »Stadt«? Nach kurzem Suchen finde ich ein gelbes Auto vor dem Imbiß. Es wird angeklickt. Die Seitentür geht auf, und nacheinander steigen insgesamt zwölf kleine Tierfiguren aus. Die Frauenstimme singt:

Alle Familien sind verschieden,
Schwestern, Brüder und Cousinen,
Opa, Oma und die Tante
sehn sich ähnlich wie Verwandte.
Familie gibt Geborgenheit,
ist für dich da zu jeder Zeit.

Noch zwei Überraschungen finde ich auf dem Bildschirm: Vor einem weißen fahrbaren Eiswagen steht ein vermenschlichter kleiner Hund und ein Schweinchen, die sich bewegen, wenn sie angeklickt werden. Ein Lied ertönt:

Limonade und Bonbons schmecken gut,
tun deinen Zähnen aber gar nicht gut.
Obst und Gemüse stehen auf dem Tisch,
das schmeckt sehr gut und hält dich frisch.
Beiß kräftig in die Möhre rein,
es kann auch mal ein Apfel sein,
dein Körper wird sich mächtig freun – ohh yeah!

Zuletzt das Bärchen im Park mit dem Springseil. Es beginnt zu springen, irgendwo fährt auch ein Tierchen auf einem Fahrrad durch den Park. Das Lied:

Macht es nicht Spaß, turnen zu gehen?
Fahrrad fahren ist auch sehr schön.
Mit Freunden im Freien und auch mal allein,
Bewegung macht Spaß, und so soll es sein,
Bewegung macht Spaß, und so soll es sein.

Ich bin tatsächlich überrascht. Da sitze ich nahezu bewegungslos vor meinem PC mit einer Lernsoftware und werde belehrt, daß Bewegung Spaß mache und Fahrrad fahren schön sei. Ich mache trotzdem weiter. Klicke mit der Maus auf das »Kleidergeschäft«. Das Schild vor dem Laden beginnt sich wie wild zu drehen. Die Stadt verschwindet, und der Laden erscheint groß auf dem Bildschirm. Die Frauenstimme singt wieder ein Lied:

Wir gehen in den Laden und kaufen für dich
Hosen, Pullover und 'nen Mantel für mich.

Eine Stimme sagt:

Wir sind auf dem Weg zu meinem T-Shirt-Laden. Klick einfach auf die Tür, wenn du das Spiel spielen willst, und vergiß nicht den Bildschirm und seine versteckten Überraschungen mit der Maus abzusuchen.

Also wird der Bildschirm abgesucht. Klickt man beispielsweise das Schild vor dem Kleidergeschäft an, so dreht es sich und gibt ein Geräusch von sich. Klickt man die Fußplatten, die zur Tür hinführen an, so springen sie mit einem nicht definierbaren Geräusch hoch und fallen wieder an ihre urspüngliche Stelle zurück.

Es wird die Tür angeklickt. Das »Innere« des Kleiderladens erscheint auf dem Bildschirm. Eine freundliche Stimme sagt:

Hallo, willst du nicht einmal einen Blick in meinen tollen T-Shirt-Laden werfen? Heute brauche ich ein bißchen Hilfe. Hör einfach gut zu, was du machen mußt. Bist du bereit? Na, dann los! Setze den Buchstaben aus den Puzzlestücken auf dem T-Shirt zusammen. Wenn du ein Bild von den fertigen Puzzle-T-Shirt ausdrucken willst, dann drück einfach auf den Drucker unten im Bild.
Kannst du mir helfen, den Buchstaben Y wie Yak zu machen?

Auf dem großen T-Shirt ist ein Quadrat in vier Teile unterteilt, daneben ein weiteres Quadrat, in dem der Buchstabe Y in vier quadratische Teile zerteilt abgebildet ist. Diese Teile sind bunt durcheinandergewürfelt. Die Aufgabe besteht darin, mit der Maus das Y aus den vorhandenen vier Teilen richtig auf dem T-Shirt zusammenzusetzen. Am unteren Rand ist das Yak abgebildet.– Das Y wird von mir richtig zusammengesetzt.

Geräusche ertönen, und das Yak bewegt sich. Unter dem Elefantengesicht wird einer der vier möglichen Sterne gelb. Die Stimme sagt: »*Wow, du bist ja prima. Da bekommst du noch einen Stern* [Das war das erste Mal, daß in dem Spiel ein Stern vergeben wurde.] *Klick irgendwohin, um ein neues Spiel zu starten.*« – Es wird geklickt.

Stimme: »*Hilfst du mir, den Buchstaben E wie Eimer zu machen?*« Der Buchstabe wird richtig zusammengesetzt. Der zweite Stern wird gelb.

Stimme: »*Gute Leistung, dafür bekommst du einen funkelnagelneuen Stern. Klick irgendwohin, um ein neues Spiel zu starten.*«– Es wird erneut geklickt.

Stimme: »*Könntest du mir helfen, den Buchstaben H wie Hut zu machen?*« Auch dieser Buchstabe wird richtig zusammengesetzt – der dritte Stern wird gelb.

Die richtigen Buchstaben lassen sich auch ausdrucken. Es kommt dann der Umriß eines T-Shirts mitsamt dem Buchstaben aus dem Drucker.

Stimme: »*Das hast du ganz toll gemacht, ich geb dir noch einen Stern. Klick irgendwohin, um ein neues Spiel zu starten.*« – Es wird wiederum an eine beliebige Stelle geklickt.

Stimme: »*Hilfst du mir, den Buchstaben S wie Sonne zu machen?*« Wieder richtig zusammengesetzt – der vierte Stern wird gelb.

Stimme: »*Gute Leistung, dafür bekommst du einen funkelnagelneuen Stern. Danke, daß du mir geholfen hast. Das hast du echt super gemacht. Jetzt habe ich die tollsten T-Shirts der ganzen Stadt.*«

T-Shirt »S« wie Sonne

Ein kleines Fenster mit drei Bildmotiven wird eingeblendet: Ein roter Vogel auf einem Nest, eine Wolke und ein blauer Vogel. Die Stimme sagt: *»Das war eine ganz tolle Leistung. Such dir eine Belohnung aus, klick darauf und freu dich auf viel Spaß im Park.«*

Der rote Vogel auf dem Nest wird angeklickt. Auf dem Bildschirm erscheint die »Parklandschaft«, viel Grün, ein Weg und etwas blauer Himmel. Die Frauenstimme singt wieder:

Die Sonne scheint, laß uns spielen gehen,
der Tag im Park ist wunderschön.

Das Gesicht eines Katers am oberen rechten Rand ist eingeblendet und spricht: *»Super, du bist da. Schön, dich zu sehen.*

Klick einfach auf den Bildschirm, um deine Belohnung irgendwo aufzustellen. Mit der Maus kannst du sie dann verschieben. Also, bist du bereit? Also viel Spaß!«

Der Vogel hebt sich etwas vom Nest, und vier Küken kommen hervor, dabei ertönt Gepiepse. Das war alles. Also wieder zurück in den Kleiderladen.

Beim Klick auf den Ausgangsbutton ertönt die Stimme des Katers: *»Bis bald. Komm wieder, wenn du mehr Zeit zum Spielen hast.«* Im Kleiderladen ertönt wieder die Stimme:

> *Hallo, willst du nicht einmal einen Blick in meinen tollen T-Shirt-Laden werfen? Heute brauche ich ein bißchen Hilfe. Hör einfach gut zu, was du machen mußt. Bist du bereit? Na, dann los! Setze den Buchstaben aus den Puzzlestücken auf dem T-Shirt zusammen. Wenn du ein Bild von dem fertigen Puzzle-T-Shirt haben willst, dann drück einfach auf den Drucker unten im Bild. Hilfst du mir den Buchstaben Q wie Qualle zu machen?*

Ich spiele das schlaue Kind und setze den Buchstaben wiederum richtig zusammen. Stimme: *»Gut gemacht, du hast dir einen Stern verdient. Klick irgendwohin, um ein neues Spiel zu starten.«* – Wird gemacht.

Stimme: *»Verwende die Puzzleteile, um den Buchstaben A wie Arm zu machen.«* – Wieder wird alles richtig zusammengesetzt.

Stimme: *»Gut gemacht, du hast dir einen Stern verdient. Klick irgendwohin, um ein neues Spiel zu starten.«* – Neues Spiel.

Stimme: *»Hilf mir, den Buchstaben V wie Vase zu machen.«* – Nach erfolgter richtiger Lösung: *»Gute Leistung, dafür bekommst du einen funkelnagelneuen Stern. Klick irgendwohin, um ein neues Spiel zu starten.«* – Drei Sterne sind bereits erreicht.

Zuletzt kommt: *»Verwende die Puzzleteile, um den Buchstaben Z wie Zebra zu machen.«* – Nachdem dann der vierte Buchstabe richtig zusammengesetzt ist, ertönt:

Wow, du bist ja prima, dafür bekommst du noch einen Stern. Danke, daß du mir geholfen hast. Das hast du echt super gemacht. Jetzt habe ich die tollsten T-Shirts der ganzen Stadt.

Wiederum wird ein weiteres Fenster mit drei Bildmotiven eingeblendet. Diesmal wähle ich die Tanne, nachdem die Stimme sagte: *»Das war eine ganz tolle Leistung. Such dir eine Belohnung aus, klick darauf und freu dich auf viel Spaß im Park.«*

Auf dem Bildschirm erscheint wieder die »Parklandschaft«, viel Grün, ein Weg und etwas blauer Himmel. Der Gesang ertönt wiederum:

Die Sonne scheint, laß uns spielen gehen,
der Tag im Park ist wunderschön.

Das Gesicht des Katers begrüßt wieder:

Super, du bist da. Schön, dich zu sehen. Klick einfach auf den Bildschirm, um deine Belohnung irgendwo aufzustellen. Mit der Maus kannst du sie dann verschieben. Also, bist du bereit? Also viel Spaß!«

Die Tanne verwandelt sich in ein grünes Wesen, das in der Luft herumfuchtelt und wieder zur Tanne erstarrt.

Beim »Verlassen« des Parks ertönt die Stimme des Katers: *»Bis bald. Komm wieder, wenn du mehr Zeit zum Spielen hast.«*

Diesmal will ich sehen, was die Software macht, wenn das Kind die Buchstaben nicht richtig zusammensetzen kann. Also wieder in den Kleiderladen. Durch schnelles Anklicken kann ich die Lieder und Begrüßungsreden etwas abkürzen. Sie fangen jedesmal von neuem an, brechen aber kurz nach dem Anklicken ab.

Stimme: *»Kannst du mir helfen, den Buchstaben T wie Tomate zu machen?«*

1. falscher Versuch: *»Nicht ganz, versuch's noch einmal.«*
2. falscher Versuch: *»Nicht ganz, versuch's mal mit einem anderen Feld.«*
3. falscher Versuch: *»Fast, versuch's noch einmal.«*
4. falscher Versuch: *»Fast geschafft, aber nicht ganz, versuch's noch mal«*
5. falscher Versuch: *»Nicht ganz, beim nächsten Mal schaffst du es bestimmt.«*

Bei allen anderen Versuchen kommt immer eine von diesen fünf Antworten. Sie kommen scheinbar zufällig verteilt, eine bestimmte Reihenfolge ist auch nach 100 Versuchen nicht sichtbar. Ich beende das Puzzlespiel in der Kleiderboutique und gehe in die »Stadt« zurück.

Nun mal was anderes. Gehen wir zur Baustelle. Ein Lied begrüßt mich wiederum:

Bagger baggern den Boden aus,
bald steht hier vorn ein neues Haus.

Das Bild einer Baugrube erscheint. Am unteren Rand der Grube ist ein Plan abgebildet. Oberhalb der Grube ist eine Straße, auf der die Lastwagen angefahren kommen. Diese verschwinden dann nach rechts in einem Tunnel.– Der oben rechts eingeblendete Kater begrüßt mich:

Willkommen auf der Baustelle. Ich könnte ein bißchen Hilfe beim Beladen meiner Laster gebrauchen. Also setz den Schutzhelm auf, und los geht's.

Ein unbeladener Lastwagen schiebt sich von links in den Bildschirm herein. Die Stimme sagt:

Du mußt den Laster beladen, bevor er in den Tunnel fährt. Belade einfach den Laster mit den Gegenständen, die auf dem Plan stehen. Klick einfach irgendwohin, um ein neues Spiel zu spielen.

Auf dem Plan erscheinen zwei grüne Bretter. Inmitten der Baugrube liegen mehrere Bretterpaare, nur in verschiedenen Farben. Das grüne Paar wird angeklickt. Ein Kran kommt von oben, hebt in raschem Tempo das grüne Bretterpaar hoch und legt es auf den Lastwagen, der in den Tunnel hineinfährt. In der Baugrube erscheint ein Bulldozer, der sich in eine Staubwolke einhüllt. Aus der Staubwolke erscheint ein Gebäude, das sich nach einiger Zeit wieder auflöst.

Die Stimme: *Du bist einmalig, du wirst immer besser. Dafür bekommst du einen nagelneuen Glitzerstern. – Belade einfach den Laster mit den Gegenständen, die auf dem Plan stehen. Klick einfach irgendwohin, um ein neues Spiel zu spielen.*

Auf dem Plan steht jetzt eine gelbe Tonne. In der Baugrube stehen etliche verschiedenfarbige Tonnen. Der Lastwagen fährt vor. Die gelbe Tonne wird angeklickt. Der Kran hebt sie auf den LKW. Die Stimme sagt: *»Du bist echt toll!«* Das Schauspiel mit dem Bulldozer, der Staubwolke und einem anderen Gebäude vollzieht sich von neuem.

Stimme: *Gut gemacht. Du hast dir einen Stern verdient. – Belade einfach den Laster mit den Gegenständen, die auf dem Plan stehen. Klick einfach irgendwohin, um ein neues Spiel zu spielen.*

Diesmal erscheinen rote Backsteinhaufen und die Zahl »2«. Auf dem Lkw müssen also zuletzt zwei Haufen liegen. Nachdem der Kran auch diese »Arbeit« erledigt hat und der LKW »davonfährt«, sagt die Stimme: *»Wahnsinn, du bist echt 'ne Wucht. Dafür kriegst du noch einen Stern.«* Der Bulldozer vollführt sein Schauspiel, und die Stimme sagt wiederum: *»Belade einfach den Laster mit den Gegenständen, die auf dem Plan stehen. Klick einfach irgendwohin, um ein neues Spiel zu spielen.«*

Diesmal geht es um zwei lila Sandsäcke. Der erste Sack liegt auf dem Laster, und ich lasse mir Zeit mit dem zweiten Sack. Da ertönt die Stimme: *»Auf dem Laster liegt jetzt* ein *lila Sandsack.«* Es wird der zweite Sandsack angeklickt.

Stimme: *Einfach Klasse. Du wirst immer besser. Prima, du hast alle vier Sterne und einen Ausflug in den Park verdient. Also runter mit dem Schutzhelm. Das hast du spitzenmäßig gemacht. Such dir eine Belohnung aus, und rein ins Vergnügen.«*

Das Belohnungsfenster erscheint mit den drei Motiven: Vogel, Bank und ein Heißluftballon.– Also: Ausflug in den Park. Der Kater begrüßt wieder, ich deponiere meine Belohnung. Die schon gesammelten Belohnungen quietschen und bewegen sich auf dem Bildschirm, wenn ich mit dem Mauszeiger über sie fahre. Öde. Ich gehe wieder zur Baugrube zurück.

Diesmal auf dem höchsten Schwierigkeitsgrad drei. Es müssen nun sechs, sieben oder acht Säcke oder Tonnen und so weiter verladen werden. Ich muß mich beeilen, denn der virtuelle LKW fährt in langsamen Tempo auf den Tunnel zu. Es ist wie an einem Fließband. Die Maschine zwingt dazu, die Belade-Arbeit in einem bestimmten Tempo zu tun. Der Lastwagen entschwindet in den Tunnel und hat die Säcke in einer merkwürdig schwebenden Weise geladen. Schwerkraft gibt es ja nicht im virtuellen Raum.

Was ist eigentlich, wenn ich einen Fehler mache? Beim nächsten mal geht es um orangefarbene Backsteinstapel. Es sollen fünf Stapel aufgeladen werden. Der erste wird angeklickt. Er wird vom Kran auf den Laster gehoben. Stimme: *»Auf dem Laster liegt jetzt ein orangefarbener Backsteinstapel.«* Nach einer kurzen Weile ertönt: *»Auf diesem Laster fehlen noch vier orangefarbene Backsteinstapel.«* Der Laster ist währenddessen langsam auf den Tunnel zugefahren. Ich lasse zwei weitere Stapel durch Anklicken auf den Laster »heben« und warte ab.

Stimme: *»Auf diesem Laster fehlen noch zwei orangefarbene Backsteinstapel.«* Nun, ich klicke die fehlenden Stapel an. Stimme: *»Auf diesem Laster liegt die richtige Anzahl orangefarbener Backsteinstapel.«*

Das fortwährende Geräusch eines laufenden LKW-Motors bricht ab und der Laster gleitet in den Tunnel.

Noch ein Versuch. Nun geht es um gelbe Sandsäcke. Es sollen sechs Sandsäcke geladen werden. Ich lade nur vier Säcke. Nach dem ersten Sack: *»Auf dem Laster liegt jetzt* ein *gelber Sandsack.«*

Nach dem zweiten Sack: *»Auf dem Laster liegen jetzt* zwei *gelbe Sandsäcke.«*

Nach dem dritten Sack: *»Auf dem Laster liegen jetzt* drei *gelbe Sandsäcke.«*

Nach dem vierten Sack ertönt: *»Auf dem Laster liegen jetzt* vier *gelbe Sandsäcke.«*

Ich warte ab, was jetzt geschieht. Der Laster gleitet auf den Tunnel zu und verschwindet mit den vier Säcken. Nach einer kurzen Weile taucht er auf der anderen Seite wieder auf, und die Stimme sagt: *»Auf diesem Laster fehlen noch zwei gelbe Sandsäcke.«* Ich klicke einen weiteren gelben Sandsack an. *»Auf dem Laster liegen jetzt fünf gelbe Sandsäcke.«* Nach einer kurzen Pause: *»Auf diesem Laster fehlt noch ein gelber Sandsack.«* Ich warte ab. Der Laster gleitet in gleichmäßigem Tempo auf den Tunnel zu und verschwindet darin.

Er kommt auf der anderen Seite wieder mit sechs gelben Sandsäcken: *»Auf diesem Laster liegt die richtige Anzahl gelber Sandsäcke.«*

Ich bin die Fließbandarbeit jetzt satt, denn ich fühle mich tatsächlich wie vor einem unerbittlich sich voran bewegenden Fließband sitzend. Es langweilt, und ich bin genervt. Aufhören! – Der »Beenden«-Button wird geklickt.

»Bist du sicher, daß du aufhören willst?« fragt eine Stimme in enttäuschtem Tonfall. Es wird das Fenster »Ja« angeklickt. Stimme: *»Hat das nicht total viel Spaß gemacht?«*

Die Frauenstimme vom Anfang singt nun noch zum Abschied:

Tschüß, ade, auf Wiedersehn,
mit dir zu lernen war so schön.
Du bist ein tolles Start-Klar-Kind.
Bis bald, mach's gut.

——

Was fällt an diesem Protokoll auf? Es wird in einer von Erwachsenen als unterhaltsam empfundenen Form das Kind über alltägliche Verhaltensweisen belehrt. Es wird ihm durch einen Gesangstext gesagt,

- daß es mit anderen Kindern teilen soll,
- daß es vor dem Überqueren einer Straße nach links und rechts schauen soll,
- daß die Familie Geborgenheit gibt,
- daß es lieber Obst und Gemüse essen soll als Bonbons,
- daß Bewegung Spaß macht.

Aber es werden auch schulische Inhalte vermittelt: Das Kind

- lernt die Umrisse der Buchstaben kennen,
- lernt Formen zu unterscheiden,
- wird mit dem Zahlenbegriff bekannt gemacht – und so weiter.

Dies sind die beabsichtigten Lektionen des Lernprogramms. Aber es gibt noch einige unbeabsichtigte Unterweisungen.

Dressur zur Benennung

Beobachtet man sich selbst und schaut zu, welche Denkvorgänge von der Lernsoftware abverlangt werden, kommt man schnell zu einem grundsätzlichen Kennzeichen des Maschinenlernens: Es regt nicht zum wirklich selbständigen Denken an, sondern trainiert, zu bestimmten Figuren oder Situationen entweder die richtige Benennung hinzuzufügen oder die korrekte Anzahl anzugeben. Die inhaltliche Seite des Denkens wird nur beiläufig angesprochen – es wird die zutreffende Bezeichnung einer Sache abgefragt. Wenn diese oder jene Anzahl von Luftballons auftauchen, dann muß diese oder jene Zahl getippt werden, und wenn es fehlerfrei ist, dann gibt es eine virtuelle Belohnung. Wenn diese oder jene Frage gestellt wird, dann muß dieses oder jenes Wort über die Tastatur eingegeben werden.

Dem streng kausalen Regelwerk der Maschine kann kein noch so »gut« gemachtes Lernprogramm entkommen. Jedes Lernprogramm hat im Kern diese strenge maschinelle Kausalität, und das führt dazu, daß man eben nicht wirklich über die Dressur zur richtigen Benennung hinauskommen kann. Damit bleibt man jedoch immer an der Oberfläche.

Im ersten Kapitel wurde beschrieben, daß der lebendige Gedanke aus der maschinellen Verarbeitungslogik herausgepreßt wird und erst am Ende des Prozesses vom Menschen in der Interpretation des Ergebnisses wieder hinzugefügt wird.

Nun – das Kind soll ja gerade das selbständige Denken und Interpretieren erst lernen. Es verfügt nicht über diese Fähigkeit und ist deshalb auf ein rein mechanisches Reagieren beschränkt. Den eigentlichen Gedanken kann es nur durch Menschen erfahren.

Unwahrhaftigkeit

Was empfindet man eigentlich, wenn der Kater im »Vergnügungspark« zu dem Kind sagt: »Schön, dich wieder zu sehen.«?

Erwachsene nehmen das leicht: Im Programm ist eine simulierte Figur, die das »sagt« – irgendetwas muß ja gesagt werden zur »Begrüßung«. In diesem Fall soll dem Kind etwas Freundliches gesagt werden. Lauscht man jedoch genauer in die Situation hinein, zeigt sich etwas anderes.

Der Satz »Schön dich zu sehen« bezieht sich als Aussage auf ein Gefühl, das ein Mensch hat, wenn er jemandem begegnet, den er gern, den er vielleicht sogar sehr lieb hat. Wenn ein Mensch dies sagt, obwohl der andere ihm gleichgültig ist, wird die Aussage zur Lüge. Der Satz »Schön, dich zu sehen« ist nur dann ein wahrer Satz, wenn er von einem Menschen ausgesprochen wird, der gleichzeitig das Gefühl der Freude empfindet.

Nimmt man diesen Satz in ein Computerprogramm auf, ergibt sich daraus zweierlei:

1. Objektiv verwandelt sich der Satz in eine Lüge, denn es ist weit und breit kein Wesen da, das sich freut, wenn das Kind mit seiner Belohnung in den Park kommt. Die Folge ist: Durch einen solchen Satz wird das Kind daran gewöhnt, die objektive Lüge, die »Sachlüge«, als selbstverständlich zu nehmen. Ihm wird (unbewußt) vermittelt, es sei ganz natürlich, daß Worte durch die Realität nicht gedeckt sind.
2. Subjektiv erlebt das Kind diese Lüge nicht bewußt, sondern versucht, den erlebten Riß dadurch zu heilen, daß es sich die Maschine beseelt denkt. »Vielleicht freut sich der Kater tatsächlich, wenn ich komme?« Das Kind gewöhnt sich daran, die Maschine als Lebewesen anzuschauen und sich letztendlich dann ebenfalls als eine Maschine zu sehen.

Spielen

Bei der Begrüßung im Park wird dem Kind »gesagt«: »Die Sonne scheint, laß uns spielen gehen ...«. Gut. Aber was tut das Kind in diesem »Park«? Es stellt seine Belohnung auf. Das einzige, was es dann noch tun kann, ist, die Belohnung woanders hinzuschieben und die verschiedenen kleinen Animationen in Bewegung zu setzen – und dann zuzuschauen.

Ein armer Begriff des »Spielens« liegt dem zugrunde.

Das A und O des Spielens – eine neue Vorstellungslandschaft in der eigenen Phantasie zu gebären – ist an der Wurzel gekappt. Das Lernprogramm vermittelt dem Kind vielmehr, daß Spielen ein Bedienen von Animationen ist, und nimmt ihm die Chance zu erleben, daß wahres Spielen vor allem auf individueller Neuschöpfung beruht.

Das auf dem Cover der CD abgedruckte Versprechen »kreatives Spielen« wird nicht eingelöst. Das Gegenteil ist wahr.

Der kleine Fließbandarbeiter

An der oben beschriebenen Kindergarten-Lernsoftware wird deutlich, was für alle Lernprogramme gilt und was man pointiert so formulieren kann: Die Kinder werden zu Fließbandarbeitern degradiert.

Sie bedienen nach vorgegebenen Regeln eine virtuelle Maschine (= Lernprogramm). Deren Abläufe sind so gestaltet, daß die Kinder nach und nach dahin kommen, die Regeln der Maschine richtig anzuwenden. Diese Tätigkeit belegt man mit dem Wort »Lernen«. – Ist das übertrieben?

Die oben beschriebene Lernsoftware ist tatsächlich so einfach gestrickt, daß das Prinzipielle an einer bestimmten Stelle unverhüllt zutage tritt: Betreten wir den »Spielzeugladen« in der virtuellen »Kinder-Stadt«. Wir sehen einen »Raum«, an dessen Wand drei Regalbretter sind, vollgestellt mit Teilen von Puppen, Bären, Autos, Booten und anderem Spielzeug. In der Mitte des »Raumes« steht ein Förderband, das von einem kurbelnden kleinen Bären angetrieben wird. – Eine Stimme sagt:

Willkommen im Spielzeugladen. Ich könnte heute etwas Hilfe beim Spielzeugbauen gebrauchen. Also – setz die Schutzbrille auf – und los geht's. Bitte hilf mir ein Spielzeug zu bauen, das genau wie das aussieht wie auf dem Bild. Klick einfach mit der Maus auf die richtigen Spielzeugteile im Regal. Bitte hilf mir ein Auto zu bauen, das genauso aussieht wie das auf dem Bild.

Die Aufgabe des Kindes besteht nun darin, innerhalb einer vorgegebenen Zeitspanne aus drei, vier oder fünf vorgegebenen Teilen eine Puppe, ein Auto oder sonst ein Spielzeug richtig zusammenzusetzen. Wenn es gelingt, wird das zusammengesetzte Spielzeug »verpackt« und von einem Kran weggehoben. Gelingt es nicht, werden die Teile im Müllschlucker beseitigt.

Wenn das keine typische Fließbandsituation ist – was dann?

Maschinenanhängsel

Das Ziel des Lernens ist durch die Software vorgegeben, und es wird erwartet, daß dies vom Kind innerhalb einer bestimmten Zeitspanne erreicht wird. Unbarmherzig – es gibt nur eine richtige Lösung.

Auch der Weg ist vorgeschrieben – die möglichen Alternativwege verschleiern nur die Tatsache, daß es eigentlich nur eine Lösungsmöglichkeit gibt. Das Kind wird seiner Kreativität beraubt. Die Musik, die bunten Bilder betäuben dabei nur. Sie verschleiern die Tatsache, daß das Kind zu im Grunde trivialster mechanischer Arbeit verurteilt ist.

In den vielen Stunden, die ich mit dieser Lernsoftware zugebracht habe, saß ich vor allem still in meinem bequemen Sessel, stur auf den Bildschirm starrend und mit der Maus in meiner rechten Hand auf einem kleinen Fleck von 24, 5 cm x 21,5 cm (Mousepad) leichte Bewegungen vollbringend. Die stärkste Anstrengung hatte mein Zeigefinger: Er drückte in dieser Zeit viele hundert, wenn nicht tausende Male auf die Maustaste.

Mein inneres Erlebnis: Ich bin ein bloßes Anhängsel der Maschine. Die Maschine nimmt mich in ihre Gesetzmäßigkeit auf. Ich richte mich nach ihr. Unbarmherzig ahndet sie alles, was nicht in ihre Regelhaftigkeit paßt. Alles, was ihrem Regelwerk widerspricht, wird mit gnadenloser Sturheit bestraft. Wenn ich mich anpasse, werde ich überschwenglich »gelobt« und »belohnt« – wie eine Versuchsratte bei einem verhaltenspsychologischen Experiment.

Die Software hat mich mit ihren bunten Bildern und ihrem Getöse, ihren Geräuschen und Liedern unterhalten. Ich selbst habe nur zugehört. Meine Eigentätigkeit war minimal. Kreativ bin ich nicht geworden.

Frontalunterricht

In unserer Zeit wird viel gegen den reinen Frontalunterricht argumentiert. Da ist manch berechtigter Gedanke dabei – vor allem der, daß Kinder kreativer miteinander umgehen lernen, wenn die Hinwendung zur Tafel und der reine Lehrervortrag aufgebrochen wird.

Von Befürwortern der Lerntechnologie wird immer wieder angeführt, daß das Computer-Lernen den alten Frontalunterricht endlich auflösen würde hin zu einem kreativeren und selbständigerem Lernen. Es gibt jedoch keinen brutaleren Frontalunterricht, als den durch die Lernmaschine:

- Die Tafel ist zwar nicht mehr vorhanden, dafür ist sie aber in Form des Bildschirmes direkt vor mir aufgebaut – strenge Aufmerksamkeit heischend. Die Chance, auch mal woanders hinschauen zu können, innerlich abschalten zu können, ist beim Bildschirm sehr viel geringer als bei der Tafel im Schulzimmer.
- Jedes Kind hat jetzt seine eigene Tafel. Die Isolation von den anderen Kindern ist noch größer geworden.
- Es »redet« die Maschine fortwährend. Sie überschüttet mich dauernd mit Belehrung, mit Geräusch und Bildern.
- Die Kontrolle des maschinellen »Lehrers« ist total – ihr kann man nicht entwischen.

Hartmut von Hentig, langjähriger Wissenschaftlicher Leiter der Bielefelder Laborschule, hat unbedingt recht, wenn er das Lernen mit dem Computer deutlich und drastisch charakterisiert:

> *Der Computer dagegen hält es* [das Kind, EH] *an seinem Stuhl fest, grenzt seine Lebensregungen auf das Feld zwischen Bildschirm und Taste ein, legt alle anderen Sinne lahm, schaltet anderen Kontakt aus, bannt den Geist des Kindes auf das Frage-und-Antwort-Schema des Programms oder der Programmierung. Sein Einsatz macht – im Prinzip – alles zunichte, was sich die moderne Pädagogik seit Beginn unseres* [des zwanzigsten, EH] *Jahrhunderts ausgedacht hat – zum Wohl des Kindes wie der Gesellschaft. Er bestärkt die Schule in dem, was man an ihr zu kritisieren hat. Er macht sie unmodern im Zeichen der Modernisierung.*[45]

Besuch bei einer interaktiven Lern-CD-ROM für Schulkinder

Ein »Lern-Programm« für Grundschulkinder sei hier etwas genauer beschrieben. Diesmal ist es »Die interaktive Lern-CD-ROM« zum Film »The Rugrats« – übersetzt: Die Teppichratten. Es ist dies ein Zeichentrickfilm, der 1999 in die Kinos kam.

Die CD-ROM hat drei Schwierigkeitsstufen und ist laut Klappentext für Kinder zwischen 4 und 11 Jahren konzipiert. Im Begleittext für die Lehrer, der auf der CD eingebrannt ist, heißt es: »Diese CD-ROM ist für Grund- und Hauptschüler konzipiert. [...] Stufe eins – für Kinder im Alter von 5–7 Jahren, Stufe zwei – für Kinder im Alter von 7–9 Jahren, Stufe drei – für Kinder ab 9 Jahren.«

Die CD soll den Kindern Lesen, Schreiben, Zahlen und elementare Rechenaufgaben, Völker- und Länderverständnis sowie das Zeichnen und Anwenden von Landkarten beibringen. Diese Absicht ist in eine Geschichte »eingepackt«, die in den »Anmerkungen für den Lehrer« so geschildert wird:

> *Die Rugrats sind eine Baby-Gang. Sie sehen die Welt von unten. Zur Gang gehören Tommy Pickles – der Anführer –, seine Kusine Angelica und seine Freunde Chuckie Finster, Phil und Lil. Wenn Erwachsene in der Nähe sind, benehmen sich die Rugrats wie ganz normale Babys, aber wenn sie unter sich sind, reden sie miteinander mit dem Wortschatz von Fünfjährigen. Angelica ist mit ihren drei Jahren die einzige, die sich mit Erwachsenen unterhalten kann. Das größte Abenteuer in der Geschichte der Rugrats beginnt mit der Geburt von Tommys Bruder Dil. Die Rugrats machen sich mit dem Reptar Wagon (einem Turbo-Geländefahrzeug, das Tommys Vater Stu erfunden hat) auf, um Tommys neues Brüderchen wieder in die ›Linik‹ zurückzubringen. Dabei verirren sie sich in einem unheimlichen Wald. Während sie nun versuchen, den Weg nach Hause zu finden, treffen die Rugrats auf allerlei Hindernisse, Gefahren und Überraschungen.*

Gut – ich will mich überraschen lassen und starte die CD-ROM.[46] Das erste Bild taucht auf – ich soll zwischen fünf verschiedenen Sprachen wählen. Ich wähle »Deutsch«.

Der Begrüßungsbildschirm erscheint: Alle Rugrats schauen mit weit geöffnetem, schreiendem Mund aus dem in voller Fahrt auf den Betrachter zurasenden Reptar-Mobil. *»Anmerkungen für den Lehrer drucken«* kann man unten links anklicken. Der anscheinend in Panik wegspringende Frosch rechts unten mit dem Wort *»Weiter«* wird angeklickt. Das nächste Bild erscheint: Ein Mädchen mit laut schreiendem Gesicht und der Sprechblase: *»Wähle eine Stufe aus!«* Drei Würfel mit den Zahlen 1, 2 und 3 bewegen sich leicht hin und her. Ich klicke Würfel »1« an.

Ein neues Bild erscheint, mit einem Schild in der Mitte: *»Das sind die Rugrats«*. Eines der »Kinder« – Tommy Pickles, wie ich gleich erfahren werde – deutet, riesige Augen machend, auf das Schild.

Ich klicke den springenden Frosch an, der quakt kurz, und das nächste Bild erscheint. In der Mitte wird ein Filmabschnitt gezeigt. Darüber die Sprechblase von Tommy, mit dem Text: *»Hallo! Ich bin Tommy Pickles. Ich bin 1 Jahr alt. Und das sind meine Freunde.«*

Gleichzeitig beginnt der Filmabschnitt: Ein Trommelwirbel ertönt, Das Familienbuch mit dem Titel »Rugrats« wird aufgeschlagen. Tommy spricht nun: *»Hallo, ich heiße Tommy Pickles. Hier seht ihr mich mit meiner Mami und meinem Daddy. Ich bin ein Jahr alt.«* Dann ertönen die Stimmen der Eltern: *»Alles Gute zum Geburtstag, Tommy«* und sie beugen sich über sein Bettchen. Der Vater trötet mit einer Kindertröte ins Bettchen. Tommy schaut konsterniert.

Ich klicke den Frosch an, das nächste Bild erscheint. Text: *»Das ist Baby Dil, mein Bruder.«* Der Filmausschnitt zeigt das Baby sitzend und an seinem Schnuller nuckelnd und dann auf Mamas Schoß. Frosch angeklickt, nächstes Bild. Text: *»Das ist meine*

Kusine Angelica. Sie ist 3.« Der Filmausschnitt zeigt ein weiß-rot gekleidetes Mädchen, das zu seinen Geschwistern, die im Laufstall stehen beziehungsweise krabbeln, geht und zu ihnen mit einer zuckersüßen Stimme sagt: *»Werden wir ein Spiel spielen. Es heißt ›Simon sagt‹. Und ich bin Simon. Das erste, was ihr tun müßt ist:«* – und da wird ihre Stimme schneidend scharf – *»Pickt euch in die Augen.«* Mit großen Augen schaut sie dämonisch auf dem Bildschirm in Richtung ihrer Geschwister. Filmende.

Ich denke: »Ein reizendes Schwesterchen« und klicke auf *»Weiter«*.

Nächstes Bild mit dem Text: *»Chuckie ist mein allerbester Freund. Er ist 2.«* Tommys erklärende Stimme: *»Das ist Chuckie. Er war schon immer mein bester Freund.«* Der Filmausschnitt zeigt Tommy Pickles zusammen mit seinem Freund Chuckie Finster vor zwei Mülltonnen. Dialog: *»Tommy: Chuckie du bist der allerbeste Freund, den ein Baby haben kann. Chuckie: Wirklich?«*

Frosch angeklickt. Neuer Text: *»Das sind meine Freunde Phil und Lil. Sie sind Zwillinge.«* Der Filmausschnitt zeigt zwei »Kinder« mit identischen steinbeilförmigen Köpfen. Tommy erklärt: *»Das sind Phil und Lil. Die sind völlig gleich, außer, daß sie verschieden sind.«* Die letzten Bilder zeigen die Zwillinge in einem unverständlichen Streit.

Den »Weiter-Frosch« angeklickt. Er quakt wie üblich, und das nächste Bild erscheint mit dem Text: *»Und das ist Spike, mein Hund.«* Auch der Hund stellt sich auf einer Filmsequenz vor. Der Ton wird leider nicht von der CD geladen – ein Programmfehler.

Auf dem nächsten Bild ertönt Tommys Stimme: *»Und jetzt befinden wir uns in unserem allergrößten Abenteuer.«* In der Mitte des Bildschirms wird aus verschiedenen Filmsequenzen die Handlung des Filmes, wie anfangs schon beschrieben, dargestellt. Zuletzt das Bild *»The Rugrats – coming soon«*. Nun ist klar: Die angebliche interaktive Lern-CD-ROM ist vor allem ein Werbeträger für den anlaufenden Film.

Frosch angeklickt – das nächste Bild ist jetzt der Ausgangsbildschirm für das »Lernmenü«: Das Haus der Rugrats, rechts Garage mit einem Auto davor, links ein Baum. Alles in gräulich-grünem Farbton gehalten. Es wirkt irgendwie alles schmutzig-gammelig. Die »Musik«, eine sich etwa alle zwanzig Sekunden wiederholende Melodie, kann ich abschalten, indem ich ein Notensymbol anklicke.[47]

Plötzlich taucht ein kleineres Fenster auf. Tommy mit Dil ist abgebildet. Ein Babyschreien ertönt. Im Fenster steht: *»Dil braucht sein Fläschchen.«*

Ach so, ich vergaß – in der Beschreibung war vom »Dil'agotchie« die Rede. In die Lernsoftware ist eine Abart des legendären Tamagotchi mit eingebaut. Immer wieder taucht es auf und will irgendwas. Also – Dil kriegt sein Fläschchen: Ich klicke mit dem Mauszeiger auf die abgebildete Flasche.

Ich bin noch nicht ganz fertig mit den Notizen über das erste »Erlebnis« mit Dil'agotchie, als es schon wieder auf dem Bildschirm auftaucht. Diesmal steht: *»Dil hat die Windel voll.«* Also wird die Windel angeklickt.

Jetzt will ich endlich was vernünftiges »tun« – also zum Aufgabenfeld »Buchstabieren«. Das Bild eines Badezimmers erscheint, die Mutter schaut zur Tür herein, Chuckie sitzt in der Badewanne, die abwechselnd weiß und violett blinkt. Ich klicke die Badewanne an: Chuckie sitzt jetzt groß mit Schiffchen, Seife und zwei laufenden Wasserhähnen in der Badewanne. Ich klicke weiter: Chuckie verschwindet. Vor dem blauen Wasser-Hintergrund steht jetzt: »Kannst du aus den Buchstaben in der Badewanne Wörter bilden?«

Schon wieder – das Dil'agotchie erscheint: »Dil hat Hunger!« Ich klicke auf den Essenstopf. Das Dil'agotchie verschwindet.

Ich bin wieder in der Badewanne und klicke auf »Weiter«. Eine Ente taucht auf und vier rotgelbe Segelschiffchen sowie die Buchstaben n, h, u, d. Was soll das? Am oberen Rand ist eine Lupe. Daneben steht: »Wie geht das?« Nach dem Anklicken wird an einem Beispiel erklärt, was man mit den Buchstaben zu tun hat. Das Fragezeichen daneben gibt einen Tip, indem es ein Bild des zu buchstabierenden Wortes zeigt.

Ein Babyschreien ertönt; das Dil'agotchie ist wieder da. Diesmal: »Dil will seinen Teddy!« Ich klicke also den Teddy an. Dil'agotchie verschwindet.

Ich setze richtig »hund« zusammen und staune: Großschreibung bei Substantiven gibt es offensichtlich nicht. Weiter angeklickt: c, b, u, h. Babyschreien – das Dil'agotchie ist wieder da. »Dil ist müde!« – ich klicke das Bett an, Dil'agotchie verschwindet. Die Buchstaben werden richtig zu »buch« zusammengesetzt.

Weiter: l, b, a, l → »ball«
Weiter: b, t, e, t → »bett«
Weiter: p, p, u, p, e → »puppe«
Weiter: m, u, a, b → »baum«
Weiter: t, a, u, o → »auto«
Weiter: g, o, v, l, e → »vogel«
Weiter: t, a, c, e, z → ??

Ich bin tatsächlich ratlos und klicke auf das Fragezeichen Eine schlafende Katze taucht am rechten unteren Rand auf. Ach so! Und tatsächlich »catze« ist richtig. Jetzt bin ich fassungslos und kann es mir nur so erklären: Die englische Firma, die diese Software herstellte, hat bei der Übersetzung von »cat« zu »Katze« ganz offensichtlich sehr schlampig gearbeitet.

Weiter: s, o, r, f, h, c → »frosch«

Ein Trompetengeräusch ertönt, das Paket am oberen Rand blickt. Ich klicke darauf. Eine Filmsequenz aus dem Rugratsfilm wird gezeigt. Viele, wohl gerade erst geborene Babys in dem Saal eines Krankenhauses, die sich in einem gemeinsamen Gesang über die blöde Welt negativ äußern. Nach dem Ende des Filmchens wiederholt sich alles von vorne – eine

Endlosschleife. Ich drücke auf den Ausgangssymbol und bin wieder vor dem »Haus«.

Jetzt will ich lesen lernen.

Nach dem Anklicken erscheint das Schlafzimmer von Tommy Pickles. Er sitzt auf dem Bett mit dem Buch »Rugrats« in der Hand. Der Vater steht vor dem Bett. Das Buch blinkt. Ich klicke es an, und auf dem neuen Bild erscheint groß Tommys und Vater Stus Gesicht, dazwischen das Rugratsbuch. Ich klicke auf »Weiter«: In der Mitte neben dem Buch steht der Satz: »Stu liest Tommy aus dem Rugrats-Buch vor.« Unten am Rand steht: »Lies die Geschichte gemeinsam mit ihnen.«

Nächstes Bild: Das Buch liegt jetzt aufgeschlagen da und auf der einen Seite steht: »Dieses Buch gehört Tommy Pickles«

Nächstes Bild: »Dies sind Tommy und die Rugrats.« Daneben ein Bild von Tommy allein und ein zweites Bild zusammen mit seinen Geschwistern und Freunden.

Nächstes Bild: Auf der linken Seite des aufgeschlagenen Buches eine Abbildung von Vater, Mutter, Dil und Tommy, daneben der Text: »Das ist Tommys Bruder – Baby Dil«

Nächstes Bild: Das Reptarmobil mit den Rugrats auf einem reißenden Fluß, mit dem Text: »Die Rugrats verirren sich im Wald.«

Weiter: »Affen jagen die Rugrats« mit der entsprechenden Abbildung daneben.

Weiter: »Tommys Vater findet die Rugrats« mit Bild vom Vater und den Kindern.

Weiter: »Alle gehen nach Hause.« mit Bild der ganzen fröhlichen Familie.

Weiter: »Ende«

Eine Trompete ertönt, das Paket in Angelicas Armen blinkt, und das Paket wird angeklickt: Die Eltern mit Baby Dil singen Gute-Nacht-Lieder, um Dil zum Einschlafen zu bringen. Tommy steht draußen vor dem Haus und beobachtet die Szene – er ist eifersüchtig. Wiederum wiederholt sich nach dreißig Sekunden die Filmsequenz von allein. Schnell den Ausgang anklicken.

Unerwartet taucht eine ganz neue Seite auf:

Herzlichen Glückwunsch!
Trage hier Deinen Namen ein!
Du hast 2 der Aufgaben von
Rugrats
der Film

Rugrats-Urkunde

Ich klicke den Drucker an und lasse mir »meine« Urkunde ausdrucken. Dann geht es auf »Beenden«. Es wird abgefragt: »Mochtest du noch einmal von vorne anfangen und deine Punktzahl verbessern? JA NEIN« Bei »möchtest« findet sich ein weiterer Schreibfehler: »o« anstelle von »ö«.

Ich klicke NEIN an und muß mich dann noch eine Minute lang durch Werbung und Namen durchklicken, bis ich endlich draußen bin.

Lernprogramm als Werbefläche

Zugegeben – dies ist ein besonders schlechtes Lernprogramm. An ihm wird aber noch ein weiterer Aspekt deutlich, der bei den »guten« Programmen nicht so eindeutig auszumachen ist: Lernsoftware als Werbeträger.

Es ist die Rugrats-CD-ROM im Grunde nichts anderes als Werbung, die sich als Lernsoftware tarnt. Die sogenannten Belohnungen für richtige Antworten sind in Wahrheit ein Mißbrauch der Zeit des Kindes. Man nötigt es, im Namen des Lernens Werbebotschaften anzuschauen. Die einzelnen Filmsequenzen sind nichts anderes als Appetithäppchen, die die Kinder auf den Film neugierig machen sollen. Ahnungslosen Eltern wird durch das Etikett »Lernprogramm« das schlechte Gewissen genommen. Sie glauben, ihren Kindern etwas Gutes zu geben – aber letztendlich geben sie ihnen nur »Fast-Food-Werbung«.

Die Herstellung von Lernsoftware ist ein Geschäft für sich und bildet prinzipiell einen Boden, auf dem sich ein weiterer Markt etablieren kann: Werbeflächenverkauf für Reklame, die sich direkt an die Kinder wendet.

Dieser Gedanke mag weit hergeholt erscheinen. Aber leider ist er viel realer, als man im ersten Moment glaubt. Was in den USA gegenwärtig in großem Maßstab geschieht, beginnt sich auch nach Europa auszubreiten: Werbung im schulischen Bereich. Eine auf diese Werbung spezialisierte Firma schreibt auf ihrer Homepage:

> *Die rund 13 Millionen deutschen Schüler sind grundsätzlich für Werbemedien an den Schulen erreichbar geworden. Sogar direkte Werbedisplays für Plakat- oder Postkartenwerbung sind schon in Hunderten von Schulen vorhanden. Damit eröffnet sich einer der interessantesten Werbemöglichkeiten für die Mediaplaner und Entscheider nicht nur bei den großen Markenartiklern und Dienstleistern.*[48]

Das läßt an Deutlichkeit nichts zu wünschen übrig. Das Schulhaus, die Schulbücher, die Schulcafeteria und eben auch Lernprogramme werden immer mehr zu Werbeflächen für die Wirtschaft. Daß dahinter keine *pädagogischen* Gesichtspunkte stehen, braucht nicht betont zu werden.

Trivialität

Was weiterhin bei vielen Lernprogrammen auffällt, ist die ungeheure Trivialität, mit der in der Lernsoftware – besonders für kleine Kinder – gearbeitet wird. Wenn die erste Faszination durch die bunten neuen Bilder und fremden Geräusche abgeebbt ist, wird das Lernprogramm öde und fade. Es ist langweilig.

Man merkt, daß Erwachsene mit wenig innerem Verständnis für Kinder versuchen, sich auf eine kindliche Stufe herabzubegeben und dabei aber auf einer kindischen Stufe ankommen. Sie möchten das Kindliche erreichen, indem sie ihr Erwachsenenbewußtsein beiseite schieben und versuchen, die Kindheitsstufe nachzuahmen. Diese Nachahmung kann aber nur abstrakter Natur sein. Sie entbehrt der Verbundenheit mit dem Geistigen und wird daher trivial.

Kinder sind nicht trivial. Für sie ist alles in der Welt wesentlich. Und sie sind fortwährend auf der Suche nach dem Wichtigen, das die für sie neue Umwelt zu offenbaren hat. Diese Erwartungshaltung darf nicht enttäuscht werden. Denn Kinder haben zugleich auch ein feines Gespür für Wesentliches und Unwesentliches. Der phrasenhafte Umgang mit Mitmenschen, das Desinteresse an Vorgängen der Welt ist ihnen völlig fremd. Der Umgang mit phrasenhaftem Geschwätz, mit unwesentlichen Dingen langweilt Kinder im Grund ihrer Seele und stumpft ihren Entdeckerdrang ab. Kindheit wird langweilig.

Kinder können vieles, was sie im Innersten bewegt, noch nicht formulieren. Aber in ihren Empfindungen erfühlen und ahnen sie mehr, als viele Erwachsene es noch können.

Rudolf Steiner, der sich auch sehr mit den Folgen kindlicher Erlebnisse im späteren Erwachsenenleben beschäftigte, setzte sich mit der Wirkung von Trivialität im Unterricht in der späteren Biographie auseinander:

> *Und die Trivialität, mit der man im Kindesalter wirtschaftet, die drückt sich später [...] in einer Verödung des menschlichen Lebens aus; mindestens in einer solchen Ausgestaltung des Lebens, die es dem Menschen unmöglich macht, mit voller Freude in sein Kindesalter zurückzublicken.*
> *Das aber ist eigentlich etwas, was der Mensch braucht. Es ist notwendig, daß wir das ganze Leben hindurch in der Lage sind, auf unser Kindesschulalter als auf etwas Paradiesisches zurückzublicken. Nicht deshalb, weil wir etwa da nur Freudiges erlebt haben. Darauf kommt es nicht einmal so stark an, daß wir da nur Freudiges erlebt haben. [...] und dennoch kann das Zurückerinnern an das Kindesleben eine Quelle von Belebung sein, wenn wenigstens von der einen oder von der anderen Seite her wir im Kindesalter die Möglichkeit empfangen haben, ein Verhältnis zur Welt zu gewinnen.*[49]

Gerade vor dem Hintergrund der seit Jahrzehnten zu beobachtenden Wirkungen des Fernsehens auf Kinder und Kindheit ist dieser Hinweis besonders interessant. Die Kindheit vor dem Bildschirm hat bereits in einer großen Anzahl von Erwachsenen zu der »Verödung des menschlichen Lebens« geführt.

Lernsoftware wird die Wirkungen des Fernsehens auf Kindheit, Jugend und Erwachsenenleben verstärken. Denn die Beschäftigung mit Lernsoftware ist keine Quelle der seelischen Belebung, sondern sie hinterläßt, genauso wie das Anschauen von Fernsehsendungen, eine innere Leere, ein Unbefriedigtsein. Sie trägt zur Verödung der Kindheit bei.

Man kann nun mit Recht einwenden, daß eine »gute« Lernsoftware die oben kritisierten Fehler vermeiden wird. In der Tat fallen die Kritikpunkte bei einer intensiver durchdachten Lernsoftware nicht auf – zunächst. Wenn man sich jedoch länger mit ihr beschäftigt, zeigt sich, daß die bei einer schlechten Software sofort sichtbaren Probleme auch dort vorhanden sind, nur sind sie dort besser versteckt und weniger sichtbar.

Daher sei auch eine in Besprechungen sehr gelobte Lernsoftware näher betrachtet: »Fürst Marigor und die Tobis«. Im »Großen Lernsoftware-Ratgeber 2000« von Thomas Feibels, der rund 300 Lernprogramme beschreibt und bewertet, heißt es in der Beurteilung: »Überzeugende Umsetzung eines komplexen Themas. ›Fürst Marigor und die Tobis‹ hat die Bestnote verdient.«

Besuch bei »Fürst Marigor und die Tobis« – ein Lese- und Schreib-Abenteuer für Kinder ab 7 [50]

Im Vorwort des kleinen Beiheftes schreibt Wilfried Metze, der das Spiel entworfen hat:

> *Ich muß zugeben, daß auch ich als Erwachsener und Lehrer die meisten Lernspiele, die ich kennen gelernt habe, nicht sonderlich attraktiv finde. Dies war der Grund, einmal etwas anderes zu versuchen. Ich wollte ein Spiel entwerfen, das zunächst den Kindern Spaß macht, das von ihnen als Spiel im Freizeitbereich akzeptiert wird. Die angestrebten Lernziele sollten so in das Konzept eingebaut werden, daß sie als lustvolle Herausforderungen empfunden werden.*

Wilfried Metze hat ein spannendes Abenteuerspiel entworfen, in das Rätselaufgaben eingebunden sind, die die Kinder auf ihrem Weg durch die Welt des »Tobiwaldes« zu lösen haben. Eine »emotional ansprechende Bezugswelt« ist der Rahmen, in dem den Kindern ein Reihe von Aufgaben gestellt werden. – Ein Abenteuerspiel mit Lernaufgaben also.

Ich lege die CD ein und starte das Spiel.

Das Titelbild »Fürst Marigor & die Tobis« erscheint, und die Titelmelodie ertönt. Ich klicke an beliebiger Stelle im Bild.

Ein neues Bild erscheint mit dem Text: »Gib deinen Namen in das Feld ein oder wähle deinen Namen aus der Liste aus.« Eine Stimme sagt »Hallo« und liest den Text vor. Ich schreibe meinen Namen in das vorgegebene Feld und klicke auf »fertig«.

Neues Bild. Eine gemütliche Idylle im Wald. In der Bildmitte ist im Wurzelbereich eines dicken Baumes eine Höhle sichtbar. Davor spielen die beiden Tobi-Kinder mit einem Ball. Vorne links ist der Vater am Fuß einer Fichte abgebildet. Im Hintergrund rechts sitzt die Mutter und liest ein Buch und auf der anderen Seite sieht man Oma und Opa. Eine männliche Stimme erklärt:

Eines schönen Tages spielen Ela und Alo – die Tobi-Kinder – vor ihrer Höhle im Tobiwald. Papa schnitzt, Mama liest ein Buch und Oma und Opa wickeln Wolle – es ist ein Tag wie jeder andere.

Es tut sich dann erst wieder etwas, als ich auf den Pfeil am unteren Rand des Bildschirmes klicke. KLICK.

In einem kleinen Bild in der linken oberen Ecke des Bildschirmes sieht man die beiden Tobi-Kinder. Die Stimme sagt: *»Aber an diesem Tag bekommen die Tobis unerwarteten Besuch.«* Ein zweites kleines Bild klappt auf der rechen Seite auf. Ein Zauberer, eine Hexe und ein Zwerg sind darauf abgebildet. Der Zauberer sagt: *»Verzeiht, daß wir euch stören, ihr Tobis, aber die Sorge um den Nordwald schickt mich zu euch.«* Auf einem dritten kleinen runden Teilbild, das jetzt aufklappt, ist die Hexe Lindenblatt zu sehen. Sie sagt: *»Ihr habt sicher auch schon bemerkt, daß es in letzter Zeit immer einsamer wurde in eurem Wald.«* Zuletzt erscheint als viertes Teilbild der Vater, dessen Stimme sagt: *»Oh ja, ich habe schon seit langem keinen Fuchs, Elch oder Hasen mehr gesehen, sogar die Baumläufer und Moosweiblein scheinen verschwunden zu sein.«* Pfeil anklicken führt zum nächsten Bild. KLICK – Bild der Hexe oben rechts und Stimme der Hexe:

> *Überall in allen Teilen des Nordwaldes sieht es so aus. An den Seen herrscht kein Leben mehr, das Gebirge ist wie ausgestorben, und auch im Zwergenland und in der Höhlenwelt herrscht trostlose Stille.*

Es klappen nacheinander drei Bilder auf, die das Gesagte jeweils veranschaulichen. Alle Bilder sind mit entsprechender Musik oder charakteristischen Geräuschen unterlegt. KLICK – nächstes Bild. Der Zauberer spricht:

> *Unsere Kundschafter haben nachgeforscht und die Ursache dieses merkwürdigen Geschehens entdeckt. Fürst Marigor, dessen finsterer Palast hinter den fernen Eisgebirgen liegt, schickte seine bösen Roboter, die ›Cumpoter‹ in die Nacht hinaus. Diese Maschinen fingen alle Tiere und Wesen, die sie erwischen konnten.*

Dabei erscheint Marigor groß in der Bildmitte, er verwandelt sich in das Bild seines Palastes. In weiteren Teilbildern werden die Cumpoter gezeigt, wie sie aus dem Palast-Tor hervorkommen und eine Elfe und einen Adler fangen. KLICK

Im nächsten Bild erläutert der Zwerg, dessen Bild rechts oben auf dem Bildschirm erscheint:

> *Es war fürchterlich, und wenn die bösen Cumpoter auch nur einen einzigen Bären oder einen einzigen Hasen in den Palast Ma-*

Marigor

rigors gebracht haben, sind alle Bären und alle Hasen aus dem Nordwald einfach verschwunden.

Die Zwergenrede wird von anschaulichen Bildern und Geräuschen begleitet. KLICK – Der Zauberer fährt fort:

All unsere Zauberkraft konnte dagegen nichts ausrichten. Marigor ist zu stark für uns. Uns ist es nur gelungen, die Seelen einiger geraubter Tiere und Wesen zu retten. Sie sind jeweils in einen

Stein eingeschlossen, der dort liegt oder versteckt ist, wo das Wesen geraubt wurde.

Zwei Teilbilder zeigen, wie zuerst ein Fuchs geraubt wird und dann an dieser Stelle ein Felsbrocken liegt. KLICK – Das Bild der Hexe erscheint rechts oben. Sie sagt:

Vielleicht gelingt es irgendwann, aus diesen Steinen wieder lebendige Wesen zu schaffen. Vor einigen Tagen habe ich in einem uralten Zauberbuch einen wichtigen Hinweis gefunden. Vielleicht liegt darin der Schlüssel zur Rettung. Dort steht geschrieben: Das in Zeiten schlimmster Katastrophen und Bedrohungen, wenn alle anderen Mittel versagen, nur noch Kinder helfen können.

Im Hauptbild sieht man in ein Zauberbuch mit vielen geheimnisvollen Zeichen hinein, die sich zuletzt in Bilder von spielenden oder lesenden Kinder verwandeln. KLICK – Neues Bild. Alle sitzen im Kreis vor der Tobi-Höhle, und die Hexe erklärt weiter:

Wir brauchen Kinder, die den Mut aufbringen, sich gegen finstere Mächte zur Wehr zu setzen. Allerdings müssen diese Kinder eine wichtige Eigenschaft haben: Sie brauchen Zugang zur Weisheit, das heißt, sie müssen Bücher lesen können.

KLICK – Die Hexe, im neuen Bild links oben, erklärt: »*Die einzigen Kinder des gesamten Nordwaldes aber, die lesen können, seid ihr, Ela und Alo. Deshalb sind wir hier.*« Im zweiten Teilbild erklärt der Zwerg: »*Wir möchten euch bitten, diese wichtige, aber auch gefährliche Aufgabe zu übernehmen.*« Im dritten Teilbild unten erscheinen Ela und Alo sowie die Mutter. Alo: »*Das ist doch gar keine Frage.*« Ela: »*Natürlich wollen wir.*« Zuletzt die besorgte Stimme der Mutter: »*Nun mal nicht so schnell. Das müssen wir in Ruhe besprechen. Das scheint ja ganz schön gefährlich zu sein.*«

KLICK – Im nächsten Bild sieht man alle vor der Tobi-Höhle um ein Lagerfeuer herumsitzen und sich beraten. Die männliche Stimme des Erzählers sagt:

Die ganze Nacht über beraten die Tobis, ob sie Ela und Alo in dieses gefährliche Abenteuer gehen lassen wollen. Schließlich sehen alle ein, daß es keine andere Rettung gibt. Schweren Herzens willigen sie ein.

KLICK – Im neuen Bild sagt der Erzähler:

Am nächsten Tag bereiten sich Ela und Alo auf ihre Reise vor. Die Hexe Lindenblatt wird ihnen dabei helfen. Dazu verzaubert sie sich in eine Eule. Ohne Zauberkraft können die Tiere jedoch nicht befreit werden. Der Zauberer gibt Ela und Alo einen leuchtenden Edelstein. Mit der Hilfe dieses Edelsteines können sie Zauberkraft sammeln, die sie brauchen, um die Wesen befreien zu können. Der Edelstein kann sie auch vor den Cumpotern, den Robotern Marigors, schützen. Und so machen sich Ela und Alo auf den Weg in ein großes spannendes Abenteuer.

Die Tobis

KLICK – Neues Bild mit einem Wegweiser und den fünf Schildern: »Aufhören«, »Üben«, »Ton«, »Spielen«, und »Comic«. Bei »Üben« wird erklärt, wie das Spiel funktioniert. Bei »Comic« kommt man wieder zu der einführenden Geschichte zurück, und bei »Spielen« geht es richtig los. »Spielen« wird angeklickt. KLICK.

Das Bild einer Waldlichtung erscheint. Nach hinten zu sind eine Wiese, einige Bäume, ein Ameisenhaufen, Pilze, ein umgefallener Baumstamm und der Eingang zu einer Höhle zu sehen. Ein roter Rucksack steht rechts auf dem Boden. Während ich noch meine Notizen mache, sagt plötzlich die Stimme der Hexe: *»Ach bin ich doch glatt eingenickt, also machen wir jetzt weiter.«* Die Stimme Alos ertönt: *»Los wir müssen weiter, die Zeit drängt.«* Dabei bewegen sich die Figuren und gähnen.

Mitten auf der Wiese steht ein Glas – angeklickt. Das Gesamtbild ändert die Farbe und der Text »Ändere den Buchstaben, so daß der Gegenstand hierher paßt« erscheint. Das Wort »Glas« ist geschrieben und das »l« ist rot umrahmt. Ich ändere in »Gras«. Ein Ton erklingt und das Glas wird zu einem Grasbüschel.

Mit der Maus suche ich das Bild ab und warte darauf, ob sich der Cursor (Edelstein) verändert. Bei einem Stein wird er zu einem Fragezeichen. Ich klicke an. Die Erzählerstimme aus dem Comic sagt: *»Wenn ihr Tiere oder Wesen befreien wollt, braucht ihr mindestens zehn Elfensteine.«* Also muß ich wohl noch einige Worte schreiben. Pilze angeklickt, denn bei ihnen wurde der Cursor zu einem Stern. Es erscheint ein Text: »Merke dir das Wort und schreibe es mit Hilfe der Buchstaben unten im Bild.« Das Alphabet ist in kleinen und großen Buchstaben vorgegeben. Ich schreibe »Pilz«. Das Bild nimmt wieder die ursprüngliche Farbe an. Nochmals die Pilze angeklickt. Diesmal ist das fehlende »l« zu ergänzen.

Einen zweiten Stein im Bild gefunden – angeklickt. *»Wenn ihr Tiere oder Wesen befreien wollt, braucht ihr mindestens zehn Elfen-*

steine«, werde ich wiederum belehrt. Ich mache Notizen. Zwischendrin ertönt Hexe Lindenblatt: *»Ach bin ich doch glatt eingenickt, also machen wir jetzt weiter.«*

Ich klicke den querliegenden alten Baumstamm an. Neues Bild. Auf Pilzköpfen aufgemalte Buchstaben bewegen sich schaukelnd auf und ab. Mit der Maus ziehe ich sie in der richtigen Reihenfolge (B-a-u-m-s-t-a-m-m) in das vorgegebene Raster und komme in das alte Bild zurück. Ich klicke den Rucksack an, um zu sehen, wie viele Punkte (Elfensteine) ich jetzt zusammenhabe. Ein neues Bild taucht auf – das Innere des Rucksacks – unten rechts steht auf einem kleinen Beutel »008«. Mir fehlen also noch zwei Elfensteine, um einen Stein erfolgreich anklicken zu können.

Während ich mir Notizen mache, ertönt die Hexenstimme: *»Ach, bin ich doch glatt eingenickt, also machen wir jetzt weiter.«* Ich klicke den Ameisenhaufen nochmals an. Die 13 Buchstaben bewegen sich verteilt über das Bild. Mit der Maus ziehe ich sie in der richtigen Reihenfolge in die vorgegebenen Felder. Jedesmal ertönt ein Geräusch, welches einer Registrierkasse ähnelt, das die richtige Wahl bestätigt. Wenn das Wort richtig geschrieben ist, gibt die Anzahl der Glockenklänge an, wie viele Elfenstein ich dadurch eingesammelt habe.

Ich entdecke am Baum eine Binde, die dort wohl nicht hingehört. Richtig, denn nachdem ich sie angeklickt habe, wird von mir erwartet, daß ich »Binde« in »Rinde« ändere. Die Binde am Baum verschwindet. Jetzt habe ich mehr als zehn Elfensteine. Also klicke ich den Stein neben dem Eingang zur Höhle an. Er löst sich in kleine »Wölkchen« auf, und ein völlig neues Bild erscheint. Auf einem großen bildfüllenden Stein ist ein etwas vergilbtes Papier aufgeklebt. Darauf steht:

Er hat zwar die Gans gestohlen
und gibt sie nicht mehr her,

doch du sollst ihn wieder holen,
der Wald ist sonst so leer.

Darunter ist ein Knopf mit einer Faust, deren Daumen nach oben gerichtet ist, abgebildet – angeklickt.

Neues Bild. »Was ist das für ein Tier?« steht als Frage ganz oben. Verschiedene Bretter mit Namen bewegen sich leicht hin und her. Dachs, Luchs, Wachs, Lachs, Fuchs stehen zur Auswahl. Ich klicke »Lachs« an. Das Geräusch für Fehler ertönt – sonst passiert nichts. »Fuchs« angeklickt. Neues Bild. Das Comic-Bild eines Fuchses mit einer Säge am Hinterteil erscheint. Darüber steht: »Dieser Schwanz ist zwar ein Fuchsschwanz, aber es ist nicht meiner.« Darunter sind drei andere Schwänze zur Auswahl gegeben. Ich wähle den richtigen. Ein Zauberklang ertönt, und das alte Bild mit Ela und Alo taucht wieder auf. Vor ihnen räkelt sich ein Fuchs und sagt: *»Vielen Dank, länger hätte ich das nicht mehr ausgehalten«* und verschwindet.

Ich mache wieder meine Notizen, währenddessen ertönt die Stimme Alos: *»Los wir müssen weiter, die Zeit drängt.«*

Ich klicke einen weiteren Stein an. Er löst sich wieder in kleine Wölkchen auf. Bildwechsel. Auf dem Stein ist jetzt ein grünes Phantasiewesen gemalt. Darüber steht: »Wir Moosweiblein und -männlein mögen es weich, dick und gemütlich. Harte, spitze Sachen können wir nicht leiden. Fange alle weichen Dinge ein.« Dreizehn verschiedene Worte stehen zur Auswahl: Scherben, Kissen, Messer, Moos und so weiter. Ich klicke alle weichen Sachen an. Zuerst »Kissen«. Das Moosweiblein bewegt sich, und es ertönt ihre Stimme: *»Mmmh ja, das ist schön weich und kuschelig!«* Das Wort »Kissen« ist jetzt von einer blauen »Wolke« umgeben. Was das Moosweiblein zu Glas sagt? Glas angeklickt. Das Geräusch zerspringenden Glases ertönt, das Weiblein verzieht das Gesicht und es sagt: *»Iiih, das tut weh!«* Nun ich klicke nacheinander an:

»Moos« – das Moosweiblein sagt: *»Mmmh ja, das ist schön weich und kuschelig!«*

»Federn« – das Moosweiblein sagt: *»Mmmh ja, das ist schön weich und kuschelig!«*

»Schaum« – das Moosweiblein sagt: *»Mmmh ja, das ist schön weich und kuschelig!«*

»Watte« – das Moosweiblein sagt: *»Mmmh ja, das ist schön weich und kuschelig!«*

»Fell« – das Moosweiblein sagt: *»Mmmh ja, das ist schön weich und kuschelig!«*

»Haare« – das Moosweiblein sagt: *»Mmmh ja, das ist schön weich und kuschelig!«*

Danach ertönt die Entzauberungsmelodie, das Bild mit Ela und Alo erscheint wieder. Um den alten Baumstamm krabbeln vier grüne Wesen und verschwinden.

Ich klicke den nächsten Stein im Bild an. Neues Bild – eine Comic-Ameise ist abgebildet. Darüber steht: »Im Wald leben viele unterschiedliche Tiere. Die Ameise gehört zur Familie der Insekten. Sortiere die Tiere. Ziehe sie zu ihren Höhlen.«

Zwei Höhlen stehen zur Auswahl, eine mit der Überschrift »Säugetiere« und die andere mit »Insekten«. Acht Tiere werden genannt. Ich ziehe Grille, Ameise, Biene und die Spinne in die Höhle »Insekten« und Hase, Reh, Fuchs und Eichhörnchen in die Höhle »Säugetiere«. Bei jeder richtigen Zuordnung ertönt ein kurzer Klang, wie wenn ein Stempel auf ein Dokument geschlagen wird, und die Ameise springt auf ihren zwei Beinen in die Luft und hebt die vier anderen Arme in die Luft. Zuletzt ertönt ein kurzer Zauberklang, und es geht zurück zum Ausgangsbild.

Noch ein Stein wird angeklickt. Im neuen Bild sieht man drei Comic-Bilder von kleinen Männlein. Darüber steht:

Ein Männlein steht im Walde
ganz still und stumm.
Es hat von lauter Purpur
ein Mäntlein um.

Ich bin etwas ratlos, was von mir gewollt wird, und klicke auf das Männlein, das am ehesten nach einem Pilz aussieht: eine Art Fliegenpilz mit einer Krone drauf. Richtig geraten! Das Bild wechselt.

»Ich bin ein König, doch was für einer? Schreibe meinen Namen.« Vier Felder stehen zur Auswahl, also ist wohl PILZ-König gemeint – richtig. Bildwechsel. Der Pilzkönig erscheint und um ihn weitere kleine Fliegenpilze. Er spricht zu Ela und Alo: *»Vielen Dank Ela, vielen Dank Alo, herzliche Grüße an eure Großmutter, die unser Volk so sehr zu schätzen weiß.«* Er verschwindet, und die kleinen Pilze bleiben im Bild stehen. Wie ich etwas später herausbekomme, kann man diese in den Rucksack »tun« (durch Anklicken). Man braucht sie, um ein späteres Problem lösen zu können.

In diesem Abschnitt des Spieles habe ich nun die meisten Aufgaben bearbeitet. Ich sollte jetzt im Tobi-Land an eine andere Stelle gehen. Beim Höhleneingang verändert der Cursor seine Richtung. Ich klicke den Höhleneingang an. Die Kinder bewegen sich zur Höhle und krabbeln auf allen Vieren in die Höhle hinein. In dem Stollengang, der nach hinten weiter geht, sieht man links eine verschlossene Tür und rechts eine Steinmaske mit großen Augen. Eine große Rose steht im Gang. Angeklickt. »Ändere einen Buchstaben, so daß der Gegenstand hierher paßt.« Aus Rose mache ich Dose. Richtig. Jetzt liegt im Gang eine alte gebrauchte Konservendose. Ich suche das Bild mit der Maus nach versteckten Fragen und Aufgaben ab. Bei der Kerze erscheint der Stern. Ich klicke an. »Setze das Wort aus den Buchstaben zusammen!« Auf fünf Petroleumlampen sieht man jeweils einen Buchstaben. Die Lampen schweben umher. Ich bringe die Buchstaben in die vorgegebenen Felder: K-e-r-z-e. Eine Melodie ertönt – Ausgangsbild.

In diesem Bild den ersten Stein gefunden, Angeklickt. Er löst sich in kleine Wölkchen auf. Neues Bild: Ein Wurzelgnom ist abgebildet. Der Text dazu: »Klicke den Wurzelgnom an. Er sagt dir dann, was du tun mußt.« Also: Wurzelgnom angeklickt. *»Holla, ich bin der Worzelgnum, Verzeihung Wurzelgnom. Ich vertausche manchmal die Selbstlaute.«* Um den Gnom herum sind verschiedene Gegenstände abgebildet. Ich klicke ihn nochmals an. *»Hemmbiere«* tönt aus dem Lautsprecher. Ich klicke die abgebildete Himbeere an: *»Verzeihung, ich meine Himbeere«*

Ich klicke wieder den Gnom an. *»Günseblämchen«* wird gesagt. Ich klicke das abgebildete weiße Blümchen an. *»Verzeihung, ich meine Gänseblümchen«*

Die gehörten Worte *»Mästkifer«*, *»Rohbeck«*, *»Kafernziepfen«*, *»Krozeutter«*, *»Eimase«*, *»Miermeltur«*, *»Flaudermes«* und *»Bentspucht«* müssen noch ihren entsprechenden Bildern zugeordnet werden, bevor auch diese Aufgabe gelöst ist. Bei jeder richtigen Zuordnung sagt der Gnom: *»Verzeihung, ich meine ... «*. Endlich ertönt die Entzauberungsmelodie, und das Ausgangsbild erscheint wieder. Der Wurzelgnom sitzt auf der Leiter und sagt: *»Valen Dink, Lob viel«* und verschwindet.

Im Auge der Steinmaske finde ich einen weiteren Stein. KLICK. Ein Bild mit fünf verschiedenen Pfeifen auf Federn, lang, dick, kurz, schmal und eine besonders große. Text: »Erlöse uns. Wir müssen in der richtigen Reihenfolge tanzen. Wenn du die große Tanzpfeife anklickst, hörst du eine Melodie. Kannst du sie nachspielen? Klicke die kleinen Tanzpfeifen in der richtigen Reihenfolge an.« Gemacht – beim zweiten Versuch die richtige Reihenfolge erwischt. Die kleinen Tanzpfeifen flöten die Melodie noch einmal und flöten dann weiter. Das Bild verschwindet, und das Ausgangsbild erscheint wieder. Die Pfeifen tanzen um Eli und Alo herum, machen Musik und verschwinden. Eli und Alo freuen sich und lachen.

In diesem Bereich finde ich im Moment keine weiteren Aufgaben mehr. Also weiter. Den Stollengang angeklickt. Neues Bild. Noch tiefer im Inneren des Bergwerks. Links eine Treppe nach oben, rechts eine Lore, der ein Rad fehlt, und ein weiterer Gang, der nach rechts geht.

Beim Notieren tönt die Hexe: *»Langeweile, leere Stunden?«* Eli und Alo bewegen sich im Gang. Plötzlich hört man Geräusche, und die Hexe ruft: *»Achtung, die Cumpoter kommen – schnell, ihr müßt den Edelstein nehmen und euch verwandeln!«* Mit dem Cursor Eli und Alo angeklickt. Sie verwandeln sich in graue Steinfiguren. Die Cumpoter kommen durch den Gang und sagen: *»Man kann sie nicht halten, sie sind verzaubert«* – und verschwinden wieder. (Ich verzichtete darauf, die Cumpoter anzuklicken. Es wäre dann ein Reim zu ergänzen gewesen, was einen von ihnen zerstört hätte.) Eli und Alo werden wieder farbig. Ich suche weiter.

Eine Kerze, die dort liegt, wird angeklickt, Eli läuft hin, und die Kerze findet sich im Rucksack wieder. Eine Schaukel, die im Bergwerk nichts zu suchen hat, wird angeklickt: »Ändere einen Buchstaben, so daß der Gegenstand hierher paßt!« Also wird das »k« durch ein »f« ersetzt. Jetzt steht eine Schaufel im Bild. Ein Seil entpuppt sich auch als geeignet für den Rucksack – angeklickt. Eine Petroleumlampe wird angeklickt, Buchstaben tanzen umher und werden zu »Lampe« zusammen gesetzt

Ich klicke die Schaufel an. Die Hexe sagt: *»Die Schaufel könnt ihr auch hier verwenden.«* Was tun? Ich klicke den Erdhaufen vorne im Bild an. Tatsächlich: Alo nimmt die Schaufel und schaufelt den Haufen weg. Ein Stein bleibt übrig – angeklickt.

Ich löse das Rätsel des »Steinfressers«, das heißt, ich soll in mehreren Sätzen die Stolpersteine finden: »Ich aß gerade einen schmeckt leckeren Granitstein.« »Schmeckt« muß dann angeklickt werden. Nachdem das Rätsel gelöst ist, steht dann der Steinfresser vor Ela und Alo und sagt zu ihnen: *»Vielen Dank, Ela und Alo, daß ihr mich befreit habt. Dafür schenke ich euch meinen Stein, falls ihr unterwegs Hunger kriegt.«* Der Stein kommt nach einem kurzen Gag durch die Hexe (sie versucht, den Stein zu essen) in den Rucksack.

Bis hier – einige Passagen des Spiels sind sogar ausgelassen – habe ich schätzungsweise zwei Stunden Zeit gebraucht (Das Zeitempfinden geht bei einem Computerspiel leicht verloren. Die Sitzung am ersten Tag hat sechs Stunden gedauert.) Es würde also das Protokoll viel zu lange werden, sollten hier alle Stationen dieses Spieles vollständig beschrieben werden, bis endlich nach dem letzten Rätsel Fürst Marigor aus seinem Schloß flieht und in einem Comic gezeigt wird, wie alle Wesen befreit werden und Ela und Alo glücklich zurück nach Hause kommen.

Ich habe mit dem »Lern-Spiel« an vier Tagen insgesamt rund zwanzig Stunden verbracht. (Wobei am Ende eine gewisse Zeit damit zugebracht wurde, meine Spielerdatei wieder zu »reparieren«. An der letzten und spannendsten Stelle hatte sich das Spiel nach einer notwendigen Unterbrechung »aufgehängt« – es ging nicht mehr vor und zurück.) Was hat es gebracht?

Kausalität

Ich habe mich außerhalb der »Steinrätsel« mit etwa siebzig Wörtern beschäftigt, entweder indem ich gegebene Buchstaben in vorgegebene Stellen richtig einsortierte oder fehlende Buchstaben ergänzte. Rund sechzig »Steinrätsel« mußte ich lösen. Darunter waren interessante Kombinationsrätsel und viele weitere Schreibaufgaben. Worte mußten geschrieben beziehungsweise ergänzt werden, und manche von ihnen haben sich tief eingeprägt, da ich sie im Verlauf des Spieles mehrfach schreiben mußte. Außerdem mußten viele Sätze gelesen werden.

Das Spiel ist ein hochintelligent aufgebautes Lernprogramm. Es stecken sehr viele Ideen und noch mehr Arbeit drinnen. Es ist um Klassen besser als die beiden zuerst geschilderten Programme. Man kann die lobenden Beurteilungen also nachvollziehen.

Werden aber durch die aufwendige technische Gestaltung dieses Lernprogrammes die bisher genannten Kritikpunkte widerlegt? Ist die »Dressur zur Benennung« überwunden?

Nehmen wir einmal das Steinrätsel des Moosweibleins. Bei ihm geht es darum, verschiedene Worte zu lesen und deren Begriffsinhalt den anderen Begriffen »weich« oder »hart« zuzuordnen. Fertig.

Hier schlägt ein Wesenszug der Maschine »Computer« – die Kausalität – durch: Selbst das gute »Lernprogramm« bleibt letztendlich auf die Herstellung rein kausaler Bezüge beschränkt. Dies erlebt man auch an der nach einigen Stunden nervtötenden Wiederholung bestimmter Sätze und Melodiefolgen.

Die Kausalität zwingt letztendlich das Kind, ganz bestimmte »Handlungen« – besser gesagt: Mausklick-Reihenfolgen – auszuführen. Der Zwang zur richtigen Lösung ist bei »guten« Spielen nur besonders gut verpackt. Man bemerkt es nicht sofort.

Welterfahrung

Habe ich etwas gelernt? Ja – was der abstrakte Kausalraum der Maschine eben möglich macht. Aber über die Welt und ihre Wesen habe ich nichts erfahren. Das einzige, dem ich begegnet bin, war das Wesen der Maschine und das, was sich in ihr von der realen Welt abspiegelte.

Es gibt zum Beispiel ein Steinrätsel, bei dem man charakteristische Tierlaute dem richtigen Bild und Wort zuordnen soll. Ertönt etwa der Laut eines Schafes, dann hat man das kleine Bild des Schafes zu suchen und das Wort »Schaf«. Schön. Es ist wichtig, diese Zuordnung im Leben zu kennen. Aber ist das eine Erfahrung, die das Kind für das Leben ertüchtigt? Es hat etwas durch das Auge und das Ohr wahrgenommen und einen logischen Bezug zu der Symbolfolge »S-c-h-a-f« hergestellt. Und sonst nichts!

Erfahrung und Lernen heißt aber, daß alle Sinne etwas wahrnehmen. Wenn man einen wirklichen Begriff vom Schaf haben will, muß man einmal dessen Wolle getastet, das Wollfett gefühlt und das Fell des Schafes gerochen haben. Vielleicht hat mich das Schaf sanft oder unsanft angestupst. Die Seele des Schafes kann ich nur erleben, wenn das Wesen des Schafes anwesend ist.

Wesenhafte Einsichten kann ich nur erlangen, wenn ich dem Wesen einer Sache begegne. – Das Wesen der Buche oder einer Birke kann ich nur erfassen, wenn ich ihm in irgendeiner Form begegne. Das Bild einer Birke und gleich danach das Wort »Birke« anzuklicken, ist die armseligste Beziehung, die man herstellen kann. Weniger geht nicht. Es ist die Beziehung, die der Wenn-Dann-Logik der Maschine entspricht. Aber die Birke ist ja so unendlich viel mehr. Wenn man nur die weiße Rinde mit ihren Rissen betastet, den sanften Wandel des Blattgrüns vom Frühling zum Sommer hin verfolgt, das leise Rauschen der Blätter im Wind hört – da spricht viel zur menschlichen Seele. Da offenbart sich das Wesen dieses Baumes. Auch die Bodenbeschaffenheit und Umgebung des Baumes sind Teile seines Wesens.

Diese lebendigen Eindrücke und Erlebnisse, die wirkliche Welt- und Wesensbezüge ermöglichen, braucht die kindliche Seele. In diesen Erlebnissen lassen sich Geheimnisse erahnen. Wer Bäume oder Pflanzen betrachtet, kann schon viel über sie wissen – aber immer bleibt in der Seele ein Rätsel zurück, weil niemals alles bis zuletzt durchschaut wird. Im PC-Spiel fehlt dieses leise Raunen der Seele, das innerlich vom Leben einer Sache Kunde gibt. Im Kausalraum des PCs bleibt auch beim besten Lernprogramm alles seelisch kalt. Gute Animation übertönt diese Leere, erfüllt sie aber nicht.

Lernprogramme vermitteln daher nur wesenlose Begegnungen mit Bildern von der Welt – abstrakte Sekundärerfahrungen. Kinder brauchen aber lebendige Primärerfahrungen und nicht in Comicform zurechtgemachte Abbildungen der Welt, um später einmal der Welt gewachsen zu sein.

Was macht die Lernsoftware dann noch besser als der althergebrachte Unterricht? Sie unterhält besser. Unterhaltung steht im Vordergrund. Davon abgesehen ist Lehren und Lernen auch bei der Lernsoftware beim Alten geblieben – bis auf einen zweiten wichtigen Unterschied.

Das Wesentliche des Lehrens und Lernens in der Schule und im Leben ist die Beziehung zwischen Menschen, zwischen Lehrer und Schüler, zwischen Schüler und Schüler. Diese Beziehung schafft das Maschinenlernen ab. Der Computer reduziert die Vielfalt der Wesensbegegnungen des Menschen auf eine einzige: auf die Beziehung zur Maschine.

Handlungsorientiertes Lernen?

In der Begleitbroschüre für das zuletzt beschriebene Lernprogramm heißt es, ein attraktives Lernspiel sei unter anderem dadurch gekennzeichnet, daß das Kind aktiv handelnd in das Geschehen eingreifen kann. – Der pädagogische Anspruch »Handlungsorientiertes Lernen« steht unausgesprochen als Begriff dahinter.

Was mache ich aber bei einem Lernprogramm? Ich sitze viele, sehr viele Stunden bewegungslos vor einem PC-Bildschirm und klicke mit der Maus verschiedene Stellen auf computergenerierten Bildern an. Wo ist da die Handlung?

Die Handlung ist auf das Minimalste reduziert, was man sich denken kann. Schon das Schreiben der Buchstaben mit einem Stift beinhaltet wesentlich mehr Handlung als der Umgang mit der Maus.

Handlungsorientiertes Lernen und PC schließen sich aus! Denn zur Handlung muß ich aufstehen und mich bewegen – und beim PC muß ich stillsitzen und auf den Bildschirm schauen.

Amüsieren und Lernen?

Das Bedenklichste vor allem an den »guten« Lernprogrammen ist wohl die Korrumpierung des Begriffes »Lernen«. Es hat sich das Dogma in unserer Kultur eingelebt, daß ein guter Unterricht und ein gutes Lernen immer Spaß machen müssen. Aber ist dem wirklich so?

Etwas Neues verstehen zu wollen, setzt eine Bemühung, eine innere Anstrengung voraus – und das macht zunächst alles andere als Spaß. Wenn der Durchbruch einmal geschafft ist und das innere Verständnis, um welches man gerungen hat, aufleuchtet, dann erst stellt sich in der Seele eine Freude ein, eine zarte, feine Freude, vielleicht auch mit etwas Stolz gemischt.

Lernen ist durchaus mit einer Wanderung auf einen Berg zu vergleichen. Auf dem Weg dahin ist es anstrengend, und es gibt Momente, in denen man nicht mehr weitergehen mag. Die herrliche Aussicht am Ende des Weges, auf dem Gipfel, belohnt für die ausgestandenen Mühen.

Was auf dem mühsamen Teil der Wegstrecke des Lernens trägt, ist entweder die Liebe zum Lehrer – wenn das Kind noch klein ist – oder das starke Interesse am Gegenstand des Lernens selbst – wenn das Kind größer geworden ist.

Lernen heißt für den erwachsenen Menschen: Aus Interesse für eine Sache sich durch eine Anstrengung, vielleicht sogar Verzweiflung hindurch bemühen. Die Freude wächst aus den Teilerfolgen, die man auf seinem Erkenntnisweg erreicht.

Eine der eindrücklichsten Schilderungen über die Beschwernis eines Erkenntnisweges findet man in dem Brief des ungarischen Mathematikers Wolfgang von Bolyai (1775–1856) an seinen Sohn Johann (1802–1860), als er erfährt, daß dieser sich mit dem bis dahin ungelösten Parallelenproblem beschäftigen will:

> *Die Parallelen auf jenem Wege sollst Du nicht probieren; ich kenne auch jenen Weg bis zu Ende, auch ich habe diese bodenlose Nacht durchmessen: jedes Licht, jede Freude meines Lebens sind in ihr ausgelöscht worden. Ich beschwöre Dich bei Gott! Laß die Parallelen in Frieden. Du sollst davor denselben Abscheu haben wie vor einem liederlichen Umgang, sie kann Dich um all' Deine Muße, um die Gesundheit, um Deine Ruhe und um Dein ganzes Lebensglück bringen Diese grundlose Finsternis würde vielleicht tausend Newtonsche Riesentürme verschlingen, es wird nie auf Erden hell werden, und das armselige Menschengeschlecht wird nie etwas vollkommen Reines haben, selbst die Geometrie nicht, es ist in meiner Seele eine tiefe und ewige Wunde; behüt' Dich Gott, daß diese sich (bei Dir) je so tief hineinnagen möchte. Diese raubt einem die Lust zur Geometrie, zum irdischen Leben; ich hatte mir vorgenommen, mich für die Wahrheit aufzuopfern: ich wäre bereit gewesen, zum Märtyrer zu werden, damit ich nur die Geometrie von diesem Makel gereinigt dem menschlichen Geschlecht übergeben könnte. Schauderhafte, riesige Arbeiten habe ich vollbracht, habe bei weitem Besseres geleistet als bisher (geleistet wurde), aber keine vollkommene Befriedigung habe ich je gefunden; ... Ich bin zurückgekehrt, als ich durchschaut habe, daß man den Boden dieser Nacht von der Erde aus nicht erreichen kann, ohne Trost, mich selbst und das ganze menschliche Geschlecht bedauernd. Lerne an meinem Beispiel: Indem ich die*

Parallelen kennen wollte, blieb ich unwissend, diese haben mir all' die Blumen meines Lebens und meiner Zeit weggenommen. Hier steckt sogar die Wurzel aller meiner späteren Fehler. [...] Glaube mir! und lerne jetzt, schreite vorwärts [...] Es ist unbegreiflich, daß diese unabwendbare Dunkelheit, diese ewige Sonnenfinsternis, dieser Makel in der Geometrie zugelassen wurde, diese ewige Wolke an der jungfräulichen Wahrheit [...] Die Säulen des Hercules stehen in diesen Gegenden, gehe nicht um einen einzigen Schritt weiter, sonst bist Du verloren.[51]

Nun – wie sollte es auch anders sein – der Sohn hält sich nicht an die väterliche Mahnung, beschreitet andere Denkwege als der Vater und entdeckt recht bald eine neue Geometrie. Stolz und freudig schreibt er seinem Vater:

Mein Vorsatz steht schon fest, daß ich, sobald ich es geordnet, abgeschlossen habe und eine Gelegenheit kommt, ein Werk über die Parallelen herausgehen werde; in diesem Augenblick ist es noch nicht herausgefunden, aber der Weg, den ich gegangen hin, verspricht fast gewiß die Erreichung des Zieles, wenn diese überhaupt möglich ist; ich habe es noch nicht, aber ich habe so erhabene Dinge herausgebracht, daß ich selbst erstaunt war [...] jetzt kann ich nichts weiter sagen, nur so viel: daß ich aus Nichts eine neue, andere Welt geschaffen habe. *Alles, was ich bisher geschickt habe, ist ein Kartenhaus zu einem Turme. Ich bin überzeugt, daß es mir nicht minder zur Ehre gereichen wird, als ob ich es entdeckt hätte. Antwort erwartend verbleibe ich Ihr ewig dankbarer und verehrender Sohn Bolyai.*[52]

In diesem Briefwechsel wird besonders deutlich, welche ungeheure Dramatik im Inneren einer Seele sich beim Erkennen und Lernen abspielen kann.

Lernen ist der Urquell der menschlichen, ja der menschheitlichen Entwicklung, und Lernsoftware betrügt den Menschen um diesen Entwicklungsquell, indem sie ihm unausgesprochen zweierlei sagt:

1. Lernen braucht keine Anstrengung. Es ist gleichbedeutend mit Amüsieren. Wenn du dich amüsierst, dann lernst du nebenher, und das reicht.
2. Freude, seelische Befriedigung kommt nicht aus dem zu Lernenden selbst, sondern muß hinzugefügt werden. Der Lernstoff selbst ist uninteressant. So wie bei aufgetauter Tiefkühlkost: Der eigentliche Inhalt ist geschmackslos, deshalb braucht man Geschmacksverstärker und schüttet viel Ketchup darüber.

Dem künftigen Erwachsenen wird durch Lernsoftware der Weg zum wirklichen Lernen erschwert, wenn nicht gar verschlossen.

Denker wie etwa Kant, Fichte, Hegel, Steiner, Fromm oder Anders werden am Leben der erwachsenen Edutainment-Kinder wohl vorbeigehen. Denn die Schriften dieser Menschen setzen eine große innere Anstrengung voraus, um verstanden zu werden. Edutainment erzieht vom realen Leben »weggebildete« – lerndeformierte Kinder. Zukünftige Forscher, die selbständig etwas wirklich Neues finden, werden durch eine Lern-CD-ROM nicht gefördert.

B Internet

Je mehr wir wissen, um so mehr müssen wir denken. Und nicht in der Hoffnung auf big brother in den Computer eingeben, was das Zeug hält. Denken aber – wie lernt man das? HARTMUT VON HENTIG

Schulen ans Netz?

Im April 1996 wurde vom damaligen Bundesbildungsminister Dr. Jürgen Rüttgers und dem Chef der deutschen Telekom in Deutschland die Initiative »Schulen ans Netz« ins Leben gerufen. Die Ziele der Initiative wurden so umrissen:

Die Leistungsfähigkeit unseres Landes wird in der Zukunft davon abhängen, wie effektiv wir mit Informationen umgehen. »Schulen ans Netz« will die Fähigkeit fördern, Schüler für die Informationsgesellschaft vorzubereiten. Zu deren Grundqualifikation gehört die Fähigkeit, vernetzte Computer selbstverständlich, kritisch und produktiv zu nutzen. Durch den Einsatz vernetzter Computer können moderne Konzepte handlungsorientierten Unterrichts entwickelt, SchülerInnen mehr Raum für Eigenaktivität gegeben sowie Schlüsselqualifikationen gefördert werden.[53]

Als Tätigkeiten, die an der Schule neu eingeführt werden sollen, stellt sich diese Initiative vor:

- Versenden und Empfangen elektronischer Post, das heißt die weltweite Kommunikation mit anderen Schülern.
- Gezieltes Suchen von Informationen in Netz-Diensten und Datenbankanbietern, das heißt das kompetente Durchführen von Recherchen.

- Telekooperatives Arbeiten, das heißt das moderierte Arbeiten mit anderen Schülern an einem gemeinsamen Thema.
- Publizieren im Netz, das heißt das Anfertigen und Bereitstellen von Informationsangeboten für andere, zum Beispiel mittels www-Seiten.

Das klingt recht modern, aber genauer betrachtet sind das eigentlich nur »alte Kamellen«, die man in eine technische Form gebracht hat.

- Weltweite Kommunikation mit anderen Schülern hätte man schon vorher haben können. Die Post gibt es schon lange. Warum wird das erst jetzt so wichtig?
- Gezieltes Suchen in Datenbanken – das hätte man schon seit Jahrzehnten wichtig finden müssen. Riesige Bibliotheken haben wir seit langem. Warum wird das jetzt so eilig?
- Das gemeinsame Arbeiten an einem Thema – eine alte Forderung an die Schule und von vielen Reformpädagogen bereits umgesetzt.
- Publizieren im Netz – Warum hat man nicht früher schon gewaltigen Aufwand betrieben, Schüler an das Publizieren in Zeitungen oder sonstigen Medien heranzuführen?

Durch das Internet werden alte Fragen nur neu aufgewärmt. Das einzig Neue ist die Geschwindigkeit, mit der ein Briefwechsel per E-Mail stattfinden oder das Ergebnis einer Recherche gefunden werden kann, und der geringe Preis.

Sicher macht das Internet vieles bequemer. Man kommt sehr viel leichter an aktuelle Berichte oder Informationen heran. Die Recherche über eine Bibliothek würde in vielen Fällen tatsächlich länger dauern – wäre aber nach meiner Erfahrung mit Sicherheit oft gehaltvoller.

Viele Pädagogen haben daher Fragen an die Euphorie, mit der man die Schulen vernetzen will. So wurde im März 1997 in den USA das Ergebnis einer Umfrage unter 6000 Pädagogen veröffentlicht.[54] Es hielten zwar 76% der Befragten das Internet für ein nützliches Forschungsinstrument, aber dennoch meinten 86,6%, daß es den Kindern nicht dabei helfen könnte, in den Prüfungen bessere Leistungen zu erreichen.

Die Betreiber des »Schulforum Schweiz«[55] haben auf ihrer Internet-Seite einen Kommentar über die Initiative »Schulen ans Netz« vorangestellt, der an Deutlichkeit nichts zu wünschen übrig läßt:

> *Schaumschlägerei? Riesengeschäft auf Kosten des Steuerzahlers? Pädagogische Erfüllung? Weg von der Pauk- und Lernschule hin zum automatischen Wissensfluß von einem Tausende Kilometer entfernten Server übers Glasfaserkabel direkt ins Schülergehirn?*
>
> *»Schulen ans Netz« ist ein Thema, das schon viele Zeitungsseiten gefüllt hat – nur wenige davon aber mit Gehalt. Leider wird es als einziges schulisches Thema von der breiten Bevölkerung und den Medien überhaupt wahrgenommen.*
>
> *Das ist bedauerlich! Denn gerade die teuren, reißerisch angepriesenen, mit viel Werbe- und Propagandaaufwand angeleierten Projekte rund um das Thema »Schulen ans Netz« eignen sich wenig, um die Fehler in den Fundamenten unserer Schule aufzudecken und zu zeigen, wo in der Schule der Schuh tatsächlich drückt.*
>
> *»Schulen ans Netz« ist vielmehr ein weiterer Aufgabenbereich, der der Schule aufgedrängt wird – ob sie es nun will oder nicht. Und noch glauben ja viele, mit dem Internet die rapide ansteigenden Leistungsdefizite der Volksschulen beheben zu können. Welch ein Trugschluß!*
>
> *Sie als Surfer im Netz wissen, daß man mit dem Internet nicht lernen kann. Damit sind Sie unseren Politikern und Schulbehörden um einiges voraus! Jene waren schließlich noch nie stundenlang völlig ineffizient online, nur um eine gerade dringend benötigte*

Information im weltweiten Datenmüll zu suchen – ohne auch nur annähernd eine relevante Information zu erhalten.
Stellen Sie sich einmal vor, ein Kind (gerade einmal ein paar Brocken Englisch fähig und mit Schwierigkeiten, die richtigen Buchstaben auf der Tastatur zu finden) müßte »alles« über ein Thema finden [...] oder die Algebra lernen [...] oder Französisch.

Man könnte nun einwenden, daß die Kinder doch lernen müssen, wie man mit der modernen Kommunikationstechnologie umgeht. Dagegen steht die Erfahrung, daß Jugendliche ganz gut lernen, auch ohne Schule mit Computer und Internet umzugehen. Denn die Umgangstechniken sind relativ einfach zu erlernen. Und gerade an dem, *wie* sie dann mit diesen Werkzeugen umgehen, kann man sehr deutlich sehen, daß Schule in der Zeit des Internet eine ganz andere Rolle bekommt, als die Internet-Propheten ihr zuschreiben wollen.

Einige besonders krasse Erlebnisse aus meinem Schulalltag mögen dies verdeutlichen.

www.tod.de

Der siebzehnjährige Schüler S. kommt vor der Mathematikstunde auf mich zu und fragt: »Haben Sie schon mal www.tod.de angeklickt? Das müssen Sie mal machen. Das sind echt geile Seiten, auch über Selbstmord. Da ist genau geschildert, wie man sich richtig umbringt. Da sind auch Fotos von Toten drin mit zerschossenem Schädel und so.«

Als ich einige Tage später im Internet nachschaue, bin ich der 15592. Besucher seit August 1999. Also rund 3500 Besucher pro Monat – wenn man dem Zählwerk trauen kann.

Ich klicke den empfohlenen Link »Wie man sich effektiv erschießt« an und lese dabei unter anderem folgendes:

Spontan wuerde man Brust oder Herz waehlen wollen. Das ist keine allzu kluge Wahl. Zum einen bin ich mir sicher, daß du nicht weisst, wo genau sich dein Herz befindet. Zum anderen sorgt ein durchloechertes Herz nicht fuer den sofortigen Tod. Bis der Sauerstoffgehalt in deinem Blut soweit herabgesunken ist, daß du erstickst, wird es schauderhafte Sekunden oder gar Minuten dauern.
Ideales Ziel ist das Gehirn, genauer gesagt der Gehirnstamm. Er befindet sich am Beginn des Rueckenmarks und steuert viele lebenswichtige Funktionen (Atmung, Herzschlag u. a.); nicht zuletzt ist er Sitz des Bewusstseins. Seine Zerstoerung ist der ultimative Aus-Schalter, du wirst nicht einmal mehr den Knall hoeren!
Bitte setze den Lauf nicht direkt am Hinterkopf an, weil du glaubst, so den Gehirnstamm am direktesten zu treffen. Du verziehst in dieser Waffenhaltung beim Abdruecken garantiert den Lauf. Wesentlich bessere Moeglichkeiten, den Gehirnstamm anzupeilen, sind: auf einer imaginaeren Linie von Ohr zu Ohr vom Auge aus leicht nach unten zielend, vom Mund aus leicht nach oben auf die hintere Rachenwand zielend.
Ein Mundschuss hat den grossen Vorteil, daß du den Lauf der Waffe einigermassen fest justieren kannst, was die Gefahr seitlicher Abzieher minimiert. Andererseits schlaegt dir der hochstossende Lauf beim Schuss die Schneidezaehne aus.
Bevor du vorschnell zur Tat schreitest, informiere dich unbedingt in einem guten Anatomiebuch ueber den genauen Sitz deiner Innereien im Kopf. Uebertrage die Skizze des Gehirnaufbaus auf deinen eigenen Kopf. Vertraust du der Macht deiner Waffe nicht besonders, setze dich vor den Spiegel, stecke dir probeweise den Lauf in den Mund und finde den idealen Winkel. Aber glaub mir, benutzt du eine Flinte, ist die Wahrscheinlichkeit, daneben zu schiessen minimal. Nach einem ausgiebigen Fruehstueck kannst du einmal auf www.rotten.com oder www.justmeat.com anschauen, wieviel von deinem Kopf uebrig bleibt ...[56]

Zwei weitere Links finde ich dabei, die zu den Seiten mit den Fotos hinführen. Eine Fotoserie ist dabei, die angeblich echte Fotos zeigt, wie ein Mann von seiner Ehefrau und ihrem Liebhaber ermordet und zerstückelt wird – mir wird nach den ersten Bildern übel, und ich verzichte darauf, auch den Rest anzuschauen. Diese Fotos hat mein Schüler auch angeschaut, denn die Fotografien der zerschossenen Schädel, von denen er mir erzählte, sind ebenfalls auf dieser Seite zu finden.

Am nächsten Tag wird mir klar, warum mir S. von »www.tod.de« erzählen mußte. Ich selbst bin am nächsten Morgen noch immer so schockiert von den Bildern, daß ich Wege suche, wie ich dieses Erlebnis verarbeiten kann. Mein Schüler hat eigentlich von mir einen Rat gesucht, wie er das im Internet Erlebte innerlich verarbeiten kann – und ich hatte keine Ahnung, was da wirklich in ihm lebte!

Jedem seine eigene Maschine

Zu Beginn einer Freistunde in der Schule. Ein Schüler kommt mit einer provozierenden Frage auf seinen Lehrer zu: »Gott gibt es nicht. Das einzig Wahre auf der Welt ist das Böse!« Eine Gruppe von Mitschülern steht dabei und schaut erwartungsvoll: »Wie reagiert der wohl?« Es war eine fruchtbare Frage, denn es schloß sich mit den Schülern eine lange Diskussion über Gut und Böse und ihr Verhältnis zueinander an.

Einige Tage später brachte einer der Schüler einen Artikel aus dem Internet mit, der für ihn und seinen Freund der Ausgangspunkt für die provokante Frage gewesen war. Es war der Text der Homepage einer amerikanischen Satanistengruppe. Einige Auszüge aus dem Text:

> *Wir wollen statt dessen den zeitgenössischen Satanismus als das sehen, was er wirklich ist: eine brutale Religion des Elitedenkens*

und Sozialdarwinismus, die danach trachtet, die Herrschaft der Fähigen über die Idioten wiederherzustellen, [...]. Das Prinzip des Überlebens der Starken wird auf allen Ebenen der Gesellschaft befürwortet, [...].
Satanisten trachten auch, die Naturgesetze zu unterstützen, indem sie sich darauf konzentrieren, Rassenhygiene zu unterstützen. Dies ist keine exotische Lehre, die in den Gehirnen verrückter Mediziner des dritten Reichs geschlüpft ist. Es ist die Praxis, talentierte und fähige Menschen zu ermuntern, sich fortzupflanzen, um den Genpool zu bereichern, aus dem unsere Art wachsen kann. [...]
Viertens befürworten Satanisten einen neuen Industriezweig, die Herstellung künstlicher menschlicher Partner. Diese Humanoiden werden so realistisch als nur möglich hergestellt und für jedermann erhältlich sein, der sie sich leisten kann. [...]
Schließlich treten wir für die Konstruktion von geschlossenen Miniwelten ein, technologisch auf dem neuesten Stand, theatralisch überzeugend, die im wahrsten Sinne des Wortes Vergnügungsdome und Orte für Spaß und Freude sein sollen.[57]

Es ist frappierend und erschreckend, wie sich unsere gesellschaftlichen Verhältnisse in Richtungen bewegen, die von solch abwegigen »Religionsgruppen« ausdrücklich als ihre Ziele hingestellt werden.

Bewegt man sich ahnungsweise auf den Surfspuren der Jugendlichen im Internet, kann man sich über manche Aussagen von Befürwortern des Online-Lernens nur wundern.

Es gibt ja das Märchen vom interessierten Schüler, dem des Nachts ein mathematisches Problem, eine algebraische Frage, aufstößt und keine Ruhe mehr läßt. Ihm gibt dann das Internet auch mitten in der Nacht eine Antwort auf seine Frage. Also – so wird geschlossen – ist es wichtig, daß jedes Kind über einen Internet-Anschluß verfügt, damit es sich seine Fragen immer dann beantworten kann, wenn es das will.

Das kann schon sein. Es gibt vielleicht auch Schüler, die im Internet nur sinnvoll recherchieren, die brav nur nach rein schulischen Themen Ausschau halten und nach nichts weiter suchen. Das sind meiner Beobachtung nach die Ausnahmen – sozusagen »Raritäten«.

Wenn mir Schüler etwas erzählten oder gar Internet-Ausdrucke mitbrachten, dann von Hacker-Seiten, die zum Beispiel erklärten, wie man umsonst mit fremden Telefonleitungen telefoniert, wie man Sprengstoffe mischt, wie man technische Verbesserungen am PC vornimmt. Die Schüler berichten auch davon, welche Musikdateien sie herunterladen, bei welchen Spielen sie gut sind oder weisen den Lehrer auf so exotische Seiten hin, wie die oben auszugsweise zitierten.

Porno?

Morgens, vor Beginn des Physikunterrichtes, spricht mich der Schüler Z. auffordernd an: »Sie müssen unbedingt mal meine Homepage besuchen. Da sind auch zwei Bilder von unserer Klassenfahrt dabei, wo Sie drauf sind.«

Einige Tage später »besuche« ich seine Homepage. Eine aufwendig gestaltete Seite. Man merkt, daß ein beginnender Profi am Werk ist. Auch ein Werbebanner zur Finanzierung seiner Seite ist eingebaut: Eine nackte Frauenbrust und daneben dickgedruckt: »Porno?« Ich glaube es kaum und klicke den Link an. Tatsächlich, er führt zu einem Pornoanbieter mit »heißen Seiten«.

Auf sein »interessantes« Werbebanner am nächsten Tag angesprochen, entgegnete mir Z.: »Ja, es ist mir ein bißchen peinlich, aber ich hatte vorher die Werbung eines anderen Anbieters – der hat aber nicht bezahlt. Bei diesem Werbebanner krieg ich zwar nur 10 Pfennig, wenn es jemand anklickt, aber ich bekomme das Geld auch. Ich muß ja irgendwie meine Homepage finanzieren.«

Vom Anschauen pornographischer Seiten erzählen die Schüler begreiflicherweise nichts. Aber nach dem, was sie sonst alles in ihrer »Abenteuerlust« anschauen, werden sie diese Seiten nicht unbesucht lassen. Und es existieren tausende von zum Teil wirklich perversen Bildern, die ohne Probleme von jedermann auf den privaten PC geladen werden können.

Es gibt Stimmen, die mit einem gewissen Recht sagen, daß der Anteil der pornographischen Seiten im Internet nur einen geringen Prozentteil darstellen. Das stimmt. Aber dennoch scheinen diese Seiten einen Schwerpunkt des »Netzverkehrs« darzustellen. – Die Zeitschrift »Com!Online« berichtet in diesem Zusammenhang in ihrer Ausgabe vom Juli 1999:

> *Allein 1998 zahlten Onliner in den USA und Europa ohne Murren fast eine Milliarde Mark an Erotik- und Porno-Anbieter. Das sind laut einer Studie des Marktforschers Datamonitor 69 % der Online-Erlöse, die insgesamt mit Abos und kostenpflichtigen Internet-Sites erzielt wurden. Spiele, Sport und Musik sollen aber in den nächsten Jahren aufholen.*[58]

Folgende Statistik wurde abgebildet:

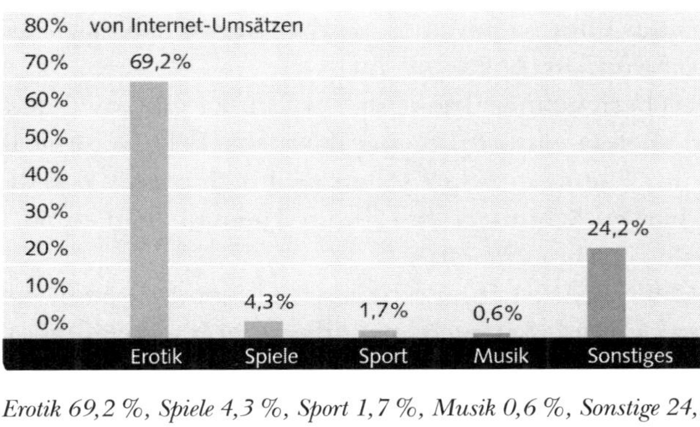

Erotik 69,2 %, Spiele 4,3 %, Sport 1,7 %, Musik 0,6 %, Sonstige 24,2 %

Die Internet-Fahnder nach Kinderpornographie im Münchner Polizeipräsidium schätzen noch ganz andere Zahlen. Hauptkommissar Karlheinz Moewes: »Wir schätzen, daß weltweit monatlich 2,2 Milliarden Dollar mit Sex übers Internet umgesetzt wird.«[59]

Die Computerzeitschrift »Konr@d« gab ihrer Oktober/November-Nummer 1999 die Überschrift: »Hauptsache Sex – Erotik als Motor des Internet«. Ein Titel, der einen wichtigen, wenn nicht sogar den zentralen Aspekt der Internet-Ausbreitung anspricht, dem sich manch ein Jugendlicher sicher nicht entziehen kann.

www.referate.de

Man könnte den Einwand erheben, daß durch solche Berichte das Internet einseitig verteufelt werden soll. Seine Wichtigkeit in pädagogischer Hinsicht stünde aber doch außer Zweifel. Man könne doch unglaublich viel Wissen aus dem Netz ziehen, und das sei doch wichtig.

Sehr wohl – das stimmt durchaus. Viele Schüler suchen für ihre Referatthemen die Informationen im Internet zusammen. Und es gibt etliche, die genau recherchieren und ihre gesamten Informationen so bearbeiten, wie man sich das als Lehrer wünscht. Aber eben nicht alle.

Da berichten Kollegen, daß es Schüler gibt, die hervorragende Referate in schriftlicher Form abgeben. Wenn sie dann über ihr Thema sprechen sollen, stellt sich heraus, daß sie keinen blassen Schimmer von ihrem Thema haben: »www.referate.de« macht es möglich.

Mißtrauische Lehrer schauen bei besonders guten Referaten erst im Internet nach, ob es dort schon vorhanden ist, bevor sie sich intensiver mit der Leistung ihres Schülers oder ihrer Schülerin auseinandersetzen.

Mir selbst passiert es auch hin und wieder, daß ich eine ganze Stunde oder auch mehr im Internet auf den einschlägigen Seiten nach einem bestimmten Referatthema fahnde, nur um sicherzugehen, daß ein besonders gutes Referat eines stillen Schülers oder einer zurückhaltenden Schülerin wirklich selbst verfertigt wurde.

Der Landesverband Erziehung und Wissenschaft in Hessen schreibt in der Zeitschrift »Lehrer und Schule«:

Hausaufgaben im INTERNET

Immer öfter gehen Schülerinnen und Schüler dazu über, ihre Hausaufgaben mit Hilfe des Internets zu lösen. ›Online-Cheating‹ heißt die neue Methode. Angefangen hat alles mit amerikanischen College-Studenten, die ihre Arbeiten im Internet zur Verfügung stellten, um mit Kommilitonen anderer Universitäten ins Gespräch zu kommen. Inzwischen haben deutsche Schülerinnen und Schüler daraus eine besondere Form der Dienstleistung gemacht. Unter www.cheatweb.de bietet ein Schüler aus Celle rund 700 Referate zu unterschiedlichen Themen an. Unter www.cce.or.at/schule/schulothek/deutsch.htm können weitere 200 Referate abgefragt werden. Wer in diesen Sammlungen nicht fündig wird, kann noch unter www.referate.de oder www.schulhilfen.com nachschauen. Das Angebot von www.abi-tools.de ist auf Biologie und Chemie spezialisiert und richtet sich an Abiturienten. Lehrerinnen und Lehrer sind vor diesem Hintergrund aufgerufen, nach geeigneten Methoden zur Kontrolle häuslicher Schülerleistungen zu suchen.[60]

Es geht nicht um eine Verteufelung des Netzes – dazu bin ich selbst von seinen positiven Möglichkeiten zu begeistert. Es liegt mir jedoch daran, auf Erscheinungen und mögliche Tendenzen, die auch im Netz liegen, hinzuweisen. Vor den dunklen Seiten des Netzes dürfen wir nicht die Augen verschließen, besonders, wenn wir Kinder und Jugendliche zu erziehen haben.

In einem Gespräch mit dem Jugendkoordinator des Frankfurter Polizeipräsidiums erzählte ich ihm, daß wir vorhaben, in der Bibliothek unserer Schule einen Internet-Anschluß einzurichten, der auch von Schülern benutzt werden kann. Seine spontane Antwort: »Wenn Sie die Schule ans Internet anschließen, holen sie sämtlichen Schmutz dieser Welt in Ihre Schule.« Er ergänzte dann, daß wir das Internet nicht verteufeln dürften, uns aber über die Gefahren klar sein sollten.

Klüger durch das Internet?

Das Internetmagazin »Com!Online« veröffentlichte im August 2000 eine Statistik, was junge Menschen im Internet tun[61]

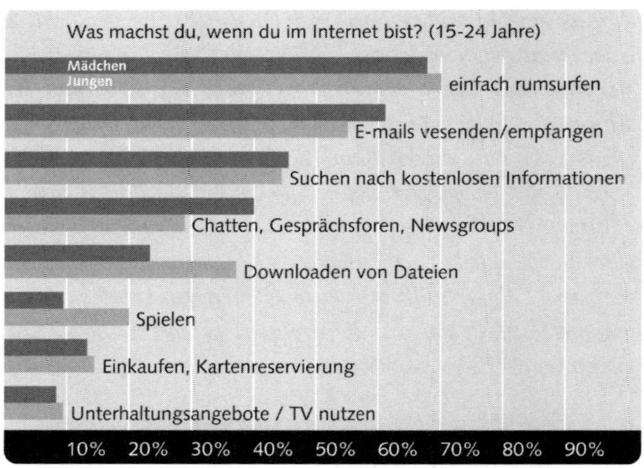

Diese Zahlen bestätigen meine persönlichen Erfahrungen: An erster Stelle steht »einfach rumsurfen«.

Das Wort »Surfen« beschreibt sehr treffend, was man dabei im Netz macht. Ein richtiger Surfer ist jemand, der mit Hilfe eines Brettes auf der Oberfläche einer Wasserwelle reitet. Er wird von der Welle getragen. Was der Surfer in jedem Moment zu verhindern versucht, ist das Eintauchen in die Tiefe des Wassers seiner Welle. Und so ist es auch mit dem Internet-Surfen. Es ist vergleichbar mit dem unverbindlichen Blättern in einer Illustrierten. Auch da »surft« man ja meist nur über die Seiten. Hier und da wird etwas angeschaut. Aber bei keinem Thema geht man in die Tiefe. Man läßt sich von den Bildern und den möglichst kurzgehaltenen Texten der Illustrierten unterhalten.

Ebenso ist es beim Internetsurfen. Neugierig springt man von einer Seite zur anderen und schaut sich an, was es so alles im Netz gibt.

Lernt man dabei etwas? Durchaus, eben so viel, wie man auch beim Blättern im Illustriertenwald lernen kann – oberflächliche Informationen.

Richtiges Lernen heißt aber, etwas gründlich zu studieren und in die Tiefen eines Themas einzudringen. Wirkliches Lernen im Internet fängt da an, wo das Surfen aufhört. Und selbständiges Denken beginnt da, wo das assoziative Herumsuchen im Informationssalat aufhört.

E-Mail

E-Mail ist praktisch – außerordentlich praktisch. Daran kann nicht der geringste Zweifel bestehen. In Windeseile ist eine Nachricht nach den USA oder Kenia oder sonst wohin versandt. Und am gleichen Tag kann die Antwort da sein. Den Text eines ganzen Buches kann man als Anhang zugleich mit der E-Mail mitschicken. Gut.

Aber bei einem solch starken Werkzeug ist immer auch die Frage, wie diese Möglichkeit genutzt wird?

Wir beeilen uns sehr, einen magnetischen Telegraphen zwischen Maine und Texas zu konstruieren, aber Maine und Texas haben möglicherweise gar nichts Wichtiges miteinander zu besprechen. [...] Wir beeilen uns, den Atlantischen Ozean zu durchkabeln, um die alte Welt der Neuen ein paar Wochen näher zu rücken; vielleicht lautet aber die erste Nachricht, die in das große amerikanische Schlappohr hineinrinnt: Prinzessin Adelheid hat den Keuchhusten.[62]

Was der amerikanische Kulturkritiker Henry D. Thoreau 1854 über die Telegraphenverbindungen sagte, hat über eineinhalb Jahrhunderte hinweg seine Aktualität erhalten: Was haben wir uns über E-Mail zu schreiben? Wie viel Nonsens rinnt wohl stündlich in Form elektrischer Impulsfolgen durch die »elektrischen Adern« des Netzes? Wie viel würde davon noch übrig bleiben, wenn man nur die wirklich sinnvollen elektrischen Briefe zählen wollte?

Dasselbe gilt für die Chat-Kanäle und vielen Newsgroups, in denen man sich über alle möglichen Themen schriftlich austauschen kann. Wie viel Zeit wird damit zugebracht, Nachrichten zu schreiben und zu lesen. Und wie viele davon sind eigentlich wesentlich?

Suchen und Finden

»Noch nie war Lernen so einfach: Im Internet ist das Wissen der Welt nur einen Mausklick entfernt.« So der erste Satz eines Artikels über Online-Lernen.[63]

Wie sieht die eigene Erfahrung aus?

Geht man mit Suchmaschinen auf die weltweite Internetsuche, dann ertrinkt man zuerst in den vielen Verweisen, die sich zum größten Teil als sinnlos herausstellen. Gezielt etwas zu suchen, ist tatsächlich oft die Suche nach der berühmten

Stecknadel im Heuhaufen. Gewiß, die Wahrscheinlichkeit, die Nadel in der Nähe des Bodens zu finden ist größer, also sucht man zuerst da. Genauso gibt es auch Strategien, wie mit der Suchmaschine die gesuchte Stelle eingekreist werden kann. Wenn man Glück hat, wird man auch fündig.

In einem Zeitungsartikel finde ich zum Beispiel den Verweis auf eine Untersuchung einer amerikanischen Universität. Es ist nur der Name der Universität genannt und was ihr Ergebnis war. Also versuche ich, im Internet den Text dieser Untersuchung zu finden. Der richtige Universitätsrechner war bald gefunden – aber nicht die Untersuchung. Nicht der geringste Verweis war auf den Seiten der Universität zu finden. Nach mehr als zweistündiger Suche gab ich entnervt auf.

Einige Zeit später fand ich durch Zufall in einem Buch dieselbe Untersuchung erwähnt, diesmal mit Quellenangabe. Eine amerikanische Zeitung wurde genannt. Also wieder mit Hilfe der Suchmaschine den Artikel gesucht und auch recht schnell gefunden. Da zeigte sich das Internet mit seinen Möglichkeiten von seiner wirklich praktischen Seite. Aber ich konnte den gefundenen Artikel nicht auf meinem Rechner anschauen – er war gebührenpflichtig. 1,50 $ sollte das Lesen dieser relativ kleinen Meldung kosten. Da ich den Artikel unbedingt lesen wollte, unterzog ich mich der automatischen Anmeldungsprozedur auf dem Computer im fernen Amerika, bei der unter anderem auch meine Kreditkartennummer abgefragt wurde. Schweren Herzens ging ich auch dieses Risiko ein. Dann hatte ich endlich den lange gesuchten Artikel. Für einen zweiten Artikel von einer anderen amerikanischen Zeitung wurden gleich 1,85 $ verlangt. Vorher mußte ich auch dort eine ähnliche Anmeldungsprozedur absolvieren, ehe ich den gewünschten Artikel lesen konnte.

Also mußte ich für das Lesen von zwei gewöhnlichen Zeitungsartikeln fast 7 DM bezahlen – ohne die Kosten für die Netzverbindung zu zählen! In Deutschland ist es nicht viel besser. Für die Recherche in einer deutschsprachigen Zeitungsdatenbank zahlt man bei den meisten Dokumenten fast 4 DM, bei manchen sogar mehr.

Es sind außerordentlich viele Informationen im Internet zu finden, daran besteht kein Zweifel. Und bevor ich in eine Bibliothek gehe, schaue ich immer zuerst im Netz nach, was dort vorhanden ist, und finde recht häufig eine erste Information, die mich bei einer Recherche weiterführt.

Aber viele Informationen sind im Netz nur für diejenigen zu erhalten, die Geld haben. Diese Tatsache können auch die lobenswerten Versuche, Schülern und Studenten kostenlose Zugänge zu Datenbanken zu verschaffen, nicht verschleiern. Andererseits sind die Informationen, die die Schüler wirklich brauchen, zum größten Teil bereits in Lehrbüchern vorhanden. Was zusätzlich vielleicht noch gebraucht wird, ist verhältnismäßig wenig.

Was so euphorisch als das Lernen der Zukunft gepriesen wird, hat als Kehrseite, daß irgendjemand damit Geld verdienen kann. Und wenn Geld im Spiel ist, sind auch starke wirtschaftliche Interessen im Spiel. Online-Lernen in der Schule öffnet sie zugleich handfesten wirtschaftlichen Interessen: Die Computer müssen von jemandem bezahlt werden, die Online-Gebühren müssen aufgebracht werden und so weiter.

Das Lernen in der Schule droht zur handelbaren Ware umgewandelt zu werden.

Zeit sparen?

»Etwa 60 Prozent des Unterrichts an deutschen Schulen ist hinsichtlich der von der Schule selbst angestrebten Lernziele bloße Zeitverschwendung.«[64]

Dieses Problem glaubt man nun durch den Einsatz von Lernmaschinen beheben zu können: »Wenn das Lernen am

Computer und in der Form der Partnerarbeit in kürzerer Zeit zu besseren Lernresultaten führt, wird Zeit gewonnen.«[65]

Das klingt sehr schön.

Hört man aber in solche Sätze tiefer hinein – wie Günther Anders immer wieder angeregt hat –, dann verbirgt sich dahinter eine massive Lehrerschelte: Lehrer sind generell unfähig, einen guten Unterricht zu halten. Versteckte Lehrerhäme, ja eigentlich ein Menschenhaß liegt in solchen pauschalen Sätzen: »Was ihr Lehrer macht, ist zu zwei Dritteln bloße Zeitverschwendung. Ihr menschlichen Lehrer seid eine reine Zeitvergeudung.« Als Lösungsvorschlag wird die Maschine angeboten, die in kürzerer Zeit alles viel besser machen soll. – Ist dem wirklich so?

Jeder, der mit Computern umgeht, wird recht bald bemerken, daß diese sehr viel Zeit fressen können. Dies fängt beim einfachen Briefeschreiben schon an. Wenn ich früher auf meiner einfachen Schreibmaschine einen Brief schrieb und am Ende einen Fehler entdeckte, korrigierte ich diesen schnell mit der Hand und schickte den Brief ab. Finde ich in dem mit meinem PC geschriebenen Brief einen Fehler, dann korrigiere ich selbstverständlich diesen Fehler in der Maschine und lasse neu ausdrucken. Meistens finde ich dann noch einen zweiten Fehler, oder die Blattaufteilung gefällt mir noch nicht ganz und so weiter. Also wird solange am »Layout« gefeilt, bis alles perfekt ist. Die Versuchung, einen »perfekten« Brief zu schreiben, wird durch den PC sehr groß – und das kostet Zeit.

Im Schulunterricht kommt durch den Einsatz von Computern in jedem Fall die ganze Palette von Problemen und Defekten hinzu, die Maschinen haben können. PCs sind in der Schule harten, je nach Klasse sogar sehr harten Belastungsproben ausgesetzt, was ihren Einsatz tückisch werden läßt. Der eine PC etwa geht erst gar nicht an, beim nächsten stürzt das Programm immer wieder ab, und beim dritten haben findige

Schüler an der Software pfiffige Änderungen vorgenommen. Das verzögert den Unterricht und nimmt Zeit in Anspruch.

Verfügen die Computer auch noch über einen Internet-Anschluß, dann wird es noch schwieriger, einen Unterricht zu machen, der diesen Namen noch verdient. Die Versuchung, schnell mal in andere als die geforderten Seiten hereinzuschauen oder neben dem Unterricht zu chatten, ist groß und vom Lehrer nur schwer zu kontrollieren, es sei denn, er verfügt über eine Technik, mit der man alle Rechner zentral überwachen kann.

Wo die Probleme liegen werden, zeigt sich langsam auch schon in einzelnen hier und da veröffentlichten Berichten.

> *Zum Problem wird künftig allerdings nicht nur die illegale Nutzung des Computers im Unterricht, sondern auch die legale: Das Surfen im Internet dauert oft ziemlich lange, zum Beispiel in Erdkunde bei Herrn Zink. Thema: »Wetter und Klima in Deutschland«. Nachdem die Klasse bei www.wetterzentrale.de angekommen und von dort auf »Aktuelles Wettergeschehen« gelangt ist, haben nach ein paar Minuten lediglich sechs von 21 Schülern ein komplettes Satellitenbild auf ihrem Display.*
> *»Was ich heute in einer Stunde gemacht habe, schaffe ich ohne Computer in zehn Minuten«, sagt der Landauer Erdkundelehrer. Und auch für die 17-jährige Ingrid wird die Zeit zum Problem: Sieben Minuten vor Unterrichtsende hat sie es endlich geschafft, ihren abgestürzten Handheld wieder zum Laufen zu bringen.*[66]

Im Umgang mit der Maschine und erst recht mit der Weltmaschine Internet steckt immer die Gefahr darin, daß man sehr viel mehr Zeit damit zubringt, als man eigentlich vorhatte. Das ist für eine Arbeitsökonomie verheerend und zeigt sich auch schon im Wirtschaftsleben, wo die ersten Berichte darüber erscheinen, daß Angestellte und auch Manager zu viel Zeit im Netz vergeuden. Man bemerkt langsam, daß der Internetanschluß auch eine sehr unwirtschaftliche Seite hat.

Der Umgang mit diesem machtvollen Rechercheinstrument fordert eine eiserne Selbstdisziplin. Wo wird das geschult?

Am Rechner selbst geht das nicht. Man erwirbt sich ja auch beim Autofahren keine Laufkondition. Wo lernt und übt man Selbstdisziplin? Wo und wann lernen unsere Kinder, wie man sich selbst erzieht?

C Schule

Schule ist Vergewaltigung! Aber eines Tages werden wir euch dafür dankbar sein. Keine Sorge.
GRAFFITI AN DER HAUSWAND EINER SCHULE IN FRANKFURT/M.

Der Sog

In den Sog der schnellen Entwicklung der Informations- und Kommunikationstechnologien sowie der explosionsartigen Ausbreitung des Internets sind nun schon seit einigen Jahren auch die Schulen geraten. Ehrgeizige Ziele werden von einzelnen Staaten angestrebt, um Schulen mit modernster Computertechnik auszustatten. In den USA sollte bis zum Jahr 2000 jedes Klassenzimmer an das Internet angeschlossen sein. Frankreich wollte jede Schule bis 2000 wenigstens mit einem Netzzugang versehen. Der englische Premierminister Tony Blair verkündete im Wahlkampf eine gleiche Absicht. Die Schweiz will dieses Ziel bis zum Jahr 2001 erreicht haben.

Kein Wunder, wenn der frühere deutsche Bildungsminister Rüttgers erklärte, daß die 1996 begonnene Initiative »Schulen ans Netz« eine »Notmaßnahme« sei, »weil unsere Schulen wieder einmal ins Abseits zu geraten drohen.«[67]

Selbst in Zeiten knapper Kassen werden weltweit riesige Summen, Millionen, ja Milliardenbeträge (USA) freigesetzt, um Schulen mit Computern, Computerprogrammen und Internetanschlüssen zu versorgen. Um Raum und Gelder freizubekommen, funktioniert man in etlichen Schulen Musik- oder Werkräume in Computerräume um. Die entsprechenden Unterrichte werden aus dem Stundenplan gestrichen

In Deutschland verkündete am 30. Juli 1999 die Telekom auf einer ihrer Internet-Seiten, daß zum neuen Schuljahr in der vierten Förderrunde der Aktion »Schulen ans Netz« 2000 weitere Schulen einen Zugang zum Internet erhalten werden. Damit waren im Schuljahr 1999/2000 14 500 deutsche Schulen angeschlossen und prinzipiell in der Lage, das weltweite Computernetz für den Unterricht einzusetzen.

Auf einer Preisverleihung an Schulen, die die besten Web-Seiten zum Thema Bundestagswahl 98 konstruiert hatten, versprach Bundeskanzler Gerhard Schröder im Beisein von Bill Gates, daß bis zum Jahr 2001 allen 44000 Schulen in Deutschland ein Internet-Zugang zur Verfügung stehen solle. Auf der Computer Fachmesse Cebit sagte er zum Einsatz von Kommunikationstechnologie im Klassenzimmer: »Ich werde mich persönlich darum kümmern.«[68] Allenthalben wird also die Versorgung der Schulen mit modernster Computertechnologie zur Chefsache der Spitzenpolitiker erklärt.

Euphorische Erwartungen

Die Medien machen freiwillig eine kostenlose Werbekampagne mit. Da werden in den höchsten Tönen enorme Erwartungen und Versprechungen publiziert. Eine Auswahl sei vorgestellt:

Der Computer gibt den Kindern ungeheure Möglichkeiten, kreativ zu sein: Sie können mit ihm Musik machen, schreiben, zeichnen, kommunizieren oder einfach nur spielen. Er fasziniert und motiviert sie mehr, als viele Lehrer es vermögen.[69]

Oder: »Wir brauchen ein Mittel, um individuell und gleichzeitig ökonomisch unterrichten zu können. Computer sind so ein Mittel.[70]

Über die neue Telekommunikationskultur wäre es möglich, daß in alle Haushalte interaktive Lernprogramme auf den heimischen Bildschirm gelangen können. »Wissen käme einfacher in jede Wohnung als je zuvor, gleichzeitig wäre es dank interaktiver Aufbereitung einfacher zu erwerben als in überfüllten Schulen durch überlastete Lehrer und spröde Lernbücher.«[71]

In einem Sonderdruck der sich besonders an junge Mütter richtenden Familienzeitschrift »Familie & Co.« vom Oktober 1997 steht als erster Satz in einem Artikel mit dem Titel: »Multimedia für Mama«: »Computer für die Hausfrau? Ja, unbedingt! Gerade zu Hause können moderne Rechner eine unentbehrliche Hilfe sein. Für Job, Kinder, Heim und Freizeit ...«

Daneben ist ein großes Foto abgebildet: Eine glücklich lachende Mutter mit einem ebenso glücklichen Mädchen, etwa im Grundschulalter, auf einen PC-Monitor schauend. Darüber als Bildlegende: »Pauken am Bildschirm. Wenn es in der Schule mal nicht so läuft: ›Nachsitzen‹ am Computer – das macht Müttern und Kindern Spaß. Trockener Lehrstoff ade.«[72]

Sekundiert werden solche euphorischen Hoffnungen durch »fachwissenschaftliche« Kommentare: »Der Computer erlaubt ungestraftes Fehlermachen. Das steigert die Motivation. Deshalb lernen Kinder mit einem Computer schneller und effektiver, sie werden reaktionsschnell und kreativ.«[73] Es ist daher kein Wunder, wenn als Zukunftsaussicht auch verkündet wird:

Vielleicht werden sich also Lehrer und Schüler in Zukunft, wenn überhaupt, nur noch zum Erlernen von Sozialkompetenz treffen. Die eigentliche Wissensvermittlung findet dann in einem »virtuellen« Klassenzimmer statt. Schüler und Studenten nutzen dazu weltweite Datennetze, um Ergebnisse zusammenzutragen oder Erfahrungen auszutauschen.[74]

Es herrscht kein Zweifel, gegenwärtig wird mit großer Anstrengung auf das Ziel »Schüler und Lehrer im virtuellen Klassenzimmer« hingearbeitet.

Die Begründung

Es ist nicht einfach, inmitten dieser ungeheuren »Computer- und Internet-Euphorie« einerseits und der Angst um den zukünftigen Wirtschaftsstandort andererseits auf gründliche und wohlüberlegte Begründungen für den Einsatz des Computers in der Schule zu stoßen.

Selbst in einem Buch, das sich speziell an Lehrer wendet, nimmt die Frage »Warum Internet?« nur etwas mehr als eine (!) Seite ein, auf der aber nichts anderes als ein kurzer geschichtlicher Abriß der Entstehung des Internets abgehandelt wird.[75] Er endet mit den Worten: »Das Internet erlaubt damit einen neuartigen und offenen Zugang zum internationalen Informationsangebot. Es muß Gegenstand unserer zukünftigen Allgemeinbildung und somit auch Thema für Lehrerinnen und Lehrer, Schülerinnen und Schüler sein.«[76] Auf den übrigen 170 Seiten wird detailliert geschildert, wie Internet funktioniert und wie man es in der Schule am besten nutzen kann.

Lediglich aus verschiedenen Zeitschriftenartikeln und Veröffentlichungen läßt sich der hinter solchen Überlegungen stehende Grundgedanken herausfiltern. Das Begründungsschema ist etwa das folgende:

- Unsere Kultur steht weltweit in einem Umbruch. Aus der Industriegesellschaft wird eine Wissensgesellschaft. Der »Rohstoff« Information löst sich von seiner örtlichen und zeitlichen Gebundenheit und steht durch die neuen Medien weltweit zur Verfügung. »Ein riesiges Wissensmeer entsteht.«[77] Neue Informationstechnologien entstehen, die die Wirtschaft in hohem Maße bestimmen werden. »Das Überleben in der Wissensgesellschaft mit dem wichtigsten Produktionsfaktor Information und die Internationalisierung der Wirtschaft erfordern den Einsatz von Internet.«[78]
- Also hängen die späteren persönlichen Zukunftschancen eines Kindes davon ab, ob es mit einem Computer und dem Internet umgehen kann. »Medienkompetenz« ist eine »Schlüsselqualifikation« für das spätere Berufsleben. Aber nicht nur die individuelle Zukunft, sondern auch die des jeweiligen Wirtschaftsstandortes hängt von der Medienkompetenz der Menschen ab.
- Ergo hat die Schule diese Kompetenz zu vermitteln. »Vom ersten Schuljahr an muß im Unterricht Medienkompetenz aufgebaut beziehungsweise vermittelt werden«, wie es im fachpädagogischen Konzept des »Schulen ans Netz e.V.« heißt.

Dieses Begründungsschema hat etwas suggestiv Einleuchtendes. Liegt ihm doch der einfache Gedanke zugrunde, daß eine Fertigkeit des Erwachsenenalters unbedingt im Kindesalter angelegt sein muß.

Dieser Gedanke ist aber nicht wirklichkeitsgemäß, denn niemand käme beispielsweise auf die Idee, daß der Umgang mit dem Auto schon im ersten Jahr der Grundschule gelehrt werden müsse, damit der spätere Erwachsene auch gut Auto fahren könne. Man wartet selbstverständlich auf die Vollendung des achtzehnten. Lebensjahres, weil dann die menschliche Reife da ist, um mit diesem gewaltigen Werkzeug »Auto« verantwortungsvoll umgehen zu können. Die Bedienung eines Autos – das wissen wir alle – ist innerhalb weniger Wochen zu erlernen.

Was für das Auto, das Telefon, überhaupt für alle Geräte unseres alltäglichen Lebens gilt, gilt selbstverständlich auch für den Computer. Die PC-Programme werden immer einfacher und sind vor allem intuitiv zu bedienen. Da braucht es kein lebenslanges Studium, sondern nur einige Tage oder gar Stunden, um die neueste Software handhaben zu können. Von der Sache her ist der PC nichts anderes als ein neues Werkzeug, dessen Verständnis und dessen Bedienung einmal so einfach sein wird wie diejenige eines Fernsehers oder Telefons.

Warum also dieses Drängen, daß der Computer möglichst früh in den Schulen eingesetzt werden soll? Sachlich kann man da eigentlich nur noch von einer kollektiven Hysterie sprechen. Es lebt in vielen Menschen eine untergründige Zukunftsangst. Wir stellen uns eine maschinelle Zukunft vor, die die Menschen aus dem Arbeitsleben verdrängt. »Nur die Besten werden überleben und einen Arbeitsplatz haben.« Wir haben Angst vor einem vermeintlichen Kampf ums Überleben. Wir sorgen uns um den Erhalt des gegenwärtigen Wohlstandes und glauben, ohne Computerfrüherziehung ins Hintertreffen zu geraten. Es wirkt die Sorge – vor allem bei Eltern –, daß ihre Kinder später einmal keinen Arbeitsplatz finden könnten, wenn sie nicht über die Fertigkeit verfügen, mit einem Computer umzugehen.

Auf der anderen Seite lebt die euphorische Hoffnung, man könne die gegenwärtigen Schulprobleme durch Einsatz von Technik bewältigen. Man beobachtet die Faszination der Kinder durch den Computer und glaubt dadurch, ein neues Medium zu haben, durch das die Schule neue pädagogische Impulse erhalten kann. Der Computer soll unsere Schulmisere beheben.

Hinter der Computer- und Interneteuphorie steht – weniger lautstark, aber dafür sehr triebkräftig – bei einer kleinen Gruppe von Menschen die Hoffnung auf gigantische Gewinne und damit Macht. Denn wie der frühere amerikanische Präsident Bill Clinton an nicht zu überbietender Deutlichkeit formuliert hat, soll der Einsatz des Internet dem Sieg im »ökonomischen Weltkrieg« dienen.[79]

Erfahrungen der Vergangenheit

Euphorische Aussprüche über die fantastischen Möglichkeiten neuer technischer Medien sind nichts neues. Jede Generation hat das einmal erlebt. Jedesmal nach dem Auftreten eines neuen Mediums gab es Stimmen, die die pädagogische Bedeutung dieses technischen Mediums in den höchsten und euphorischsten Tönen anpriesen.

Als zum Ende des 19. Jahrhunderts der Kinematograph, das Kino in der Menschheit Einzug hielt (1890 in England, 1894 in Rußland, 1895 in Deutschland), war recht bald folgende Stimme zu vernehmen:

> *Alle diese Vorteile werden den kinematischen Apparat zu einem der wertvollsten Unterrichtsmittel der Zukunft machen. Ja, ich kann mir eine gänzliche Umwälzung des Unterrichtsbetriebs denken, wenn sämtliche Schulen ohne Ausnahme ihren kinematischen Apparat zur Verfügung haben.*[80]

In Amerika gab Thomas Edison ähnliche Prophezeiungen. 1913 versprach er: »Bücher werden in den Schulen demnächst überflüssig sein. [...] Schüler werden bald durch das Auge unterrichtet. Es ist möglich, jeden Bereich des menschlichen Wissens durch den Film zu erfassen.«[81] Und auch 1922 wiederholte er: »Ich bin überzeugt, daß der Film dazu bestimmt ist, unser Erziehungssystem zu revolutionieren und daß er in wenigen Jahren größtenteils, wenn nicht gänzlich den Gebrauch der Lehrbücher überflüssig machen wird.«[82] Und in der Tat entsteht nach dem Ersten Weltkrieg die Schulfilmbewegung, die die Entwicklung von Lehrfilmen fördert.

Wenige Monate, nachdem in Deutschland am 29. Oktober 1923 der regelmäßige öffentliche Radio-Programmdienst aufgenommen wurde, werden auch schon die ersten Schulfunksendungen ausgestrahlt. Hans Bredow, der Vater des deutschen Rundfunks, spricht sich auf einer Tagung des »Zentralinstitut für Erziehung und Unterricht« in Berlin über die großartigen pädagogischen Möglichkeiten des Rundfunks aus:

> *Am wichtigsten aber erscheint die Bedeutung des Rundfunks für das Familienleben. Gerade in Arbeiterkreisen mehren sich die Stimmen, die den Rundfunk als einen Segen für die Familie bezeichnen. Die Mütter sind tiefinnerlich glücklich darüber, daß es ihnen mit Hilfe des Rundfunks gelingt, die heranwachsenden Kinder zu Hause und von den verderblichen Einflüssen der Straße und der Vergnügungssucht fernzuhalten.*[83]

Jenseits des Alantiks gab es gleiche Stimmen – etwa die von Benjamin Darrow:

> *Das zentrale und beherrschende Ziel der Erziehung durch das Radio ist es, die Welt ins Klassenzimmer zu holen, weltweit die Leistungen der besten Lehrer, die Ideen der bedeutendsten Persönlichkeiten verfügbar zu machen […], und das Weltgeschehen soll durch das Radio als ein herausforderndes und erregendes Lehrbuch der Luft dargeboten werden.*[84]

Und noch 1945 wird diese Meinung unterstützt vom Direktor der »Cleveland public school's radio station«, William

Levenson, der voraussagte, es werde die Zeit kommen, wo ein tragbarer Radioempfänger so selbstverständlich im Klassenzimmer sei wie eine Tafel.

Im Rückblick auf das Ende der 50er und Anfang der 60er Jahre, in denen mit dem Aufkommen der ersten Computer das programmierte Lernen mit Lernmaschinen in Mode kam, sagte der Psychologe Burrhus Frederic Skinner: »Ich war schon bald der Auffassung, daß mit Hilfe von Lernmaschinen und programmiertem Unterricht Schüler zweimal so viel in der gleichen Zeit und mit demselben Arbeitsaufwand wie im herkömmlichen Unterricht lernen.«[85]

Wiederum eine Generation später wirbt Bill Clinton für »eine Brücke ins einundzwanzigste Jahrhundert [...], in dem Computer so selbstverständlich Teil des Klassenzimmers sind wie bisher die Wandtafel.«[86]

Was aus diesen Voraussagen geworden ist, ist allgemein bekannt. Die Diskussion um das programmierte Lernen ging sang und klanglos wie eine Modeströmung unter. Es war einige Jahre in der Diskussion, füllte regalweise die Bibliotheken und ward dann still beiseite gelegt.

Die verheerenden Folgen der Unterhaltungsmedien, vor allem des Fernsehens, erleben wir radikal und bestürzt.

Was die Computererziehung wahrscheinlich bewirken wird, zeigt, wie aus der Ferne wetterleuchtend, die bereits besprochene Untersuchung der Alfred University. Studenten, die das Internet zu intensiv nutzten, scheiterten in den Prüfungen mit einer höheren Wahrscheinlichkeit als ihre Kommilitonen und verfehlten dadurch den Universitätsabschluß.[87] Man hat mit der Einführung des PCs in die Büros das papierlose Büro versprochen. Man prophezeite, mit dem Einsatz von Computern und der Speicherung der Daten auf elektromagnetischen Datenträgern würde das Papier überflüssig werden. Man prognostizierte, daß der Papierverbrauch mit der Einführung des PCs sich drastisch senken würde.

Die Realität sieht inzwischen völlig anders aus: Der Papierverbrauch ist wesentlich gestiegen! Denn kaum jemand hat Vertrauen in die elektronische Speicherung und druckt deshalb jede wichtige E-Mail, jedes wichtige Dokument auf Papier aus. Die zunehmende elektronische Speicherung wird begleitet von einem zunehmenden Papierverbrauch – entgegen allen Prognosen.

Den Voraussagen und Versprechungen gegenüber Multimedia und Internet im Klassenzimmer kann und muß ebenfalls mit größter Aufmerksamkeit und Vorsicht begegnet werden. Denn die größten Propheten des Internet sind vor allem Nichtpädagogen. Leute also, die wenig oder gar nichts von Pädagogik verstehen.

Computer, Fernsehen und Familienleben

Man verkaufte das Medium Fernsehen, als es den Markt eroberte, mit der Anpreisung, es würde die Familie wieder neu zusammenführen. Ebenso wurde vorher schon das Medium Radio in den 20er Jahren gelobt. Und genauso preist man heute wiederum des Medium Computer als Chance für eine Renaissance der Familie.

In einer Familienzeitschrift, die sich vor allem an junge Mütter wendet, heißt eine Überschrift: »Wir begrüßen ein neues Familienmitglied: Hallo Computer«. Dazu ein schönes idyllisches Bild: Die Familie rund um den neuen PC mit der Bildunterschrift: »Ein fast alltägliches Bild im Hause Kerkhoff: Einer sitzt am Pentium 200, der Rest der Familie staunt – und wartet. Fürs Foto diesmal aber nicht in der Warteecke ...« Und die Mutter wird mit den Worten zitiert: »Der Computer ist aus unserem Hause nicht mehr wegzudenken. Aber die Kommunikation in der Familie leidet nicht unter dem PC. Im Gegenteil. Mit ihm zu arbeiten ist Kommunikation, denn wir sitzen alle gemeinsam davor.«[88] So die »Medienrealität« in einer Zeitschrift – und wie sieht es in der Wirklichkeit aus?

Da erzählen ratlose Eltern, daß der Sohn in seinem Zimmer vor seinem PC sitzt und von seinen Computerspielen nicht abzubringen ist. Der Vater möchte mit ihm etwas unternehmen, würde gern mit seinem eigentlich sportlichen Sohn einen Fahrradausflug unternehmen, aber er bekommt nur die genervte Antwort: »Laß mich gefälligst in Ruhe«

Versuche der Eltern, den exzessiven Umgang mit dem PC auf ein vernünftiges Maß einzuschränken, enden jedesmal in einem heftigen Streit.

Ein anderer Schüler erzählt stolz, er habe mehrere hundert Computerspiele zu Hause und habe alle durchgespielt und beherrscht. Wer sich einmal an ein solches Spiel herangetraut hat, weiß, wie lange es dauert, bis man ein solches Spiel beherrscht. Sind das Einzelfälle? – Wahrscheinlich nicht.

Erinnern wir uns noch einmal, wie das Fernsehen seinen Einzug in die bundesdeutschen Haushalte genommen hat. Da konnte man auch zuerst sagen, daß das Fernsehen die Familien wieder vereint. Alle haben gemeinschaftlich vor dem Apparat gesessen. Die Bekannten und Freunde kamen zu Besuch, wenn es interessante Sendungen im Fernsehen gab. Das kommunikative Element war durchaus vorhanden. Aber die Menschen trafen sich nicht, weil sie sich für die anderen Menschen interessierten, sondern weil man gemeinsam an der Maschine interessiert war.

Diese Art der Gemeinsamkeit löste sich deshalb nach wenigen Jahren auf, als mit steigendem Wohlstand jeder seinen eigenen Fernseher hatte.

Dasselbe wird auch für den Computer gelten. Die gemeinsame Privatheit zerfällt durch ihn genauso, wenn nicht noch mehr, wie durch den Fernseher. Ein starkes Symptom für den Zerfall ist, wie schon beschrieben, die Einrichtung der Wohnzimmer.[89]

Günther Anders hat dies pointiert charakterisiert: Die Familie wird mit dem Fernseher zum Publikum en miniature. Das Wohnzimmer wird zum Zuschauerraum, und das eigene Heim zum Kino. »Das unbewußte Ziel ihrer letzten Gemeinsamkeit ist also deren Erlöschen.«[90]

Der Computer verstärkt diese Tendenz noch weiter. Bei einer »Computersession« ist die Richtung nicht mehr parallelisiert, sondern sogar herumgedreht, nach außen – jeder vor seinem eigenen PC und mit dem Gesicht zur Ecke.

Kampf um den Markt »Schule«

Der massive Medienkonsum hat einen starken Einfluß auf Kinder und Jugendliche. Auch wenn es zu einseitig ist, nur dem Medienkonsum die Probleme in Schule und Erziehung anzulasten, so werden das Fernsehen und die Computerspiele ihren großen Anteil daran haben. Die Fähigkeiten der Kinder, Inhalte des Schulunterrichtes selbständig und kreativ aufzunehmen, sind in den letzten zehn Jahren jedenfalls erschreckend schnell geschwunden.

So überprüft zum Beispiel die Industrie- und Handelskammer im Main-Kinzig-Kreis seit 1970, welche Fähigkeiten junge Menschen in Rechtschreibung und Mathematik für das Berufsleben mitbringen. Damals war diese Maßnahme nur dazu gedacht, Schwächen einzelner jugendlicher Berufsanfänger zu finden, um gezielt Hilfe anbieten zu können.

Seit einiger Zeit ist dieser jährliche Test ein Indikator für die nachlassenden Fähigkeiten der Jugendlichen, die ins Berufsleben eintreten. 1999 wurde von 740 Freiwilligen ein Test geschrieben, der mit dem von 1994 und 1989 identisch war. Damit konnte die IHK einen direkten Vergleich anstellen.

1989 erhielten 47,6% der Teilnehmer in Rechtschreibung die Bewertung »gut« oder »sehr gut«. 1994 waren es noch 46,2% und 1999 fiel diese Zahl auf 34,4%. In den mathematischen Fähigkeiten war die gleiche Entwicklung zu beobachten. Der Anteil der guten und sehr guten Ergebnisse ging von 20,8% (1989) über 16,1% (1994) auf 11,2% (1999) zurück. Die mangelhaften und ungenügenden Arbeiten stiegen dagegen von 19,6% (1989) auf 27,2% (1999). Ein Sprecher der IHK in Hanau kommentierte diese Ergebnisse mit der Bemerkung, »daß das Bildungssystem in Richtung Bildungs-GAU marschiert«.[91]

Was die IHK in Hanau statistisch prägnant feststellt, ist für Lehrerinnen und Lehrer zur Alltagserfahrung geworden. Die Zahl der Schüler, die es schwer haben, einen gedanklichen Zusammenhang zu verstehen und allein weiterzudenken, wird größer. Im Mathematik-Unterricht einen komplizierteren Beweis zu erläutern, ist ungleich mühsamer als noch vor zehn Jahren, denn viele Jugendliche können primitivste Gedankengänge nicht selbständig ausführen, geschweige denn auf eine neue Situation übertragen.

Es wird in der Gegenwart allmählich bemerkt, daß die Schule als Institution in einer fundamentalen Krise steckt. Die Schule wird einen Wandel durchmachen müssen, wenn sie weiterhin sinnvoll sein will. Denn die Kinder stellen an ihre Lehrer neue Herausforderungen:

- Die Anzahl der Problemkinder ist in den letzten Jahren gestiegen.
- Allergien, Süchte, Krankheiten aller Art haben auch bei den Kindern zugenommen.
- Lese- und Rechtschreibschwächen nehmen zu.
- Konzentrationsfähigkeit, Interesse und Ausdauer nehmen ab.
- Die Demotivation bei Schülern und Lehrern wird allgemein beklagt.

Die Presse hat in der Vergangenheit diese Probleme sehr reißerisch in der Öffentlichkeit behandelt. Dabei ist immer wieder in massiver Form der Sinn der heutigen Schule in Frage gestellt worden: »Es kommt aus der wirtschaftlichen Investition Schule zu wenig heraus«, »Die traditionelle Schule ist überholt«, »Schulen gehören abgeschafft«, »Wer sagt denn, daß Kinder überhaupt noch zur Schule gehen müssen?«[92]

Solche Fragen werden begleitet von einer unterschwelligen Häme gegenüber dem Berufsstand Lehrer, die den Erziehern jegliche pädagogische Fähigkeit abspricht. Pauschale Lehrerschelte ist »in« – wie das berühmte Wort von den »faulen Säcken« zeigt. Konsequent ist daher »School's Out« die neue These, die unsere Schulkrise lösen will.

Die Grundsignatur dieser Lösungsvorschläge ist simpel: Wir haben in den Schulen ein menschliches Problem, und dieses Problem kann durch den Einsatz von Technik (Computer und Lernsoftware) gelöst werden. Was der Mensch nicht selbst lösen kann, soll dadurch gelöst werden, daß man den Menschen aus dem Erziehungsprozeß herausnimmt. »Der Lehrer muß noch geboren werden, der so geduldig ist wie ein Computer« so wird von Lernprogrammherstellern geworben.[93] Der Mensch wird gegenüber der Maschine zu einem Lehrer zweiter Wahl degradiert. Allerhöchstens könne er noch Teamfähigkeit und Sozialkompetenz vermitteln.

Den Schulen droht das Menschliche verloren zu gehen.

Wenn man ein Problem technisch lösen will, entsteht ein Markt. In der Tat haben einzelne Firmen einen Zukunftsmarkt entdeckt. Und man findet beispielsweise Propheten der neuen Lernkultur als Berater des Disney-Konzerns, der nichts Geringeres anstrebt als »die Etablierung von Disney als führende Bildungsinstitution in Internet, Radio und Fernsehen«.[94]

Auch die Initiative »Schulen ans Netz« der Telekom und verschiedener Softwarefirmen ist nicht aus pädagogischen Motiven heraus entstanden, sondern aus handfesten wirtschaftlichen Interessen, wie allein die lange Liste der Sponsoren zeigt.

Im Internet entdeckte ich einen Artikel der Washington Post vom 2. Juli 1995, der treffend das zentrale Zukunftsproblem der Schule zum Ausdruck bringt. Der Artikel trägt den Titel: »It's Elementary: Buy Education Stocks Now«.

In diesem Artikel heißt es sinngemäß, ein Weg, um hohe Gewinne auf dem Aktienmarkt zu erzielen, bestehe darin, daß man die Industrie oder die Firma herausfindet, die in zehn Jahren blühen wird – und dann dort investiere. Der Autor, James Glassman, führt dann das Beispiel der Firma »Microsoft« an, bei der eine Investition von nur 15000 $ im Jahre 1986 heute 1 Million $ wert sei. Dann heißt es wörtlich. »Mein Kandidat für die heißeste Industrie in 2005 ist Erziehung.«

Glassman rechnet damit, daß die rund 400 Milliarden Dollar, die derzeit in den USA noch in staatliche Einrichtungen investiert werden, bald in profitorientierte Unternehmen fließen. Profitorientierte Firmen werden »einen gigantischen Markt« betreten. Das beste Geschäft wird diesem Artikel zufolge voraussichtlich durch Lernprogramme gemacht werden, denn sie bräuchten zur Herstellung wenig Kapital und benötigten eine Technik, die mit jeder Minute besser und billiger wird. – Solche Beispiele lassen sich beliebig vermehren.

In einer Pressemitteilung vom 20. März 2000 erklärt die deutsche Bundesministerin für Bildung und Forschung, Edelgard Bulmahn, daß die Bundesregierung in den nächsten fünf Jahren 400 Millionen Mark »für die Entwicklung von Lernsoftware für Schulen, Hochschulen und Berufsbildung« bereitstellen wird.

Wir öffnen mit dem Mausklick den Zugang zum Wissen der Welt. Unsere Kinder und Jugendlichen sollen fit sein im Umgang mit neuen Medien. Lernen mit dem PC muss zum Normalfall im Unterricht werden, egal ob in English, Mathematik, Biologie oder

Geographie – in jedem Fach sollte der Computer eingesetzt werden. Dafür brauchen wir dringend gute Lernsoftware.

Nur wenig später erklärt sie außerdem: »Ich will mit dem Programm dazu beitragen, daß Deutschland im Bereich der Lernsoftware in fünf Jahren weltweit eine Spitzenposition einnimmt.« Die Pressemitteilung ergänzt: »Ein Ziel des Programms sei es also, den Markt für Lernsoftware, dem weltweit dreistellige [sic! EH] Zuwachsraten prognostiziert werden, in der Bundesrepublik Deutschland anzuregen.«[95]

Unsere menschliche Schulkrise wird der Boden für den Kampf um einen riesigen Markt. Und trotz aller »idealistischen« Erklärungen ist das Engagement der Computer-Branche in Initiativen, wie »Schulen ans Netz« nichts anderes als der Ausdruck dafür, daß der Kampf um die zukünftigen Marktanteile begonnen hat.

Der Auftrag der Schule, Menschen zu bilden, droht zur »Ware Erziehung« zu verkommen.

Schule im Wandel der Zeit

Die Institution Schule wurde über lange Zeit von der Kirche getragen. Im Schoße der Klöster wurde die heutige Schule geboren. Es herrschte die Dogmatik der Kirche, und Aufgabe der Schule war es, einen rechten Gläubigen heranzuziehen.

Im Laufe der Neuzeit begann die allmähliche Loslösung der Schule aus der Kirche. Im 18./19. Jahrhundert übernahm der Staat mehr und mehr die Verwaltung der Schule. Er scheute sich nicht, politische Ideologien in die Erziehung der jungen Generation hineinzuzwingen. Leidvoll haben unsere Eltern und Großeltern dies hier in Mitteleuropa während der nationalsozialistischen Zeit, aber auch unter der kommunistischen Herrschaft im Osten erlebt.

Am Beginn des 21. Jahrhunderts beginnt sich abzuzeichnen, daß im Laufe dieses Jahrhunderts wieder ein grundlegender Wandel für die Schule eintreten könnte. Das Wirtschaftsleben unternimmt Anstrengungen, das Erziehungswesen der staatlichen Lenkung zu entreißen und in seinen Bereich zu übernehmen.

Und wie ein unheilvoller Vorbote kommender Dinge läßt sich die Tatsache betrachten, daß weit über 10000 öffentliche Schulen in den USA auf das Angebot des Privatsenders »Channel One« eingegangen sind, innerhalb von kostenfrei zur Verfügung gestellten zwölfminütigen Nachrichtensendungen zwei Minuten Werbezeit in ihre Lehrprogramme mit einzubeziehen.[96]

Neil Postman bemerkt dazu treffend, daß dies seines Wissens das erste Mal sei, »daß eine Fernsehgesellschaft sich der Staatsmacht bedient hat, um Menschen dazu zu zwingen, Werbespots anzugucken«.[97]

»Channel One« ist wiederum nur ein kleiner Teilaspekt der Kommerzialisierung der amerikanischen Schulen. »Die Kommerzialisierung von Amerikas Klassenzimmern hat epidemische Ausmaße angenommen«, wurde jüngst in den USA von Pädagogen geäußert.[98] Weil sie in finanziellen Nöten sind, nehmen die Schulen die Sponsoring-Angebote der Firmen an – mit fatalen Folgen. Da werden Schulkindern Videos über gesunde Ernährung vorgeführt – die McDonalds finanziert hat. Auf Schulbüchern prangen die Markenzeichen bekannter Firmen, auf den Schulbussen wird für bestimmte Limonadenmarken geworben. Coca Cola spendet einem Schuldistrikt in Colorado jährlich rund 600 000 $. Dafür hat sich dieser Distrikt bereit erklärt, in seinen Aulas und Schulhöfen nur noch Getränke dieser Firma zu verkaufen.

Wie stark der Einfluß der Firmen in amerikanischen Schulen bereits sein kann, zeigt der »Coke Incident« – der Cola-Vorfall im März 1998. Ein Oberstufenschüler einer Schule in

Georgia wurde zeitweise vom Unterricht ausgeschlossen, »weil er am ›Coca-Cola-Day‹ seiner Highschool ein Pepsi-Hemd trug. Der Teenager habe sich respektlos verhalten, argumentierte die Schulleitung.«[99]

Auch in Deutschland drohen diese Verhältnisse. Die chronische Finanznot der Schulen weicht die vielleicht letzte werbefreie Zone unserer Kultur auf. In Berlin wurde 1997 das Werbeverbot an Schulen aufgehoben, andere Bundesländer folgten. Der Bremer Schulsenator Willi Lemke denkt laut darüber nach, es müsse doch möglich sein, daß die örtliche Bierbrauerei neue Lehrer sponsern könne und die Schulheizungen sich doch auf Kosten eines Mineralölkonzerns sanieren ließe, »und dafür nehmen wir ihnen in den nächsten Jahren das Öl ab«.[100]

Die Gesetze des Marktes werden in das Schulwesen getragen. Das Wirtschaftsleben übernimmt die Schulen.

Schule als Rohstofflager

Mit dem Wirtschaftsleben drängt sich ein sehr einseitiges Menschenbild in das pädagogische Denken und Handeln herein. Die Initiative »Schule ans Netz« stellt etwa fest:

> *Durch die technologischen Entwicklungen hat sich bereits in vielen Firmen die Arbeitsorganisation grundlegend verändert. Lehren und Lernen über Netze ist ebenso wie Telekooperation für global agierende Unternehmen zur Selbstverständlichkeit geworden.*[101]

Und Erziehungswissenschaftler sagen: »Deutschland stünde mit einem optimierten Lernoutput seiner Schulen im internationalen Wettbewerb besser da, und zwar sowohl wissenschaftlich als auch wirtschaftlich.«[102]

Aus dieser Tatsache heraus begründet man die Notwendigkeit, daß Kinder schon sehr früh mit dem PC umgehen sollen, damit sie für die zukünftige Arbeitssituation in der Industrie optimal vorbereitet seien. Aber was bedeuten solche Aussagen, die auf den ersten Blick so vernünftig klingen, wirklich?

Geht man ihnen etwas tiefer nach, dann liegt in solchen Sätzen der klare Gedanke: Kinder und Jugendliche sind der menschliche Rohstoff für unsere Wirtschaft von Morgen, und es gilt, jenen »Rohstoff« für den zukünftigen Produktionsprozeß so optimal wie möglich vorzubereiten. Zum Beispiel behauptet der bekannte Erziehungswissenschaftler Peter Struck:

> *Junge Menschen sind das wichtigste Zukunftskapital einer Gesellschaft, die arm an Bodenschätzen ist. Wer nicht bereit ist, in Schulen zu investieren, trägt nicht zur Zukunftssicherung des Wissenschafts- und Wirtschaftsstandortes Deutschland bei.*[103]

Solche Sätze klingen im ersten Moment vernünftig. Erst im Nachklang ergibt sich, wie unmenschlich, ja barbarisch die dahinter liegende Denkfigur ist.

Unsere Schulkinder werden als Rohstoff, als geistigen Bodenschatz gesehen und die Schule als Erzlager, das für die Ausbeutung gebraucht wird. Ein solcher Gedanke tritt die Würde des Menschen mit Füßen. Günther Anders hat die Verwendung des Menschen als Rohstoff für wirtschaftliche Prozesse daher sehr zutreffend als »postzivilisatorischen Kannibalismus« bezeichnet.

Das Wirtschaftsleben, einst im Dienste des Menschen stehend, hat seine Charakteristik verändert: Der Mensch steht nunmehr im Dienste der Wirtschaft.

Das Verhältnis Mensch und Werkzeug hat sich gewandelt: Der Mensch entwickelt sich zum Werkzeug seines Werkzeuges.

Noch mehr sogar: Er wird zum Rohstoff seines Werkzeuges. Und es ist klar, daß der Rohstoffgedanke, so fein und klug er auch versteckt sein mag, keinen Lehrer zu einem guten Unterricht beflügeln kann. Die ihm zugrunde liegende Gesinnung kann in der Schule letztendlich nur eine trostlose Atmosphäre entstehen lassen, weil in ihr der Mensch nicht enthalten ist. In einer solchen Atmosphäre kann nicht die »Lust und Liebe« herrschen, die die »Fittiche zu großen Taten« sind.

Durch die Ausstattung der Schulen mit modernsten Maschinen und neuester Lerntechnologie wird sicher nichts besser, sondern die Trostlosigkeit unserer Lehranstalten wird sich noch weiter steigern.

Pädagogik ohne Lehrer?

Der Schule droht durch den unüberlegten Einsatz von Lerntechnologie der innere Tod. Wenn vorgeschlagen wird, daß die Schulwoche aus zwei Tagen Online-Lernen mit dem PC und drei Tagen sozialem Lernen mit menschlichen Lehrern bestehen solle, so wird damit nichts anderes verlangt, als daß man die Schule auf drei Tage reduzieren soll[104]

Trotz aller angeblich positiven Lernerfolge durch Lernen am PC muß man kein großer Prophet sein, um sagen zu können, daß unsere Schulprobleme sich dadurch nicht lösen werden. Man löst nicht das menschliche Erziehungsproblem, indem man die Einrichtung aufhebt, in der sie sichtbar wird.

Es ist eine Pseudolösung, wenn man den PC einsetzt, um Wissensdefizite aufzuholen. Denn schon die Vermittlung von Wissen beinhaltet Erziehung. Die Art und Weise, wie ein Lehrer sein Wissensgebiet vermittelt, ist ungeheuer menschenbildend. Da wird derzeit an allen Schulen gesündigt. Und das Erziehungsproblem an unseren Schulen wird nicht gelöst, indem man Lernprogramme einsetzt, denn diese beeinflussen ebenfalls das menschliche Verhalten der Lernenden, das heißt, sie erziehen .

Das angeblich kreativitätsfördernde Edutainment wird keine Erziehung sein, sondern eine mehr oder weniger geschickte Dressur der Kinder beinhalten. Edutainment kann menschliche Sehnsüchte, Nöte und Bedürfnisse nur scheinbar erfüllen.

Es wird den Kindern aber unterschwellig etwas ganz anderes gelehrt. Denn wenn wir sogenannte »intelligente« Systeme da einsetzen, wo normalerweise eine menschliche Intelligenz gefordert ist, »dann lehren wir die Ersetzbarkeit der menschlichen durch ›Künstliche Intelligenz‹, nicht, indem wir sie behaupten, sondern indem wir sie als Faktum praktisch demonstrieren.«[105] – Dann indoktrinieren wir den Kindern eine Weltanschauung: Wir lehren ihnen, daß der Mensch nur eine intelligente Maschine sei. Wollen wir das wirklich?

Den Sinn der Schule wiederfinden

Wirkliche *Menschenbildung* kann nur zwischen Menschen stattfinden. Alles andere führt in den »Fortschritt zur Unmenschlichkeit«. An unseren Schulen haben wir ein menschliches Problem, und das können wir nur lösen, indem wir den in den Schulen arbeitenden Menschen die Möglichkeit zur eigenen Veränderung geben. Unser Schulwesen muß den Menschen und seine Entwicklung in den Mittelpunkt stellen.

Das allein wird der Schule ihren Sinn geben. Das wird ihr ein Ziel setzen, welches über das bloß Nützliche hinausweist. Ein über das Alltagsleben hinausgehender Sinn wird die Schule durchziehen. Und treffend hat Neil Postman charakterisiert:

> *Ohne einen transzendentalen Sinn wird die Schulerziehung, wie wir sie kennen, nicht überleben. Mit einem solchen Sinn kann Schule zu der zentralen Institution werden, durch die unsere Kinder die Motivation finden können, ihre eigene Erziehung fortzusetzen.*[106]

Was Neil Postman im letzten Jahrzehnt des 20. Jahrhunderts so prägnant gefordert hat, formulierte Rudolf Steiner auf andere Weise im ersten Jahrzehnt desselben Jahrhunderts als Aufgabe der Schule. In seinen 1907 gehaltenen Vorträgen, die er in der kleinen Schrift »Die Erziehung vom Gesichtspunkt der Geisteswissenschaft« zusammengefaßt hat, führte er aus:

> *Nicht Forderungen und Programme sollen aufgestellt werden, sondern die* Kindernatur *soll einfach beschrieben werden. Aus dem Wesen des werdenden Menschen heraus werden sich wie von selbst die Gesichtspunkte für die Erziehung ergeben. Will man dieses Wesen des* werdenden *Menschen erkennen, so muß man ausgehen von einer Betrachtung der* verborgenen *Natur des Menschen überhaupt.*[107]

Diese verborgene Natur des Menschen ist transzendent, das heißt, sie geht über das unmittelbar sinnlich gegebene hinaus.

Unsere technische Umwelt – gerade auch das Internet – gibt uns großartige Möglichkeiten, die zu Recht eine starke Faszination ausüben. Sie bezieht sich aber nur auf das rein sinnlich Gegebene. Sie raubt dem Menschen seine Würde, wenn er seine Individualität und ihre verborgenen Ursprünge vergißt und zu einem bloßen Be-Diener der Maschinenwelt wird. Als Teil der Weltmaschine vergißt er, daß zum Menschsein die individuelle Entwicklung dazugehört. Man kann sogar fragen, ob sie nicht der eigentliche Sinn des Menschen auf der Erde ist.

Zu dieser Entwicklung gehört die Auseinandersetzung mit der modernen Technik dazu. Unreflektierte Technikfeindlichkeit besagt deshalb nichts anderes als die Verweigerung eines notwendigen Entwicklungsschrittes. Dieser Technikfeindlichkeit soll trotz aller kritischer Gedanken hier nicht das Wort geredet werden.

Es soll aber auf die Gefahr aufmerksam gemacht werden, daß der Menschheit im gegenwärtigen euphorischen Internet-Rausch das Menschliche im Leben und im Schulwesen verloren zu gehen droht.

Es bedarf im 21. Jahrhundert der »Wiederentdeckung des Kindes«, ja mehr sogar, denn mit dem »Verlust der Kindheit« im 20. Jahrhundert ist uns auch der Mensch verlorengegangen. Wir brauchen die »Wiederentdeckung des Menschen«!

Deshalb ist es so wichtig, sich darum zu bemühen, immer mehr und mehr den Menschen zu verstehen. Wir müssen den Menschen und seine Entwicklung in den Mittelpunkt unseres Denkens und Handelns stellen, wenn unsere Kultur einen menschenwürdigen Fortgang nehmen soll. Die Frage nach dem Wesen des Menschen und seiner Entwicklung im Laufe der Biographie ist die zentrale Frage unserer Zeit.

Der Mensch

Jeder Mensch trägt eigentlich, wie gut er sei, einen noch bessern Menschen in sich, der sein viel eigentlicheres Selbst ausmacht. WILHELM VON HUMBOLDT

Entwicklung sehen

Aller Erziehung liegt ein Bild vom Menschen zugrunde. *Jeder* Erzieher hat – bewußt oder unbewußt – ein solches Bild, das ihn bei seiner Erziehung leitet. Um Menschen zu erziehen, braucht man ein menschengemäßes Bild, ein Bild von der Entwicklung des Menschen, von seinem Wesen, das sich durch den Lebenslauf hindurchzieht.

Heute schauen mehr und mehr Menschen einseitig auf die Fertigkeiten, die Industrie und Wirtschaft allgemein brauchen. Der Mensch droht, wie bereits dargelegt, dadurch nur unter dem Gesichtspunkt »Rohstoff für den Wirtschaftsprozeß« gesehen zu werden. Die Versuchung wächst, den Menschen bloß als Bestandteil des industriell-maschinellen Herstellungsprozesses zu begreifen.

Gewiß, Jugendlichen muß ein Grundwissen mitgegeben werden, damit sie der Berufswelt gewachsen sind. Man vergißt dabei jedoch allzu leicht, daß nur derjenige den Anforderungen des Lebens gewachsen ist, der mit sich selbst im Reinen ist. Nur gefestigte Persönlichkeiten, die auch im mittleren Erwachsenenalter aus eigenem Antrieb entwicklungsfähig sind, werden der sich wandelnden Welt gewachsen sein.

Das Grundproblem unseres Schulwesens, unseres Erziehungsnotstandes ist die Frage: Wie erzieht man kreative

Persönlichkeiten, das heißt Menschen, die selbstbestimmt, aber auch sozialverträglich handeln können? Die bisherigen Konzepte haben in eine Sackgasse geführt. Es bedarf neuer Ideen, um unser Schulwesen umzugestalten. Und diese Ideen müssen sich am Menschen und seiner Entwicklung orientieren.

Alles andere führt wiederum in eine Sackgasse. Wird der Mensch aus den Überlegungen herausgelassen, kommt es unweigerlich zur Zerstörung und Dekadenz, weil die Menschen sich wehren, revoltieren oder noch schlimmer: resignieren und anpassen.

Auch ist immer zu beachten, mit welchen inneren Aufgaben und Krisen die menschliche Seele im Laufe ihrer Biographie konfrontiert ist und welche Entwicklungsschritte sie im Laufe des Lebens gehen muß. Lange Zeit dachte man, daß die menschliche Entwicklung mit dem Erreichen des Erwachsenenalters zu einem Abschluß gekommen sei. Man glaubte, daß in diesem Alter zwar noch eine berufliche Karriere stattfinden könne, aber keine innere Entwicklung mehr.

In den 60er Jahren des 20. Jahrhunderts hat sich in der Entwicklungspsychologie dann allmählich die Einsicht durchgesetzt, daß Entwicklung nicht mit der Adoleszenz aufhört, sondern sich durch das ganze Leben bis in das hohe Alter hinzieht. Man bemerkte, daß im Erwachsenenalter ebenfalls Entwicklungsaufgaben zu bewältigen sind. Der Mensch ist ein sich fortwährend entwickelndes Wesen vom Moment der Geburt an bis hin zum Tode.

Wer den Gesichtspunkt der Reinkarnation einnehmen möchte, kann noch einen Schritt weitergehen: Das ewige Wesen im Menschen, seine ewige Individualität vollzieht nach dem Tod im vertieften Anschauen des vergangenen Lebens weitere Lernprozesse. Aus den vergangenen Erfahrungen entwickelt der ewige Mensch neue Intentionen und Absichten für ein neues Erdenleben. Mit seiner Geburt hat das junge Menschenwesen einen langen Seelenweg hinter sich, auf dem die »Vornahmen« für das neue Leben geformt wurden.

Der Mensch kommt mit bestimmten Lebenszielen in das Erdenleben hinein. Er hat sich etwas »vorgenommen« und will es im Laufe seiner Biographie verwirklichen. Den Menschen, die ein Todesnähe-Erlebnis hatten, wird diese vergessene Intention oft wieder bewußt. Auch viele Jugendliche haben eine ahnungsvolle Erinnerung an die Ziele, die sie sich für ihr Erdenleben gestellt haben. Dieses Ziel ist das Wesentliche. Es will sich in der Biographie verwirklichen.

Metamorphosen denken

Vergleicht man das Kind mit dem reif gewordenen alten Menschen, dann wird sofort deutlich, welch gewaltiger Entwicklungsgang sich innerhalb eines Erdenlebens vollzieht. Vor allem zeigt sich, daß diese Entwicklung nicht linear verläuft, sondern Sprünge und Metamorphosen durchmacht.

Beim Kleinkind ist alles Bewegung. Es führt noch keine wohldurchdachten Gedankengänge durch. Jedes Gefühl, jede Empfindung drückt sich sofort in einer Bewegung aus. Es ist mit allen seinen Sinnen an die Außenwelt hingegeben. Beim Kind ist das Wesentliche die Außenwelt, auf die es mit seinem Innenleben reagiert. Jedes Erlebnis wird vom Kind mit allen Fasern seines Wesens aufgenommen und durch kleine und große Bewegungen beantwortet. Man kann sagen, daß das Gefühlsleben des Kindes mit seinem Willensleben verbunden ist.

Der in einem langen Leben gereifte Mensch hat genau die entgegengesetzte Haltung. Bei ihm ist das Bewegungselement sehr reduziert. Sein Seelenleben drückt sich nur dann in einer Gestik aus, wenn der Mensch es will. Sein Gedankenleben ist individualisiert und vom Gefühl durchdrungen. Das Fühlen des alten Menschen hat sich mit seinem Gedankenleben verbunden. Er lebt von innen nach außen. Das Wesentliche ist sein Innenleben, von dem aus er in die Welt schaut.[108]

Somit vollzieht sich eine vollständige Umstülpung im Laufe seines Lebens – und eine rein lineare Denkweise wird diesem Phänomen nicht gerecht. Ein Verständnis für den Menschen wird man also erst dann entwickeln können, wenn man versucht, in Verwandlungen und Metamorphosen zu denken.

Mit diesem Gesichtspunkt sei ein skizzenhafter Überblick über prinzipielle Entwicklungsstationen einer Biographie gegeben.

Die Entwicklung in der Kindheit

In den ersten Kindheitsjahren ist die wesentliche Entwicklungsaufgabe des jungen Menschen die Ausbildung des Körpers. Der Leib strukturiert sich gemäß den Erlebnissen und Erfahrungen, die das kleine Kind an seiner Umwelt, mit seinen Eltern und den Menschen seiner Umgebung macht.

Es ist mittlerweile gesicherte Erkenntnis, daß die organische Reifung des kindlichen Leibes in den ersten Jahren von den Erfahrungen abhängt, die das Kind mit seiner Umgebung macht. An der Entwicklung des Gehirnes ist das besonders deutlich zu sehen. Das Kind wird zwar mit einem weitgehend entwickelten Gehirn geboren, das heißt, es bilden sich nach der Geburt kaum noch neue Gehirnzellen, jedoch ist die Vernetzung der einzelnen Zellen durch die faserartigen Fortsätze (Neuronen) zunächst kaum vorhanden.

Diese Vernetzung vollzieht sich in den ersten Monaten und Jahren der Kindheit. Man konnte nachweisen, daß sie individuell geschieht und zwar abhängig von den Erfahrungen und Erlebnissen des Kindes. Mit Recht spricht daher Stefan Leber von einer »erfahrungsabhängigen Reifung«.[109]

Ein Kind mit einem jähzornigen Vater hat eine andere Vernetzung als eines mit einem phlegmatischen Vater. Ein Kind, das sich viel bewegt, mit viel Phantasie eigene Spiele ausdenkt und mit anderen Kindern aktiv spielen kann, hat eine andere Gehirnstruktur als ein Kind, das mit Teletubbies und anderen Figuren des Kinderfernsehens groß wird. – Diese Strukturbildung bezieht sich jedoch nicht nur auf das Gehirn, sondern erstreckt sich auf alle Organe.

In den ersten Jahren der Kindheit wird also die Struktur des Körpers ausgebildet. Die leibliche Basis, auf der das Seelenleben des späteren Erwachsenen ruht, wächst heran. Die kindliche Individualität gestaltet durch die Erlebnisse, die sie an ihrer Umgebung hat, die Struktur ihres Leibes.

In dieser ersten Lebenszeit entwickelt der Mensch die drei Grundfähigkeiten, die nur ihm eigen sind: das aufrechte Gehen, das Sprechen mit anderen Menschen und das eigene Denken, das sowohl in die Vergangenheit als auch in die Zukunft gerichtet sein kann. – Diese Dreiheit ist ein Grundmotiv in der menschlichen Entwicklung, das immer wieder in neuer Verwandlung als Entwicklungsaufgabe auftritt.

Das Aufrichten

Die erste große Errungenschaft des Menschen ist die Fähigkeit, sich gegen die Schwerkraft der Erde zu behaupten und den noch kleinen Körper aufzurichten. Das Kind wird im Gleichgewichthalten zunehmend sicherer und kann zuletzt frei gehen. Den aufrechten Körper mühelos im Gleichgewicht halten und die eigenen Schritte selbständig und zielsicher dahin lenken zu können, wohin die eigene Absicht zielt, ist der erste Entwicklungsschritt des Lebens.

Dieser Schritt ist ein Urbild für alles, was sich dem Menschen im Laufe seiner Biographie entgegenstellt. Er lernt, sich gegen Schwerekräfte aufzurichten. Er lernt, wie man sich selbst gegenüber der Umgebung behauptet und das Eigene, die eigenen Intentionen gegenüber den notwendigen Widerständen durchsetzt.

Menschen mit starker Willenskraft, die gegenüber den Zeitgenossen ihre individuelle Moralität mit allen oft schwerwiegenden Konsequenzen vorleben – wie zum Beispiel Janusz Korczak, Albert Schweitzer oder die Geschwister Scholl – verfügen über diese innere seelisch-geistige Aufrichtekraft. Sie stehen ungebeugt vor ihrer Zeitgenossenschaft. Wir empfinden, daß solche Individuen etwas zutiefst Menschliches wahrhaftig vorleben: Sie haben sich nicht nur leiblich aufgerichtet, sondern sie wissen auch, wie man im Geiste aufrecht stehen kann. Sie stehen moralisch aufrecht vor ihren Zeitgenossen.

Im vergangenen 20. Jahrhundert zeichneten sich vor dem dunklen Hintergrund der offenen politischen und geheimen wirtschaftlichen Diktaturen eine Vielzahl moralisch aufrechtstehender Menschen in dieser Weise hell ab.

Im Aufrichten des Kindes liegt die leibliche Grundlage des Ich-Erlebnisses des erwachsenen Menschen.

Das Sprechen

Sprache ergibt nur einen Sinn, wenn zwei oder mehr Menschen zusammen sind. Durch Sprache tauschen sie sich über ihr Innenleben aus. Sie können einander ihre Erlebnisse, Gefühle, Gedanken, Hoffnungen und Zukunftsziele mitteilen. Ohne Sprache gibt es keine menschliche Gemeinschaft und umgekehrt: Ohne menschliche Gemeinschaft entsteht auch keine Sprache. Ein Mensch, der allein aufwächst, entwickelt von sich aus keine Sprache.

Als man die »Wolfskinder« fand, drückten diese ihre Empfindungen im Gebell und Knurren der Wölfe aus. Da sie keine Menschen um sich hatten, in deren Sprache sie sich hätten hineinleben können, verkümmerte ihre Sprachanlage. Denn das Kind lebt sich nachahmend in die Sprache der Menschen ein, die um es herum sind. Sie ist das Medium, das eine Menschengemeinschaft ausmacht und auch gegenüber anderen Gemeinschaften abgrenzt.

Sprache macht jeden Menschen zum sozialen Wesen, zum Gemeinschaftswesen. Ohne sie bleiben wir allein. Wir können uns dann zwar als »Ich« erleben, aber niemals eine Verbindung zu einem »Du« aufnehmen. Ohne Sprache sind wir in uns selbst eingeschlossen.

Im Laufe der kindlichen Entwicklung bildet sich die Sprache aus der Bewegung heraus. Es ist mittlerweile deutlich, daß die Entwicklung des Sprachvermögens auch daran gekoppelt ist, wie das Kind seinen Bewegungsapparat ausbildet. Die Ausbildung der Feinmotorik der Gliedmaßen verwandelt sich in die Gestaltung der Sprache. Dies kann man in der Behandlung von Sprachstörungen gezielt anwenden. Indem man den feinmotorischen Bewegungsapparat schult, ermöglicht man dem Kind, Sprachschwierigkeiten zu überwinden.

An das Gehenlernen angelehnt, entwickelt der Mensch die Sprache. Und aus dem Sprechenlernen heraus bildet das Kind die dritte menschliche Grundfähigkeit: das Denken.

Das Denken

Das kindliche Denken erwacht allmählich im Laufe des dritten Lebensjahres. Am Sprechenlernen entwickelt das Kind das eigene Denken. Zunächst ist dieses Denken noch an die Wahrnehmungswelt geknüpft; es ist ein anschauendes Denken. Erst allmählich löst es sich mehr und mehr von den Sinneseindrücken los und wird zum abstrakten Denken.

Das Denken macht den Menschen zum Zukunftswesen. Gehen und Sprechen finden in der Gegenwart statt. Ich erlebe mich als Sprechender in der gegenwärtigen Gemeinschaft. Durch sein Denken greift das Individuum jedoch über die Gegenwart hinaus. Das Vergangene kann im Denken kritisch betrachtet und beurteilt werden. Der Mensch kann aus Fehlern lernen und sich vornehmen, es das nächste Mal besser zu machen.

Ziele, Wünsche, Ideale werden vom Denken gebildet. Es braucht vielleicht Jahre, bis sie realisiert werden, aber eines Tages sind sie dann in der gegenwärtigen Welt vorhanden.

Im Denken ragt also die Zukunft in den heutigen Menschen herein. Dort entwickelt sich das Tun und Handeln von Morgen.

In diesen drei Fähigkeiten Gehen, Sprechen und Denken drückt sich das menschliche Ich aus. Und nichts erschüttert uns insgeheim mehr, als wenn wir sehen, wie unter einer Drogenwirkung – etwa durch Alkohol – erst das Denken unsinnig wird, dann die Sprache zum Lallen verkommt und zuletzt die Aufrechte ins Torkeln übergeht. Das sind sichtbare Zeichen dafür, daß das Ich des Menschen durch die Droge unterdrückt wird. Der Mensch wird in seinem Verhalten tierisch.

Wandlung

Während der ersten Schuljahre vollzieht sich in der Entwicklung des Menschen – still im Verborgenen – eine Wandlung. Die strukturelle Gestaltung der Organe des Körpers ist bis zum Zahnwechsel weitgehend geschehen. Die strukturbildenden Kräfte werden mit etwa sieben Jahren frei und dienen nun dem Lernen, dem Aneignen der Kulturfähigkeiten wie etwa Schreiben, Lesen oder Rechnen.

Das Kleinkind hat noch keinen eigenen Seeleninnenraum, den es vor der Welt verbergen möchte. Kinderseelen sind offen – sie sagen, was sie empfinden, auch wenn es uns Erwachsenen peinlich ist. Die Welt prägt sie, und durch diese Offenheit lernen Kinder im Nachahmen der Welt Aufrichten, Sprechen und Denken

In dieser Zeit zwischen dem Zahnwechsel und der Geschlechtsreife geschieht eine Umstülpung: Die Hingabe zur Welt reißt ab. Ein eigener Innenraum bereitet sich in kleinen Schritten vor, der dann mit der Pubertät der Welt entgegengestellt wird. Und in diesem neuen Innenraum treten Aufrichten, Sprechen und Denken in verwandelter Form als die drei großen Fragen des Jugendalters wieder auf und müssen gelöst werden.

Die drei Fragen des Jugendlichen

Mit der beginnenden Adoleszenz geschieht ein turbulenter Umbruch im Menschen. Ein wichtiger Entwicklungsschritt wird gegangen: Der Jugendliche entdeckt seinen eigenen seelischen Innenraum und muß sich mit diesem auseinandersetzen. Aus der vertrauten, ihn bisher schützenden Familienhülle tritt er heraus – besser gesagt: Er zerreißt sie – und sucht seine eigene Einwurzelung in der Welt.

Ein sehr einschneidendes Erlebnis geht dem voraus. Der Schriftsteller Rudolf von Delius beschreibt seine Erinnerung daran:

Ich will erzählen, wie das Ich-Erlebnis bei mir persönlich begann. Es war im Hochsommer, ich war etwa 12 Jahre alt, ich erwachte sehr früh. Eine kleine Kammer, die mit nur einem Fenster in den Garten

hinaussah. Ein Bett stand in der hintersten Ecke des Zimmers mit dem Kopfende nach dem Fenster zu. Ich richtete mich auf, drehte mich um und sah kniend hinaus in das Laub der Bäume. In diesem Moment hatte ich das Ich-Erlebnis. Es war, als löste sich alles von mir ab, ich wurde plötzlich isoliert. Ein merkwürdig schwebendes Gefühl. Und zugleich die verwunderte Frage an mich selbst: Bist du der Rudi Delius? Bist du derselbe, den seine Freunde so nennen, der in der Schule einen bestimmten Namen trägt und bestimmte Zensuren bekommt? Bist du derselbe? Ein zweites Ich in mir stellte sich diesem anderen Ich, das hier ganz objektiv als Name wirkte, gegenüber. Es war wie ein fast physisches Losreißen von meiner Umgebung, mit der ich bisher in unbewußter Einheit gelebt hatte. Ich empfand mich plötzlich als einzelnen, als herausgehoben. Und empfand diese Losreißung als etwas Seltsames, Merkwürdiges. Ich ahnte dunkel, daß da etwas für immer Bedeutsames in mir vorgegangen sei. Daher blieb mir auch dieser Augenblick, das Zimmer, die kniende Stellung im Bett, das Herumdrehen scharf im Gedächtnis. Es war mir, als hätte irgendein geistiger Blitz plötzlich in mich eingeschlagen [...] Auf einmal hatte die alte Natur mit ihren Blutsbeziehungen: der Begriff Vater, Bruder gar keinen Sinn mehr [...] Das Ich war frei, losgelöst, schwebend, in sich ruhend. Und darum unverantwortlich, einzigartig, wertvoll, für die Welt unerreichbar und unzerstörbar. Das Ich-Erlebnis ist wie eine zweite Geburt. Die geistige Nabelschnur reißt. Wir werden nicht mehr dumpf dämmernd vom Blut des Mutterorganismus, der Umwelt genährt. Das Blut muß nun allein in sich selber kreisen, das selbständig klopfende Herz entsteht.[110]

Drei zentrale Fragen leiten die Jugendlichen bei der individuellen Einwurzelung in die Welt. Sie sind ihnen nicht unbedingt bewußt – aber sie leben unausgesprochen auf dem Grund ihrer Seelen. Von deren Beantwortung durch das Leben hängt viel, wenn nicht alles für die weitere Biographie ab. Diese drei latenten Fragen jeder Jugendseele sind:

- *Wer bin ich?* Die Auseinandersetzung mit der Entdeckung, daß sie in dieser Welt allein sind – »Ich bin ja ein Ich!« – ist das staunend gefühlte Erlebnis und damit verbunden die erschreckende Erkenntnis: »Ich bin ja völlig allein in dieser Welt!« Die Jugendlichen entdecken mit elementarer Wucht, daß sie von der Welt getrennt sind. Sie sind als Individuum einsam. Dieses Trennungserlebnis muß fruchtbar bewältigt werden.
  Sie entdecken, daß sie sich der Welt entgegenstellen müssen. Sie sind auf der Suche nach dem eigenen Standpunkt gegenüber der Welt. Auf seelischem Feld muß nun der eigene Standort gefunden werden. Das eigene Urteil gegenüber von außen gegebenen Tatsachen will gebildet werden. Mit dem Erlebnis der Einzigartigkeit und Notwendigkeit der Entwicklung eines eigenen Standortes wird die Frage nach dem eigenen Sinn wach. »Wer bin ich eigentlich – und was ist der Sinn meines Daseins?« Diese Frage liegt auf dem Grund jeder Jugendseele – auch wenn sie nicht direkt in dieser Weise geäußert wird.

- An das Einsamkeitserlebnis und die daraus entstehende Sehnsucht nach Nähe und Geborgenheit schließt sich die zweite große Frage des Jugendalters an: *Wie finde ich eine Beziehung zu meiner Umwelt?* Wie finde ich eine Beziehung zu anderen Menschen? – Die Frage nach dem »Du« wird existentiell.
  »Wie finde ich Menschen, die ich lieben kann und die mich lieben? Der ganze Fragenumfang, der mit Gemeinschaft, mit Partnerschaft verbunden ist, wird wach. Wie finde ich einen Freund oder eine Freundin? Wie pflegt man Beziehungen? Wie finde ich meinen Ort in dieser Welt, in dieser Gesellschaft?
  Das ist der zweite große Fragenkomplex, der die Jugendseelen zuweilen stürmisch bewegt. – In verwandelter Form

ist dies die Aufforderung, mit der Welt eine gemeinsame »Sprache« zu finden und auf seelischer Ebene das Gespräch mit der Welt, mit den anderen Menschen aufnehmen zu lernen.

- Die dritte Frage ist die nach dem Ziel des eigenen Lebens: *Welches Ideal will ich in meiner Biographie verwirklichen?* Welchen »Lebenstraum«[111] will ich verwirklichen? Konkret macht sich das an der Frage der Berufswahl bemerkbar, geht aber über die reine Berufsfrage hinaus.
  Im Ziel ragt das Zukünftige des Menschenlebens in das Innere herein. Es ist jetzt die Frage: Wie kann ich als ganzer Mensch mein Zukünftiges in dieser Welt realisieren? Ich kann es im Denken finden, aber es muß sich darüber hinaus auch im Leben konkret verwirklichen.

Das junge Erwachsenenalter

Mit dem Eintritt in das junge Erwachsenenalter bleiben diese Fragen bestehen. Sie verwandeln sich jedoch zu einer aktiv ergriffenen individuellen Aufgabenstellung.

Die Frage »Wer bin Ich?« bleibt nicht mehr bei der Suche nach einer Antwort stehen, sondern wird bewußt gestaltet. Sie ist jetzt in einer gewissen Weise beantwortet, indem ein Ideal gebildet ist, wer man sein möchte. Aus diesem Ideal heraus wird gezielt an sich selbst gearbeitet und die individuelle Ausbildung in Angriff genommen. Das Selbst wird gestaltet.

In den letzten Jahrzehnten hat es sich in unserer Kultur mehr und mehr dahin entwickelt, daß die Bildung einer festen Identität mit dem Ende der Jugendzeit meist noch nicht abgeschlossen werden kann. Die Jugendzeit ist oft verlängert und reicht bis in das frühe Erwachsenenalter hinein.[112]

Es muß von den jungen Erwachsenen das Gleichgewicht zwischen der Anpassung an die bestehenden Verhältnisse und der Verwirklichung der eigenen Ziele gefunden werden. Durch den Zerfall der alten Berufsstrukturen und die zunehmende Vielfalt der gesellschaftlichen Anforderungen und Möglichkeiten ist das Erreichen dieses Gleichgewichtes und damit die Ausbildung der eigenen Persönlichkeit schwerer geworden. Vor allem fällt »das Risiko zu scheitern [...] auf das Subjekt zurück. Das ist um so gravierender, als zunehmend die sozialen Einbindungen fehlen, die Risiken für das Individuum abfedern können.«[113]

Die Frage nach dem »Du« wird konkret beantwortet, indem eine ernsthafte und intime Beziehung mit einem anderen Menschen eingegangen wird. Ein gemeinsamer Hausstand, die Gründung einer Familie wird aktiv in Angriff genommen. Daneben wird auch ein neues Netzwerk an weiteren Beziehung aufgebaut: Arbeitskollegen, Freunde, Nachbarn und auch die eigenen Kinder. Dieses neue Beziehungsgeflecht muß aktiv gestaltet und gepflegt werden.

Tragisch wird es für das spätere Leben, wenn es nicht gelingt, diese Aufgabe zu bewältigen. Dann droht Isolation. Der Entwicklungspsychologe Erik Erikson hat daher als Leitmotiv des jungen Erwachsenenalters das Begriffspaar *»Intimität versus Isolation«* gesehen.

Auch die dritte Frage des Jugendalters wird aktiv realisiert. Es ist ein großer Impuls vorhanden, mit den durch Selbsterziehung und Ausbildung gewonnenen Fähigkeiten die im Jugendalter aufgekeimten Ideale tatkräftig zu verwirklichen. Und es ist ein starker Wille da, die bestehenden Verhältnisse zu ändern und umzugestalten.

Menschen im Alter zwischen zwanzig und dreißig sind daher das »innovative Potential« unserer Gesellschaft (Faltermaier). Sie wollen ihren Lebenstraum realisieren. – Legt man den Gesichtspunkt der Reinkarnation zugrunde, kann man auch sagen: Die Impulse, die jene Menschenseelen aus der vorgeburtlichen geistigen Welt mitgebracht haben, wirken noch im Schaffen dieses Lebensalters nach.

Im Alter von etwa zweiundzwanzig bis achtundzwanzig Jahren wird aus diesem Streben die erste stabile Lebensstruktur als Erwachsener erprobt. Dann kommt mit dem Übergang in die Dreißigerjahre des Lebens eine Krise. Ein vielleicht kaum bemerkbarer, aber dennoch einschneidender Krisenmoment muß bewältigt werden.

Die bisherige Lebensstruktur, die bisherigen Ziele werden neu angeschaut, hinterfragt und korrigiert. Aus einem neuen Blickwinkel werden die bisherigen Lebensumstände neu gestaltet und verbessert. Eine neue, zweite Lebensstruktur wird aufgebaut. Der Entwicklungspsychologe Daniel J. Levinson spricht daher vom »Seßhaft-Werden«.

Rudolf Steiner machte darauf aufmerksam, daß in der Zeit des Überganges in die Dreißigerjahre sich im Untergrund des Menschen eine bedeutsame Entscheidung vollzieht.[114] Die naturhafte Reifung des Menschen kommt mit dem siebenundzwanzigsten Jahr an ein Ende. Bis zu diesem Zeitpunkt lebt der Mensch aus seinen natürlichen Wachstumskräften heraus. Auch die Ideale und die Begeisterung, mit der er bis dahin an seine Arbeit ging, hatten ihren Ursprung in dieser Quelle. Diese versiegt nun. Das heißt, ohne eine bewußte innere Schulung, ohne Selbsterziehung bleibt der Mensch für den Rest des Lebens seelisch auf der Stufe eines knapp Dreißigjährigen.

Die Jugendideale, die den Zwanzigjährigen noch befeuerten, erlöschen mit etwa siebenundzwanzig, achtundzwanzig Jahren. Der Mensch muß aus seinem geistigen Streben heraus Ideale neu fassen und bilden. Nur diese selbst errungenen Ideale tragen in den nächsten Lebensjahrzehnten. Sonst bleibt man geistig und kulturell auf dem Niveau stehen, das man zu dieser Zeit erreicht hat. Mancherlei Phänomene in unserer Kultur machen diesen Hinweis Rudolf Steiners verständlich.

Das mittlere Erwachsenenalter

Mit dem allmählichen Ende des jungen Erwachsenalters beginnt die Zeit, daß der Mensch reif wird, der Welt etwas geben zu können. Mit dem fünfunddreißigsten Lebensjahr ist ein Höhepunkt in der leiblichen Entwicklung überschritten. Ab da beginnt allmählich der Abbau des physischen Leibes. Damit ist für das Individuum die Möglichkeit gegeben, daß es die dadurch freiwerdenden geistigen Kräfte nutzen kann.

Während bis etwa zur Lebensmitte in aller Tätigkeit als Grundtendenz das Lernen von der Welt vorherrscht, beginnt jetzt mehr und mehr die Zeit, in der die Welt von dem Menschen lernen kann. Das ist ein bedeutender biographischer Einschnitt.

Mit diesem biographischen Übergang beginnt sich leise eine nächste mögliche Verwandlung in der Biographie anzukündigen. Gegen das vierzigste Lebensjahr hin schaut man das bisher gelebte Leben an und vergleicht es mit den Idealen, mit denen man angetreten ist. Dieser Blick ist jedoch begleitet von der allmählich erwachten Empfindung, daß das eigene Leben endlich ist.

Für einen Zwanzigjährigen ist der Gedanke der Endlichkeit der Biographie viel abstrakter als für vierzigjährige Menschen. Was damals bloß gewußt wurde, beginnt der Mensch nun auch zu begreifen: Der eigene Tod ist nicht etwas in weiter Ferne, sondern etwas, was mich immer mehr angeht. Vor diesem Hintergrund wird das bisher im Leben Erreichte einer gründlichen Prüfung unterzogen. Was ist das eigentliche Ziel meiner Biographie? Was will ich wirklich?

Diese Gedanken und Empfindungen veranlassen heute eine große Anzahl von Menschen, ihr Leben auch beruflich von Grund auf zu verändern. Andere bleiben zwar in ihrem Beruf, versuchen jedoch die Gewichte innerhalb ihres Tätigkeitsfeldes so zu verlagern, daß es mit ihren inneren Zielen übereinstimmt.

Wird diese Krise erfolgreich bewältigt, dann sind die drei Fragen des Jugendalters deutlich verwandelt und auch beantwortet. Aus der dadurch gewonnenen Sicherheit kann nun das Leben aktiv gestaltet werden. – Ein älterer, sehr initiativer Kollege sagte einmal in einem Gespräch: »Mit vierzig, fünfzig Jahren, da kann man so richtig zulangen.«

Die eigene Individualität ist jetzt stabilisiert. Man hat sich selbst und den eigenen Lebensstil gefunden und ihn gegenüber der Umwelt behauptet.

Die Frage nach der Einwurzelung in der Welt hat sich beantwortet im Engagement für Bereiche des sozialen Umfeldes. Es ist gerade das mittlere Erwachsenenalter die Zeit, in der »das Engagement als Bürger im sozialen und politischen Raum« (Faltermaier) eine der Hauptaufgaben ist. Die Frage nach dem Ziel der eigenen Biographie ist in den schöpferisch ergriffenen Tätigkeiten gefunden. Aus Verantwortung für eine Sache arbeiten, geistige Beweglichkeit, schöpferische Kreativität auf dem Boden der bis dahin errungenen Lebenserfahrungen ist vor allem in diesem Lebensabschnitt gefordert.

Erik Erikson hat für das mittlere Erwachsenenalter als Entwicklungsaufgabe das Wort gewählt: *»Generativität versus Stagnation«*.

Stagnation droht, wenn das Individuum an den Krisen scheitert. Nur wenn das Ich sich von den leiblichen Bindungen freimachen kann und ein starkes Innenleben führt, wird es den inneren Lebensanforderungen gewachsen sein können. Die Anlagen dafür müssen in der Kindheit und Jugend gelegt werden.

Das späte Erwachsenenalter

Die dramatischste Veränderung im 20. Jahrhundert hat sich mit dem späten Erwachsenenalter vollzogen. Diese Lebensphase beginnt etwa mit dem sechzigsten bis fünfundsechzigsten Lebensjahr (Levinson).

Vor hundert Jahren haben dieses Lebensalter nur verhältnismäßig wenige Menschen erreicht, denn die Lebenserwartung der Menschen lag damals im mittleren Erwachsenalter. Im Jahre 1900 lag sie bei 48,3 Jahren für die Frauen (Männer: 44,8 Jahre). Heute liegt sie bei rund 80 Jahren für Frauen und 74 Jahren für Männer.[115]

Man erwartet, das die Lebenserwartung bis 2030 noch um weitere zwei bis drei Jahre zunehmen wird. Gesellschaftlich wie auch individuell hat sich dadurch für unser Leben eine völlig neue Aufgabenstellung ergeben. Die technische Revolution ist begleitet von einer dramatischen Veränderung unserer demographischen Struktur und unseres Verhältnisses zur Arbeitswelt. Diese Tatsache hat unsere Kultur mindestens so verändert wie die vielen Apparate, die um uns herumstehen.

Während 1910 der Anteil der Menschen über 60 Jahre noch etwa 8% betrug, hat er sich heute auf mehr als 20% erhöht und wird im Jahre 2010 voraussichtlich 26% betragen. Die Zahl der Menschen im späten Erwachsenenalter hat sich damit innerhalb eines Jahrhunderts mehr als verdreifacht.[116] Die Zahl der Hundertjährigen, die in Deutschland leben, hat sich allein in den 70er und 80er Jahren des 20. Jahrhunderts mehr als versiebenfacht.[117]

Auch für das späte Erwachsenenalter gilt, daß Entwicklungsaufgaben zu bewältigen sind. Es treten leise oder auch deutlich Krisen auf, die zu bewältigen sind. Erik Erikson spricht von der Krise *»Integrität versus Verzweiflung«*. Verzweiflung tritt ein, wenn im Rückblick auf das eigene Leben der

Mensch feststellen muß, daß er die Fehler seines vergangenen Lebens nicht mehr verbessern kann – die Zeit dazu ist vorbei.

»Ich-Integrität« wird ein älterer Mensch finden, der zu einer insgesamt positiven Bilanz seines Lebens kommt und sein vergangenes Leben dadurch bejahen kann. – Und wiederum tauchen die drei großen Fragen des Jugendalters in verwandelter Form auf, denn sie sind eigentlich Fragen des Menschseins überhaupt.

Die Frage nach der eigenen Individualität stellt sich jetzt nicht mehr in bezug auf die Zukunft, sondern auf die Vergangenheit. Sie stellt sich nicht mehr auf das noch zu lebende Leben, sondern auf das vergangene, gelebte Leben.

Auch die Frage nach dem »Du« stellt sich neu. Mit dem Übergang in den Ruhestand fallen alte soziale Beziehungen weg – vor allem die oberflächlichen Sozialkontakte brechen ab. Es ist die Auseinandersetzung mit dem sich verändernden sozialen Netz der Beziehung notwendig. Freunde, sehr nahe stehende Menschen sterben. Wie stelle ich mich selbst zu Tod und Sterben? Kann ich eine innere Verbindung mit den Verstorbenen pflegen? Neue aktiv zu ergreifende Aufgaben stellen sich in bezug auf eine geistige Welt.

Mit dem Übergang in den Ruhestand stellt sich auch die Frage nach dem Ziel des eigenen Lebens neu. Das Ziel des Jugendalters – was den Beruf betrifft – ist mehr oder weniger erreicht. Jetzt steht freie Zeit zur Verfügung, die eine individuelle Gestaltung fordert. Wie gehe ich damit um?

Das Problem des sinnvollen Umganges mit Freizeit wird eine Grundfrage der zukünftigen Menschheit. Was heute nur die altgewordenen Menschen betrifft, ist das Wetterleuchten eines Problems, das in kurzer Zeit die ganze Menschheit in allen Alterstufen bewegen wird: Wie nutze ich die mir zur Verfügung stehende freie Zeit?

Der Zusammenhang der verschiedenen Lebensalter

Es ist eine altbekannte Tatsache, daß bei Menschen, die in die Phase des späten Erwachsenenalters kommen, die Kindheitserlebnisse wieder plastisch vor das innere Auge treten. Da beschäftigen sich alte Menschen oft mit dem, was sie in der Kindheit und Jugend erfahren haben. Jahrzehnte vergangene Begebenheiten werden manchmal genauer erinnert als die Ereignisse der vorhergehenden Woche. – Während eines Gespräches über eine hochbetagte Heimbewohnerin bemerkte die zuständige Altenpflegerin: »Das erleben wir sehr oft. Im Alter kommt das in der Kindheit Veranlagte wieder heraus.«

Es spiegeln sich die Erlebnisse und Verhaltensweisen der Kindheit im Alter wieder. Das bedeutet, daß die Wirkung dessen, was vor sechzig, siebzig oder achtzig Jahren die Erziehung der Elternhäusern und Schulen in den damaligen Kindern angelegt hat, heute in den Altenheimen wahrzunehmen ist. Was Erzieher 1920, 1930 getan haben, was sie in den damals jungen Menschen veranlagt haben, das zeigt sich in seiner Verwandlung durch das Leben in der gegenwärtigen Generation der alten Menschen.

Umgekehrt: Was wir Erzieher gegenwärtig mit den jungen Menschen tun, hat seine Wirkung über die nächsten Jahrzehnte hin. Das machen wir uns heute zu wenig deutlich. Wird ein solcher Gedanke wirklich ernst genommen, dann fördert er die Empfindung der Verantwortung gegenüber den uns Erziehern anvertrauten Kindern und läßt uns die eigene Tätigkeit kritisch hinterfragen.

Rudolf Steiner hat diese Zusammenhänge schon früh gesehen und intensiv beobachtet. Er regte in seinen pädagogischen Vorträgen Lehrer und Erzieher immer wieder an, auf diese Zusammenhänge zu achten, und gab dabei auch eine Fülle von Anregungen. Eine davon, die er mehrfach erörterte, kann man mit etwas Aufmerksamkeit leicht selbst nachvollziehen:

Beobachtet man Kinder und sieht man, wie sie dadurch, daß die Umgebung in der richtigen Weise sich zu ihnen verhält, in einer berechtigten Weise den Erziehern oder überhaupt denjenigen Personen, denen gegenüber das berechtigt ist, ein Ergebenheitsgefühl entwickeln können, und verfolgt dann weiter, was aus diesen Kindern im späteren Leben wird, dann findet man, daß sich dieses Ergebenheitsgefühl immer mehr und mehr so verwandelt, daß aus diesen Kindern solche Menschen werden, die für ihre Mitmenschen einfach dadurch, daß sie da sind, daß sie zu ihnen sprechen, manchmal schon dadurch, daß sie überhaupt ihnen nur in irgendeiner Lebenslage einen Blick zuwerfen, zur Wohltat werden. Sie werden zur Wohltat aus dem Grunde, weil man dadurch, daß man verehren, oder, wenn ich sagen darf, daß man beten lernt, für spätere Zeit das Segnen lernt, daß man die segnende Kraft wirklich bekommt. Keine Hand kann segnen im späteren Alter, die nicht in der Kindheit verehren, beten, bitten gelernt hat. Es verwandeln sich eben metamorphosisch die Eigenschaften des Kindesalters im späteren Lebensalter in einer ganz gesetzmäßigen Weise.[118]

Auf solche Zusammenhänge zu achten, ist außerordentlich wichtig. Denn Menschen, die in der Jugend gelernt haben, vor etwas Achtenswertem auch die Empfindung der Achtung zu entwickeln, die verehren können, ..

... behalten eine gewisse Beweglichkeit im Leben. Namentlich behalten sie das ganze Leben hindurch die Fähigkeit, rasch sich hineinzufinden in Situationen, geschickt zu sein in allen Verhältnissen. Wer sich in der Jugend so dem Leben aufschließt, vor dem schließt sich in späteren Epochen das Leben immer mehr auf. Er ist immer mehr imstande, in die Dinge hineinzuschauen, erreicht

auf leichtere Weise die Möglichkeit, das Geistige zu fühlen hinter den Dingen; er wird immer spiritueller. Anders ein Mensch, der die Verstandesseite in der Jugend besonders entwickelt hat. Solche Menschen neigen sehr zu frühzeitiger Greisenhaftigkeit. [...] Derjenige, der ein Verstandesmensch ist, sondert sich immer mehr von der Welt ab, sie wird ihm immer unverständlicher. Daher das Kritisieren vieler Menschen über alles, was in ihrer Umgebung ist. In meiner Jugend – sagen sie – war alles schön, jetzt ist alles verdorben. – Dieses Mürrische, dieses mit nichts Zufriedensein, dieses Sich-Zurückziehen, nur in den Kindheitserinnerungen leben, ist etwas, was zusammenhängt mit der Verstandeshaftigkeit der Seele in der Jugend. Daher können wir nicht genug tun, auf der breiten Basis des Gemütes, namentlich auf der Bildhaftigkeit die Erziehung aufzubauen. [...] Ein Kind, dem wir reiche, bildhafte Vorstellungen beibringen, wird in bezug auf die Verhältnisse des astralischen Lebens [seelischen Lebens, EH] *gefördert, und wir geben ihm den Segen einer weit in das Alter reichenden Jugendlichkeit mit.*[119]

Erziehung, Schule und Unterricht müssen auf das ganze Leben ausgerichtet sein. Die menschliche Biographie ist ein Ganzes, ist ebenfalls ein Organismus, ein Zeitorganismus, in dem die verschiedenen Lebensalter gesetzmäßig zusammenhängen. – Solche Aspekte sind die wesentlichen Aspekte für die Erziehung in der Schule der Zukunft.

Der geistige Mensch

In den letzten dreißig Jahren hat sich in der westlichen Welt immer mehr die Einsicht verbreitet, daß der Mensch auch ein geistiges Wesen ist. Zunehmend sind die Menschen davon überzeugt, daß sie nicht bloß einmalig auf dieser Erde leben. Sie wissen aus eigenem Erleben, daß der Tod kein wirkliches Ende, sondern nur ein Neuanfang ist. Das Sterben ist in Wirklichkeit die Geburt in ein höheres Leben hinein.

Die Einsicht verbreitet sich, daß der Mensch ein ewiges Wesen ist, das mit bestimmten Aufgaben sein diesmaliges Erdenleben angetreten hat. Ein langes seelisch-geistiges Leben geht der Geburt voraus, und mit dem Tod geht das irdische Leben wiederum in ein seelisch-geistiges Erleben über.

Was Rudolf Steiner am Anfang des 20 Jahrhunderts in seinen Vorträgen und Veröffentlichungen von verschiedenen Gesichtspunkten aus immer wieder beschrieben hat, ist heute für eine große Zahl von Menschen zum eigenen Erlebnis geworden: Ich werde auf der Erde geboren, weil ich eine Aufgabe zu erfüllen habe, die mich auf meinem geistigen Entwicklungsweg weiter bringen kann. Mein Erdenleben ist eine Chance, um geistig an den Schwierigkeiten, die meiner Aufgabe entgegenstehen, zu reifen.

Diese Aufgabe ist nur selten eine im äußeren Sinne »weltbewegende«, sondern meist eine individuelle menschliche Aufgabe. Sie beinhaltet immer Tätigkeiten für andere Menschen, entweder für einzelne oder für größere Menschengruppen, wie beispielsweise ein Kind großzuziehen oder für andere erwachsene Menschen helfend da zu sein.

Es kann diese Aufgabe auch eine wissenschaftliche sein. Der Archäologe Heinrich Schliemann beispielsweise lebte schon als Jugendlicher mit dem Gedanken, daß es seine Aufgabe sei, das antike Troja zu finden und auszugraben. Und bei manchen Künstlern spürt man ebenfalls, daß ihrem Schaffen bestimmte innere Lebensmotive zugrunde liegen.

Viele Menschen kommen zu der Überzeugung, daß es unsichtbare Wesen gibt, die den einzelnen auf seinem Lebensweg still helfend begleiten. Gerade Menschen, die ein Nah-Todeserlebnis hatten, sprechen von dieser Tatsache. Sie erfahren die Gegenwart von bereits verstorbenen Freunden oder Verwandten, aber auch von Wesen, denen sie im Leben nicht begegnet waren. Für viele Betroffene ist das Zentrum ihres Erlebnisses die Begegnung mit einem allumfassenden Lichtwesen. – So erzählte eine Frau dem Interviewer von ihrer Nah-Todeserfahrung:

> *Neben mir stand ein herrliches Wesen. Ich konnte keine genauen Umrisse erkennen, nur ein Licht, dessen Strahlen alles um mich herum erleuchtete und das mit einer sanften Stimme sprach, die so sanft war [...] so sanft, wie man es sich kaum vorstellen kann. Während dieses liebevolle, aber zugleich ehrfurchtgebietende Wesen zu mir sprach, erhielt ich einen so tiefen Einblick in die Bedeutung der Dinge, daß ich es nicht mit Worten wiederzugeben vermag. Ich begriff den Sinn von Leben und Tod und hatte plötzlich keine Angst mehr. In dieser Vergegenwärtigung lag etwas wie Absolutheit, Vollkommenheit, an der ich auch weiterhin teilhaben konnte, so daß es überhaupt keinen Grund dafür gab, meinen wilden Überlebenskampf fortzusetzen.*[120]

Ein Mann beschrieb diese für ihn zentrale Erfahrung:

> *Und ich näherte mich einem Licht am anderen Ende. Weit entfernt sah ich etwas, das ich in der begrenzten Sprache, die mir hier zur Verfügung steht, nur als zwei Kreise beschreiben kann.*
> *In der Mitte des einen Kreises befand sich ein herrliches Wesen. Es war weder ein Mann noch eine Frau, sondern beides zusammen. Noch nie zuvor hatte ich etwas so Wunderschönes, Liebenswertes*

und durch und durch Erfreuliches gesehen wie dieses Wesen – und auch seither nicht wieder. Es strahlte reine Liebe aus. Jede Pore seines Gesichts war in ein unglaubliches Licht getaucht. Das Licht leuchtete in den prächtigsten Farben, lebhaft und vibrierend. Es strahlte nach außen – in einem gleißenden Weiß, über dem so etwas wie ein Hauch von Gold lag. Ein starkes Gefühl von Freude und Ehrfurcht erfüllte mich. Ich wurde von einer unbeschreiblichen Woge der Liebe erfaßt. Mir war, als stünde ich am Ursprung meines Lebens, vielleicht sogar vor meinem Schöpfer. Trotz der ungeheuren Ehrfurcht vor diesem Wesen spürte ich, daß es mir zutiefst vertraut war. Mit meinem ganzen Herzen wünschte ich mir, es zu umarmen und mich mit ihm zu vereinen, eins zu werden mit ihm – denn obwohl es weder meine Mutter noch mein Vater war, verkörperte es beide.[121]

Mit diesem Lichtwesen zusammen schauen die Menschen ihre vergangene Biographie an. In seinem Licht beurteilen sie selbst ihr gelebtes Leben und erkennen, was sie falsch und was richtig gemacht haben. Das Erlebnis des Lichtes verwandelt die Menschen, und sie kommen verändert in das Leben zurück.

Alle Menschen, die eine Todesnähe-Erfahrung hatten, eint eine neue Haltung zum Leben. Materielle Aspekte des Lebens interessieren sie weit weniger als vorher:

Früher habe ich vor allem für materielle Dinge gelebt. ich habe immer nur an mich gedacht, was ich besitzen, was ich haben wollte. […] Heute ist das alles nicht mehr wichtig. Ich mache mir auch keine Sorgen um die Zukunft […], denn ich weiß, der Herr wird sich um mich kümmern. […]
Mein Interesse an materiellen Gütern, meine Gier nach Besitz wurde abgelöst von einem Hunger nach Erkenntnis und der leidenschaftlichen Sehnsucht nach einer besseren Welt.[122]

Übereinstimmend berichten Betroffene, es sei das Wichtigste im Leben, daß man ein Wissen von der Welt erwerbe und vor allem, daß man lerne, andere Menschen zu schätzen und zu lieben. Eine Frau beschreibt diese neue Einstellung zum Leben so:

Also, ich glaube, daß die Nah-Todeserfahrung einen dazu bringt, toleranter zu sein gegenüber anderen. Ein bißchen verständnisvoller. [...] Ich glaube, ich beurteile die Menschen nicht mehr so hart, wie ich das früher getan habe. [...] Vielleicht habe ich auch mehr Sinn für Humor als vorher.

Eine andere Frau sagt zu ihrem Interviewer:

Das Wichtigste, das wir besitzen, sind unsere Beziehungen zu anderen [...]. Es läuft alles auf Fürsorge und Mitgefühl und Liebe für unsere Mitmenschen hinaus. [...] Liebe ist die Antwort. Sie ist die Antwort auf alles.[123]

Der Satz »*Liebe deinen Nächsten*« ist für das Leben der Menschen mit einer Nah-Todeserfahrung bestimmend geworden. Die Würdigung des Lebens und des Nächsten sind Gefühle, die das Leben der Menschen entscheidend prägen, die einen bewußten Einblick in das geistige Leben hatten, das uns fortwährend umgibt und unbewußt trägt.

Die drei Grundfragen der Menschen, die sie das ganze Leben begleitet haben, finden im Todeserlebnis ihre endgültige Antwort. In einer neuen ungeheuren Intensität des eigenen Bewußtseins wissen sie jetzt mit absoluter Sicherheit, was der Sinn ihres Lebens ist. Sie erfahren den geistigen Grund ihrer Existenz. Sie erkennen ihr eigentliches und ewiges Selbst. Die Frage »Wer bin ich?« ist beantwortet.

Sie erleben, daß für die Beziehung zu anderen Menschen einzig die Liebe zählt, die sie dem Gegenüber aufzubringen in der Lage sind. Die Frage nach der Beziehung zur Welt findet so ihre Antwort.

Auch das Ziel ihres Lebens, die Aufgabe, deretwegen sie in das Erdenleben herabgestiegen sind, ist ihnen nun in aller Klarheit bewußt. Deutlich schildert das Betty J. Eady in ihrer Nah-Todeserfahrung:

> *[...] und mir wurde meine Aufgabe gezeigt. Nachher wußte ich, daß ich zurückkehren mußte. Obgleich mich der Gedanke daran, diese herrliche Welt des Lichtes und der Liebe verlassen zu müssen, mit Widerwillen und Ungewißheit erfüllte, zwang mich die Dringlichkeit meiner Aufgabe zur Rückkehr.*[124]

Es ist für den Sterbenden wie ein Nachhause-Kommen: »Als wäre ich schon immer dort gewesen, als würde ich immer dort *sein* und als wäre mein Dasein auf der Erde nur ein kurzer Augenblick gewesen.«[125]

Und es ist naheliegend anzunehmen, daß Kinder, die auf der Erde geboren werden, aus dieser Erfahrung des Lichtes, der allumfassenden Liebe und kosmischen Weisheit herkommen. Sie kennen ihre Lebensaufgabe. Sie werden mit dem Wissen um den Sinn ihres diesmaligen Lebens geboren. Jenes Wissen wird zwar vergessen, ruht aber verborgen in der Seele.

Diese individuellen Aufgaben will der Mensch in seiner Biographie erfüllen, auch wenn er bewußt nichts davon weiß. Aber in den Tiefen seiner Seele mißt er sein Leben an dieser vorgeburtlichen Aufgabenstellung. In der Jugendzeit stehen sie hinter den drei latenten Fragen der Jugendseele. Im Erwachsenenleben wird das Erreichte immer wieder an dieser im Untergrund der Seele lebenden Aufgabe gemessen und das Leben daraufhin korrigiert.

Alle Erziehung – ob zu Hause oder in der Schule – kann daher nur einen einzigen Sinn haben: Erziehung und Unterricht dürfen nichts anderes als eine Art Hilfestellung sein. Sie sollen die Anlagen und Begabungen des Kindes so entfalten, daß in der späteren Biographie der dann erwachsene Mensch seine ureigensten Lebensintentionen, die er in das Leben mitbringt, realisieren kann.

Erziehen im Zeitalter der Maschinen

Eine Lösung wird es nur geben, wenn Lehrer
und Eltern und Verwaltungsfunktionäre sich eine Vision
vom Leben, wie es sein sollte, zu eigen machen
und dazu den Willen, diese Vision in die Wirklichkeit
umzusetzen. BARRY SANDERS

A Schule – das sind die Menschen!

Die Gemeinschaft

Hört man das Wort »Schule«, taucht sicher zuerst das innere Bild eines Gebäudes auf – mehr oder weniger schön, mehr oder weniger alt, landschaftlich idyllisch gelegen oder mitten in einer Großstadt. Wahrscheinlich denkt man auch an das Innere dieses Gebäudes, die Zimmer, die Tische und Stühle, die Tafel und so weiter. Aber ist das wirklich die Schule?

Sehr eindrücklich war mir das Erlebnis während einer internationalen Lehrertagung, als ein Afrikaner von der ersten Zeit einer neu gegründeten Schule in einem südafrikanischen Township erzählte. Er war Lehrer und hatte eine Klasse – aber kein Schulhaus. Der Unterricht fand daher in einer Garage statt, die nach außen offen war. Jeder, der daran vorbeiging, konnte miterleben, was gerade im Unterricht stattfand. Am Ende seiner Stunde erzählte er seinen Kindern immer eine Geschichte. Das war den Nachbarn dieser Schule bald bekannt und sprach sich herum. Und so kam es, daß sich zur Erzählzeit am Ende des Unterrichts viele Menschen vor der offenen Garage einfanden und ebenfalls der Erzählung des Lehrers lauschten.

Eine nicht alltägliche Schulszene, aber sie weist uns darauf hin, was Schule im Kern wirklich ist: Schule – das sind die Menschen, die sich dort versammeln und miteinander lernen. Die »Einrichtung Schule« hängt ganz davon ab, welche Menschen sich in ihr tagtäglich versammeln. Schule – das ist nicht das Gebäude, auch nicht die Summe der Klassenzimmer oder die Vielzahl der Einrichtungsgegenstände, sondern Schule ist nichts anderes als die Gemeinschaft der Menschen, die sich jeden Tag zusammenfindet, um gemeinsam zu lernen.

Das Schulhaus, die Bänke und Stühle, die Tafel, Lehrpläne und organisatorischen Rahmenbedingungen sind nur eine Plattform oder eine Art Haut, die der Schule eine Hülle geben und dafür sorgen, daß man beim Lernen nicht friert und nicht naß wird. Insofern unterstützt diese »Haut« die Schule in ihrer Arbeit. Wenn sie allerdings zur starren »Kruste« wird, behindert sie das Leben der Schule.

Schule im eigentlichen Sinn ist also einzig und allein das, was sich zwischen den Menschen abspielt und wie sie miteinander umgehen.

Schule ist eine Menschengemeinschaft, die einen gemeinsamen Lernweg geht. Es ist deshalb vor allen Dingen das wichtig, was zwischen den Menschen lebt. Ist in der Schule ein gegenseitiges Verständnis da? Haben die Lehrer ein wirkliches Interesse an ihren Schülern? Interessieren sich Lehrer und Schüler wirklich für die Wissensgebiete, die sie gemeinsam bearbeiten? Haben die Eltern ein Vertrauen in die Fähigkeiten der Lehrer? Lebt eine gemeinsame Verantwortung von Eltern und Lehrern für die ihnen anvertrauten Kinder?

Diese Fragen sind die Voraussetzung für alles wirkliche Lernen und Verstehen. Etwas pointierter formuliert lauten sie: Haben die Lehrer ihre Kinder gern, und können Kinder ihre Lehrer lieb haben? Lebt in der Schule eine Atmosphäre des Interesses am anderen Menschen und der Achtung vor dem Gegenüber?

Da liegt an unseren Schulen sehr vieles im Argen!

Das Massaker an der Schule im amerikanischen Littleton, der Mord an einer Geschichtslehrerin im deutschen Meißen und ähnliche Vorkommnisse an anderen Orten sind ein »Menetekel« – eine Flammenschrift in der Schullandschaft, die uns deutlich sagt, daß in der eigentlichen Schule – der Menschengemeinschaft, die tagtäglich sich versammelt – ein menschlicher Notstand vorliegt.

Viele unserer Schulen weisen Merkmale tiefer Zerrüttung auf. Wir haben einen Bildungsnotstand, der radikale Veränderungen im Schulwesen und der Schulverwaltung erfordert.

Zahlen

Dirk Randoll hat sich zusammen mit seiner Kollegin Ines Graudenz viel mit der Frage beschäftigt, was Menschen in der Schule erleben. Aus seinen Befragungen zeichnete er ein statistisches Bild dessen, was in unseren Schulen gefühlt und gedacht wird.[126]

Gegenüber der Lebensrealität an den Schulen sind solche Zahlen natürlich nur dürre Gespenster. Aber sie spiegeln schattenhaft wider, was sich im konkreten Leben abspielt. Sie deuten auf bereits Erreichtes und vor allem auf zu bearbeitende Defizite hin, die der Schlamm sind, auf dem die Gewalt gegen Mitschüler und Lehrer wie giftiger Schimmelpilz gedeihen kann.

Randoll befragte Abiturienten deutscher Gymnasien nach ihren Erfahrungen mit und nach ihren Vorstellungen von der Schule. Dabei kam er unter anderem zu folgenden Zahlen:

- Die Mehrzahl (76%) hält es für wichtig oder sehr wichtig, daß sie in der Schule ein Gemeinschaftsgefühl erleben.

Aber nur 47% sagen, daß dies auch zutrifft beziehungsweise etwas zutrifft.[127]
Anders formuliert: Fast ein Drittel aller Schüler bringt zum Ausdruck, daß ihnen ein Gemeinschaftserlebnis fehlt.

- 84% der Schüler halten es für wichtig oder sehr wichtig, daß sie in der Schule Unterstützung erfahren, wenn sie einer Aufgabe nicht gewachsen sind. Jedoch nur 25% der Schüler sind der Meinung, daß dies in ihrer Schule zutrifft oder wenigstens etwas zutrifft.[128]
  Was soll man von einer Schule halten, bei der weit mehr als die Hälfte der Schüler zum Ausdruck bringt: Ich bekomme keine Hilfe, wenn ich in Schwierigkeiten bin!
- Auf die Frage, ob Lehrer »an den Meinungen, Einstellungen und Gefühlen der Schüler interessiert« seien, antworteten 78% der Schüler mit »einige« (46%) oder »wenige« (32%).[129]
- 89% der Befragten sind der Auffassung, daß nur einige (40%) oder wenige (49%) der Lehrer Interesse an dem Schüler als Person zeigen.[130]
- Nehmen sich Lehrer Zeit für Schülerprobleme? 35% der Schüler antworten mit »einige«, 55% aber sagen: »wenige«.[131]
- Wenn gar 94% der Befragten der Meinung sind, daß nur einige (30%) oder wenige (64%) der Lehrer sich in die Gedanken und Gefühle von Schülern einfühlen können[132], dann ist deutlich, wo das eigentliche Problem der Schule heute liegt: *Die Schüler fühlen sich von ihren Lehrern nicht verstanden. Sie erleben, daß die Lehrer zu wenig Interesse an ihnen entwickeln!*
  Oder anders ausgedrückt: *Die Jugendlichen fühlen sich von ihren Lehrern nicht geliebt!*

Die zentrale Frage unserer Schulen ist daher nicht, ob sie über einen Internet-Anschluß verfügen, ob sie technisch optimal ausgerüstet sind, sondern ob die Kinder einen seelischen »Anschluß« an ihr Lehrer haben. Es geht nicht darum, die Menschen technisch zu vernetzen, sondern darum, ein reales liebevolles menschliches Beziehungsgeflecht zu schaffen, so daß Kinder an ihren Erziehern lernen können, wie man ein menschliches Miteinander pflegt, wie man am konkreten Gegenüber Interesse entwickeln lernt.

Welche Arbeitsbedingungen und Freiräume brauchen Lehrer für ihre Tätigkeit, damit ihnen das Engagement, das sie als Referendare einmal hatten, nicht verloren geht? Wie können wir das Leben an unseren Schule so gestalten, daß Freude in den Lehrerherzen leben kann? Wie kann ein fruchtbarer Boden für pädagogisches Engagement geschaffen werden? Wie kann man Lehrerinnen und Lehrer anregen, ihre Kinder lieb zu haben?

Dem begeisterten südafrikanischen Lehrer aus Alexandra-Township war in seinem Bericht anzusehen, daß er seine Kinder und seine Schule liebte – dabei hatte er kaum ein Gehalt und nur eine alte Garage als Klassenraum.

Die Kommission »Zukunft der Bildung – Schule der Zukunft« beim Ministerpräsident des Landes Nordrhein-Westfalen hat in ihrer Denkschrift unter der Überschrift »Schule als ›Haus des Lernens‹« folgende Beschreibung des Idealbildes einer zukünftigen Schule gegeben:

Schule als »Haus des Lernens«

- *ist ein Ort, an dem alle willkommen sind, die Lehrenden wie die Lernenden in ihrer Individualität angenommen werden, die persönliche Eigenart in der Gestaltung von Schule ihren Platz findet,*
- *ist ein Ort, an dem Zeit gegeben wird zum Wachsen, gegenseitige Rücksichtnahme und Respekt vor einander gepflegt werden,*
- *ist ein Ort, dessen Räume einladen zum Verweilen, dessen Angebote und Herausforderungen zum Lernen, zur selbsttätigen Auseinandersetzung locken,*

- *ist ein Ort, an dem Umwege und Fehler erlaubt sind und Bewertungen als Feedback hilfreiche Orientierung geben,*
- *ist ein Ort, wo intensiv gearbeitet wird und die Freude am eigenen Lernen wachsen kann,*
- *ist ein Ort, an dem Lernen ansteckend wirkt.*

Im ›Haus des Lernens‹ sind alle Lernende, in ihm wächst das Vertrauen, daß alle lernen können. Diese Schule ist ein Stück Leben, das es zu gestalten gilt.[133]

Wie erreichen wir dieses Ziel?

Grundbedingungen

Es ist außerordentlich wesentlich, mit welcher inneren Haltung die Lehrerinnen und Lehrer vor ihren Kindern stehen. Diese Einstellung bereitet die Lernatmosphäre, in der ein Unterrichtsinhalt behandelt wird. Diese Haltung erzieht. Ein engagierter Lehrer – egal in welcher Schulform – regt die Kinder zu motiviertem Lernen an – egal welcher Unterrichtsstoff.

Die fundamentale Frage ist daher die nach den Arbeitsbedingungen der Lehrer. Unter welchen inneren und äußeren Bedingungen arbeiten Lehrer in einer Schule? Denn diese Bedingungen fördern oder behindern die Pädagogik.

Die inneren Bedingungen liegen in den Fähigkeiten der Lehrer, in dem Engagement, das sie in ihre Schule hereintragen. Sie liegen vor allem aber auch in dem Bild, das die Lehrerinnen und Lehrer vom werdenden Menschen haben, und in den Idealen, die in ihrer Erziehungs- und Unterrichtstätigkeit leben.

Die äußeren Bedingungen bestehen nicht nur in der Gestaltung des Schulhauses oder in der Ausstattung mit Unterrichtsmaterialien. Sie liegen vor allem auch im sozialen Miteinander der Lehrer und Lehrerinnen. Wie ist das Kollegium strukturiert, wie gut kann ein Kollegium zusammenarbeiten und vor allem, wie frei sind die einzelnen Individuen, eigene selbständig erarbeitete, auf eine bestimmte pädagogische Situation bezogene Unterrichtsprojekte durchführen zu können? Wie stark greifen rechtliche Bestimmungen in den Schulalltag ein und beengen die pädagogischen Intentionen.

Diese Bedingungen sind heute sehr zu Ungunsten der Schule verschoben.

Äußere Bedingungen

Es ist erstaunlich, wie sehr sich Menschen an im Grunde menschenunwürdige Situationen gewöhnen können, ja sogar für so selbstverständlich halten, daß sie sich gar nicht vorstellen können, daß es auch völlig anders sein könne.

Das weite Feld der Erlasse und Verordnungen ist ein solches Gebiet, das von dem größten Teil der Bevölkerung als selbstverständlich hingenommen wird. Gleichwohl geht es den meisten, wenn nicht allen Lehrern so, daß sie vieles, was von ihnen durch Erlasse und Verordnungen verlangt wird, für mehr oder weniger großen Unsinn halten. Aber sie müssen sie beachten und sich nach ihnen richten. Eigene Vorstellungen im Unterricht zu realisieren, ist zwar nicht unmöglich, begegnet aber oft Schwierigkeiten. Viele Lehrerinnen und Lehrer haben resigniert. Das lähmt das Wesentliche der Schule: die Freude am Lernen und das Interesse an der Umwelt.

Diese Interesselosigkeit führt dann letztendlich zur »Da-steht-es-Pädagogik«. Ein Erlebnis mag das illustrieren: Die Prüfungsaufgaben für das schriftliche Abitur mußten vom zuständigen Schulamt geprüft und genehmigt werden. Mein Vorschlag, der zwei Jahre zuvor ohne jegliche Beanstandung vom gleichen Amt genehmigt wurde, aber nicht »drankam«, sollte »wiederverwertet« werden. Harte Kritik war diesmal zu hören: »Völlig unmöglich – entspricht nicht den Vorschriften.« Der Tonfall lag zwischen Zusammenstauchung und Drohung mit Konsequenzen.

Bei strenger Auslegung der Vorschriften war in der Tat ein Widerspruch zu finden, den aber die Jahre zuvor niemand im Amt für bedenklich erachtet hatte. Diesmal war es anders. Im persönlichen Gespräch mit den Bearbeitern im Amt, gaben diese zu, daß die eingereichten Aufgaben anspruchsvoll, sehr schön und auch pädagogisch sinnvoll waren. Aber sie entsprachen eben nicht exakt den Vorschriften.

Auf meinen Einwand, daß die Beschränkung auf die vorgeschriebenen Inhalte doch langweilig und pädagogisch nur wenig Sinn ergeben würde, bekam ich eine die Lage der Schulen treffend illustrierende Antwort. Mein Gesprächpartner deutete auf die vor ihm liegenden Vorschriften und sagte in leicht resigniertem Tonfall: »Da steht es aber!« – womit das Gespräch beendet war. Mein Vorschlag wurde abgeändert und entsprach dann zwar den Vorschriften, aber nicht mehr meinen Intentionen.

Dies Erlebnis war nur eines von vielen, die mir deutlich machten, daß unsere Schulen vor einer falschen Verrechtlichung geschützt werden müssen. Der gigantische Ballast an Rechtsvorschriften muß unseren Kindern zuliebe zum Abfall geworfen werden, denn er erstickt pädagogische Initiativen.

Die schulrechtlichen Probleme, die sich durch die zentrale staatliche Verwaltung der Schulen ergeben, sind so vielfältig, daß sie einen großen Teil der Arbeitskraft der für die Schulen Verantwortlichen absorbieren.

Es gibt eigentlich nichts Deprimierenderes, als auf Treffen von Schulleitern immer wieder erleben zu müssen, daß endlose Stunden mit Verfahrens- und Rechtsfragen verbracht werden – aber so gut wie nie über menschlich-pädagogische Fragen gesprochen wird. Da sitzen hervorragende Pädagogen zusammen und sprechen nicht über die Sorgen und Nöte der Kinder, sondern über die rechtlichen Probleme, die ihnen durch das Schulamt und Kultusministerium eingebrockt werden. Es geht im Grunde dabei immer um die Frage, wie man die eigene konkrete Schulsituation mit den abstrakten Vorgaben des Ministeriums in Einklang bringen kann. Das alljährliche Gerangel der einzelnen Schulen um neue Lehrer ist eines der schlimmsten Beispiele. Da braucht vielleicht eine Schule ganz dringend einen Lehrer für das Fach Biologie, kann ihn aber nicht bekommen, da rein rechnerisch ein statistischer Lehrerüberhang da ist.

Und trotz alledem gibt es immer wieder Initiativen und pädagogische Projekte einzelner Lehrerinnen und Lehrer, die zeigen, zu was die Schulen fähig wären, wenn man ihnen Autonomie zugestehen würde. *Die Autonomie der einzelnen Schulen ist mehr denn je eine unabdingbare pädagogische Forderung.*

Denn freie, zur Selbstbestimmung fähige Menschen kann man nicht per Verordnung erziehen. Das ist ein Widerspruch in sich. Kaum jemandem fällt der krasse Widerspruch auf, daß die Lehrerschaft durch Gesetze, Erlasse und Verordnungen auf unsinnigste Weise in ihrem pädagogischen Spielraum eingeschränkt wird und andererseits Kinder zu selbständigen Menschen erziehen sollen. Selbst idealistischste Lehrer werden durch diese Knebelung schleichend demotiviert.

Es müssen Pädagogen selbst entscheiden können, wie ihr Lehrplan, ihr Unterricht, wie ihre eigene Schule gestaltet wird. Die Verantwortung für die Schule muß bei denen liegen, die in der Schule konkret miteinander arbeiten.

Es müssen selbstverständlich anstelle der Schulbürokratie andere Organe treten, die pädagogischen »Wildwuchs« vermeiden helfen. Horst Hensel, Pädagoge und bekannter Roman-, Gedicht- und Sachbuch-Autor, hat dazu interessante Überlegungen in seinem Buch »Die Autonome Öffentliche

Schule« angestellt. Seine Vorschläge gehören meines Erachtens zum Besten, was in den letzten Jahren zum Thema Schulreform veröffentlicht wurde.[134]

»Die Autonome Öffentliche Schule«

Hensel nennt vier Hauptpunkte, die zu einem Schulwesen führen können, das den gegenwärtigen und erst recht den zukünftigen pädagogischen Herausforderungen gewachsen ist.

1. *Die Schulen erhalten pädagogische und verwaltungstechnische Autonomie.*
   Jede Schule formuliert ihr eigenes Curriculum und ist pädagogisch selbstbestimmt. Darüber hinaus formuliert jede Schule Erziehungspläne, die auch therapeutische Maßnahmen beinhalten können. Diese Eigenständigkeit setzt voraus, daß innerhalb der Schulen »eine ständige Wertedebatte« geführt wird, die der Erziehung in der Schule zugrunde liegen soll. Hensel erhofft mit Recht, daß dadurch die Schulen »zu einer Stätte lokaler Ethik-Diskussion werden«[135] und zu einem Ort innerhalb unserer Gesellschaft, der in bescheidenem Maße die Zivilgesellschaft konstituiert.
   Die Schulen verwalten alle technischen Angelegenheiten selbst, das heißt, sie stellen selbst Personal ein und können Lehrer auch wieder entlassen. Lehrer sind keine Beamte mehr. Der laufende Schulbetrieb wird durch Kollegialorgane bestimmt. Die Schulleitung wird auf Zeit aus der Mitte des Kollegiums gewählt.
   Eltern und Schüler sind in die Willensbildungen in der Schule mit einbezogen.

2. *Autonome Schulkammern ersetzen die staatliche Schulaufsicht.*
Auch wenn jede Schule autonom ist, muß eine übergeordnete Aufsicht vorhanden sein, die im Konfliktfall angerufen werden kann und die auch von übergeordneter Stelle aus die Curricula und Lehrpläne der einzelnen Schulen prüft. Diese Aufsicht darf keine staatliche sein. Horst Hensel schlägt daher vor, daß jeweils vierzig einzelne Schulen einen Kammerbezirk bilden. Jede Schule dieses Bezirkes wählt ein Kollegiumsmitglied als Kammermitglied. Außerschulische Kammermitglieder kommen hinzu. Die Kammer berät und kontrolliert die einzelnen Schulen. Sie hat das Recht, unter Umständen auch eine Schule zu schließen. In jedem Jahr werden vier bis fünf Schulen evaluiert, so daß jede Schule etwa alle acht bis zehn Jahre von außen bewertet und beurteilt wird.
Auf Landesebene schließen sich die einzelnen Kammern zu einem Kammerverband zusammen.

3. *Alle Schule werden von der öffentlichen Hand finanziert.*
Hensel weist mit vollem Recht auf die Notwendigkeit hin, daß die Chancengleichheit der Kinder nur dann gewährleistet ist, wenn alle Schulen in ausreichendem und gleichen Maße finanziert werden. Das kann wiederum – nach Hensels Auffassung – nur durch staatliche Organe sichergestellt werden. Dem Staat verbleibt die notwendige Aufgabe, die finanziellen Grundlagen bereitzustellen, damit die einzelnen Schulen ihren pädagogischen Auftrag erfüllen können.
Was die pädagogische Seite der Schule betrifft, fordert Hensel als vierten Punkt:

4. *Entstaatlichung der Schule.*
Schulämter, Schulabteilungen in Bezirksregierungen fallen weg, da sich der Staat aus der Verwaltung der Schulen

zurückzieht. Auch ein besonderes Schulministerium wird überflüssig, da sich die dem Staat verbleibenden Aufgaben (Festlegung des curricularen Mindeststandards, Festlegung der Abschlußniveaus, Bestimmung der Ferientermine, Dauer des Schulbesuches und die Höchststärke der Klassen) problemlos von einer Abteilung, die im Innenministerium angesiedelt sein könnte, erledigen ließe.
Daß die bisherigen staatlichen Berechtigungszertifikate wie zum Beispiel das Abitur in ihrer bisherigen Form wegfallen, ist eine logische Konsequenz der Henselschen Überlegungen. Zeugnisse sind dann vor allem Berichte über den Lernprozeß »und dokumentieren den Abschluß eines Bildungsganges«.[136]

Auch über die mögliche Umsetzung dieser diskussionswerten Vorschläge hat sich Horst Hensel intensive Gedanken gemacht. Vor allem gibt er sich keinen Illusionen darüber hin, wie stark die Widerstände von Seiten der verschiedenen Interessenverbände sein werden.

In einem Punkt nur möchte ich ihm allerdings widersprechen. Obwohl er die Schule entstaatlichen will, überläßt er dem Staat weiterhin die Festlegung der curricularen Mindeststandards und der Abschlußniveaus. Eine radikale Entstaatlichung muß auch dies den einzelnen Schulen beziehungsweise den von Hensel vorgeschlagenen Kammerbezirken als Aufgabe zugestehen.

Dem Staat muß die pädagogisch-inhaltliche Seite der Schule vollständig entzogen werden, da darf keine Hintertür für politische Einflußnahmen bleiben. Wie die unselige Zeit im »Dritten Reich« hinreichend verdeutlicht hat, darf der Staat keine Möglichkeit haben, seine »Erziehungsvorstellungen« per Gesetz durchzusetzen. Gerade die jüngsten politischen Ereignisse in Europa haben leider zur Genüge gezeigt, daß populistische Parteien auch heute wieder in der Lage sind, Ministersessel zu erobern.

Kinder – gerade in einer zunehmend multikulturell werdenden mitteleuropäischen Gesellschaft – brauchen konkrete auf sie und ihre kulturelle Situation bezogene Lehrpläne. Da kann es in Zukunft gar nicht genug Freiräume für die Schulen geben.

Vor dieser Freiheit braucht man keine Angst zu haben, denn durch die Entstaatlichung kommt ein natürliches Konkurrenzprinzip in die Schullandschaft, das dafür sorgen wird, daß die Einzelschulen nach einem allgemein üblichen Lern-Niveau streben werden, wenn auch auf verschiedene Weise und mit höchst unterschiedlichen Profilen.

Demokratie wagen

Unseren Kindern und Enkelkindern zuliebe wünscht man sich eine breite Bürgerbewegung, die Widerstände – die vor allem von den bisherigen politischen Machtstrukturen ausgehen – überwinden und unserem Schulsystem zu einer radikal neuen und gesünderen Basis verhelfen könnte.

Wir müssen endlich auch im Schulwesen Demokratie wagen und nicht bei absolutistischen Verwaltungsvorstellungen stehen bleiben. Uns fehlt noch der Mut zu wirklicher Demokratie.

Dafür kämpfen auch die Waldorfschulen weltweit seit mehr als achtzig Jahren. Und sie haben trotz manchmal widrigster Umstände gezeigt, daß Autonomie der Schule nicht nur machbar, sondern pädagogisch enorm praktisch, erfolgreich und – nebenbei bemerkt – auch kostengünstiger sein kann.

Spätestens seit 1989, als der »eiserne Vorhang« fiel, haben wir weltweit eingesehen, daß die staatliche Verwaltung wirtschaftlicher Betriebe unweigerlich zu deren Bankrott führt. Vor uns liegt noch die Einsicht, daß die staatliche Verwaltung des Erziehungswesens zum geistigen Verfall der Kultur führt.

Hartmut von Hentig hat in seinem beherzigenswerten Buch »Die Schule neu denken« ein leidenschaftliches Plädoyer für eine Neugestaltung der Schule gehalten:

> *Wir haben die Menschen in der sterbenden DDR für ihre »sanfte Revolution« gelobt; sie haben die Lüge für Lüge erklärt und erlebt, wie diese daraufhin ohnmächtig zusammenbrach. Wir haben eine ähnliche Revolution noch zu leisten: gegen die Tyrannei der Notenbücher, die Unerbittlichkeit des Stoffes, das Mysterium »Vorschrift«, den Vorrang der Ordnungen der Erwachsenen vor dem Lebensgesetz der Kinder.*[137]

Rudolf Steiner hat bei der Begründung der Waldorfschule ähnliche Gedanken geäußert und radikal gefordert, daß die Einrichtung Schule der staatlichen Verwaltung unbedingt entzogen werden muß, wenn das Erziehungswesen nicht der vollständigen Dekadenz verfallen soll.

Innere Bedingungen der Schule

Es genügt nicht, wenn nur die äußeren Bedingungen der Schule optimal sind. Die Freiheit, die die Autonomie den einzelnen Schulen gibt, muß aktiv und mit Sinn erfüllt werden, sonst gerät sie zur Anarchie. Die »Freiheit von« reicht nicht aus, sondern nur eine »Freiheit für« kann ein wirkliches Zusammenleben von Lehrern und Kindern in die Schulen hereinbringen. Sie setzt ein Leitbild voraus, im Falle der Schule ein Menschenbild und somit das Erziehungs- und Unterrichtsziel.

Dieses Leitbild ist vom Kollegium einer Schule zu pflegen und immer wieder neu zu erarbeiten. Es ist das innere Zentrum der Menschengemeinschaft, die jeden Tag im Schulhaus zusammenkommt und miteinander arbeitet, es gibt dem gemeinsamen Lernen den notwendigen inneren Sinn.

Es ist für unsere Schule wichtig, daß die Lehrerinnen und Lehrer wiederum einen Sinn finden in dem, was sie tun. Denn an kaum einer anderen Stelle in unserer Gegenwart haben heranwachsende Menschen die Möglichkeit, Sinn zu finden.

Viele Untersuchungen und Kommentare zur Zeitsituation beklagen die verlorene Sinnhaftigkeit unseres Lebens. Es wird gefordert, daß wir wiederum einen Sinn für unsere Tätigkeit finden müssen.[138] Und es gibt viele Möglichkeiten der Sinnfindung.

Für die Lehrer an den Freien Waldorfschulen – aber nicht nur da – ist es die Waldorfpädagogik und das ihr zugrunde liegende Menschenbild der Anthroposophie. Es soll damit beileibe nicht gesagt werden, die Waldorfschule sei die allein selig machende Schule. Aber sie hat, was Erfahrung mit Autonomie und die prägnante Formulierung ihres Menschenbildes betrifft, Modellcharakter.

Denn ohne ein klar formuliertes Menschenbild oder Erziehungsziel kann keine Schule eine vernünftige Pädagogik betreiben. Ohne ein Weltbild, das dem Lehrer eine Quelle der Erfrischung seines pädagogischen Idealismus ist, kann er auf Dauer kein engagierter Lehrer bleiben. Er »brennt« dann aus.

Im vierten Kapitel wurde versucht, ein solches Bild zu skizzieren. Es darf kein dogmatisches sein, sondern ein von jedem Lehrer, jeder Lehrerin selbst erarbeitetes, das sich im Laufe des Lebens fortwährend erweitern und vertiefen sollte.

Die Inhalte des Menschenbildes eines Lehrers haben im Unterricht der Schule nichts zu suchen. In der inneren Beschäftigung des Lehrers mit seinen Kindern gibt es ihm jedoch zusätzliche Gesichtspunkte, die die Achtung vor dem sich entwickelnden Menschen vertiefen können.

In diesem Sinne gibt die Anthroposophie Aspekte, die die Menschenwürde in einer umfassenden Weise begreifen lassen und das Verantwortungsbewußtsein für das eigene pädagogische Tun verschärfen. Dies gibt die Möglichkeit, dem Kind in einer Weise gegenüberzutreten, die Rudolf Steiner in einem Vortrag vor Lehrern radikal charakterisiert hat:

> *Die äußerste Ehrfurcht vor dem Geistig-Seelischen muß der Lehrer in seine Schule hineintragen, und ohne diese Ehrfurcht ist im Schulmäßigen ebensowenig zurechtzukommen wie ohne eine gewisse künstlerisch-wissenschaftliche Bildung des Lehrers. Daher ist vor allen Dingen die Grundforderung für den Lehrer, der auf der Grundlage einer anthroposophisch orientierten Pädagogik wirken will, daß er Ehrfurcht habe vor den Entwicklungsmöglichkeiten desjenigen, was das Kind als sein Geistig-Seelisches in die Welt hineinträgt, und daß er sich auch dem Kinde als einem freien Wesen gegenüber fühlt, daß er daher die Maximen findet, welche das Kind so erziehen können, daß das Kind, wenn es später zurückschaut auf seine Erziehung, keine Beeinträchtigung seiner Freiheit, auch nicht in den Folgen dieser Erziehung sehen kann.*[139]

Es wird hier indirekt die energische Selbstschulung des Lehrers gefordert. Der Erziehende muß sich in den Erziehungsprozeß selbst mit einbeziehen. Das ist für einen guten Lehrer eine unerläßliche Voraussetzung.

Grundfragen der Zukunft

Was die weltanschauliche Ausrichtung einer Schule betrifft, da sind Waldorflehrer besonders sensibilisiert. Waldorfpädagogen sagen offen, daß sie ein bestimmtes, ein spirituelles Menschenbild haben. Deswegen werden sie oft angefeindet.

Dabei wird fast immer übersehen, daß es keinen Menschen gibt, der nicht irgendeine Weltanschauung hat. Selbst ein harmlos erscheinender Computer vermittelt – wie im zweiten Kapitel dargelegt wurde – eine Weltanschauung. In jedem Gymnasium, in jeder Real-, Haupt- oder Grundschule steht *jeder* Lehrer mit einer Weltanschauung vor seinen Kindern. Nur gibt es anscheinend zu wenige, die sich dessen genügend bewußt sind.

In diesem Sinne ist *jede* Schule, egal ob in öffentlicher oder in freier Trägerschaft, eine Weltanschauungsschule! Das Menschenbild des Lehrers ist es, das die Erziehungsatmosphäre in der Schule gestaltet. Und so ist es eine für die Schule existentielle Frage, welche Erziehungsvorstellung das betreffende Kollegium hat. Auch die indifferente nicht bewußte Vorstellung prägt die Schulatmosphäre. Und es gibt nichts schlimmeres für heranwachsende Jugendliche, als wenn sie vor Lehrern sitzen müssen, die sich eigentlich nicht für sie interessieren. Diese Weltanschauung ist besonders verheerend.

Die beiden offenen Fragen für die Erziehung im 21. Jahrhundert sind also:

1. Wie autonom können und müssen die Schulen sein?
2. Mit welchem Menschenbild betreiben wir Schule?

Schule – im Mittelpunkt steht der Mensch

In seinem Buch »Das Technopol« hat der bekannte Medien- und Kulturkritiker Neil Postman auch die Rolle der Schule in unserer informationsüberfluteten Gesellschaft betrachtet. Er fragt nach ihrem Sinn und schlägt dann vor, daß ...

> *... der wichtigste Beitrag, den die Schulen zur Bildung junger Menschen leisten können, vielleicht darin [liegt], daß sie ihnen ein Gefühl für die Kohärenz in ihren Studien vermitteln, ein Gefühl dafür, daß das, was sie lernen, Zweck, Sinn und Zusammenhalt hat. Die moderne Erziehung scheitert nicht deshalb, weil sie nicht lehrt, wer Ginger Rogers, Norman Mailer und tausend andere Leute waren, sondern weil sie kein moralisches, soziales*

> *oder intellektuelles Zentrum besitzt. Sie verfügt nicht über einen Komplex von Ideen oder Einstellungen, der alle Teile des Curriculums durchdringt. [. . .]*
> *Es spricht jedenfalls vieles dafür – und vor allem in unserer heutigen Situation –, den Aufstieg der Menschheit gleichsam zum Gerüst für ein neues Curriculum zu machen. [. . .]*
> *Um noch einmal zusammenzufassen: Ich schlage für den Anfang ein Curriculum vor, in dem alle Fächer als Stufen der historischen Entwicklung der Menschheit dargestellt werden.*[140]

Postman schlägt also vor, die Entwicklung der Menschheit zum alles durchdringenden Bezugspunkt der Schule zu machen. Interessanterweise ist er somit zu einer ähnlichen Forderung gekommen, wie sie Rudolf Steiner seinerzeit bei der Einrichtung der ersten Waldorfschule aufstellte. Steiner wies darauf hin, daß es von ganz besonderer Wichtigkeit sei, wenn im Unterricht jede Gelegenheit genutzt würde, die Beziehung des gerade im Unterricht Besprochenen zum Menschen aufzuzeigen.

> *Aber von ganz besonderer Wichtigkeit ist die Beziehung, die wir überall herstellen sollen, wo es nur die Möglichkeit ist: die Beziehung zum Menschen als solchem. Überall sollten wir die Gelegenheit nehmen, die Beziehung zum Menschen als solchem herzustellen. Ich will sagen, wir besprechen ein Tier, wir besprechen eine Pflanze, wir besprechen eine Wärmeerscheinung, überall ist die Möglichkeit, ohne daß wir den Unterricht zerstreuen, ohne daß wir gewissermaßen das Kind ablenken, die Sache überzuführen auf irgend etwas, was den Menschen betrifft.*[141]

Dadurch, daß der junge Mensch die Lerninhalte in einen Bezug zu sich selbst sehen lernt, vermag er sich innerlich und gefühlsmäßig mit ihnen zu verbinden. Was er lernt, wird Eigenbesitz und vor allem als sinnvoll erlebt.

Gerade was die durch das Internet vermittelte Informationsflut betrifft, die ein Übermaß an vereinzelten Wissensfragmenten anbietet, ist es wichtig, daß der heranwachsende Mensch einen Punkt hat, auf den er seine Erlebnisse beziehen kann. Er braucht etwas, das ihm die Möglichkeit gibt, den für ein befriedigendes Leben notwendigen Sinnzusammenhang der Welt zu finden. Und was liegt näher, als daß der Mensch sich selbst und den Entwicklungsgang der Menschheit zum Zentrum seines Weltverständnisses macht?

Wenn der Mensch in den Mittelpunkt gestellt und seine Bezüge zur Umwelt aufgesucht werden, entsteht in den Kindern eine innere Konsolidierung, eine innere Sicherheit im Verhältnis zur Welt. Aus dieser Beziehung kann sich allmählich eine Achtung, wenn nicht gar eine Ehrfurcht vor dem Menschenwesen als solchem herausbilden. Und das ist heute bitter nötig.

Denn gerade in unserer Zeit, welche sich mit einer Gerätewelt umgibt, die jedem ihrer Benutzer still zuraunt: »Du bist doch auch nur eine Maschine – eine schlechte sogar«, muß eine heranwachsende Generation die Möglichkeit haben, das Wesen und den Wert des Menschen zu finden.

Eltern und Lehrer gemeinsam

Sehr wichtig und für eine autonome Schule lebensnotwendig ist das Engagement der Eltern. Gewählte Elternvertreter müssen bis in die wirtschaftlichen und organisatorischen Grundlagen der Schule nicht nur ein Mitspracherecht haben, sondern aktiv und verantwortlich an der Gestaltung der schulischen Rahmenbedingungen teilhaben können.

Dabei muß jedoch auf ein gelegentlich vorhandenes Mißverständnis aufmerksam gemacht werden. Mitspracherecht für Eltern heißt nicht, daß an die Stelle der staatlichen

Schulaufsicht nun die Aufsicht der Eltern tritt. Die Kompetenz und Selbständigkeit der Lehrerinnen und Lehrer darf genauso wenig angetastet werden, wie die Lehrer in die häusliche Erziehung dirigierend eingreifen dürfen. Da gibt es beiderseits »Tabuzonen«.

Eine gegenseitige »Akzeptanz der Schwächen und Fehler« bedarf es im Verhältnis zwischen Eltern und Lehrern, was nicht heißt, daß man nicht zusammen an diesen arbeitet, um sie zu verbessern. Deshalb ist es notwendig, daß Eltern und Lehrer gemeinsam an pädagogischen Themen arbeiten.

Unsere Kinder leben im wesentlichen in drei verschiedenen Welten: in der Welt des Elternhauses, im Bereich der Schule, in der Gruppe der Gleichaltrigen, und viele leben auch noch in einer vierten: der Welt der Medien: Fernsehen, Computerspiele und Internet.

Auf die Gestaltung von zwei dieser genannten Lebensbereiche haben Eltern und Lehrer Einfluß: auf die Schule und das Elternhaus. Da wäre es von großem Segen für die Kinder, wenn Eltern und Lehrer gemeinsame pädagogische Gesichtspunkte entwickeln könnten. Das bedeutet, daß Eltern und Lehrer immer wieder zusammen an pädagogischen Grundlagen und Themen arbeiten, damit beide in der Lage sind, ihre pädagogischen Bemühungen zu verbessern – jeder auf seinem Feld, auf dem der Schule oder auf dem der Familie.

Dazu müßte es neben den Elternabenden in den Schulen Eltern-Lehrer-Gremien geben, in denen diese pädagogische Zusammenarbeit geleistet wird – eine gerade in der Zukunft immer wichtigere Aufgabe.

In diesem Sinn möchten die weiteren Ausführungen Gedanken anbieten, die Erzieher – Eltern und Lehrer – anregen können für ihre Tätigkeit.

B Lernen

Jeder lernende Mensch trägt den durchaus einzigartigen Sinn seiner Bildung in sich selbst. WERNER SESINK

Was heißt Lernen?

Wenn man Kinder unterrichten und erziehen will, braucht man ein Verständnis des Lernprozesses. Ich muß wissen, wie sich dieser Prozeß im Menschen vollzieht, sonst erziehe und lehre ich am jungen Menschen vorbei. – Aber welchen Begriff haben wir Erwachsenen eigentlich vom Lernen?

Ein Bild, das immer wieder durch die Jahrhunderte geistert, ist das vom »Nürnberger Trichter«. Es beschreibt eine Auffassung des Lernens, die auch heute noch aktuell ist: Das »Lernen ohne Mühe« – Wissen geht in mich hinein, ohne daß ich als Lernender etwas dazu tun muß. Einfach Daten auf die »Festplatte Gehirn« laden zu können, war und ist der Wunschtraum vieler Menschen.

Bild aus einer französischen Sammelkartenreihe; aus: John Clute: Science Fiction – Die illustrierte Enzyklopädie, München 1996, S. 10.

Die Geschwindigkeit der Wissensaufnahme hoffte man in der Vergangenheit immer wieder optimieren zu können. Der berühmte Erfinder Thomas Alva Edison sagte im Jahre 1922: »Ich bin der Auffassung, daß der durchschnittliche Wirkungsgrad unserer heutigen Schulbücher nicht mehr als 2 Prozent beträgt. Die künftige Erziehung wird, denke ich, durch das Medium des Films erfolgen [...] und da sollte es möglich sein, einen Wirkungsgrad von 100 Prozent zu erzielen.«[142] Was aus dieser Voraussage geworden ist, wissen wir heute.

Etwa vierzig Jahre später, als man mit den ersten Lernmaschinen experimentierte, sagte der Psychologe Burrhus Frederic Skinner: »Ich war schon bald der Auffassung, daß mit Hilfe von Lernmaschinen und programmiertem Unterricht Schüler zweimal so viel in der gleichen Zeit und mit demselben Arbeitsaufwand wie im herkömmlichen Unterricht lernen.«[143]

Und wiederum vierzig Jahre später äußert Peter Struck wiederholt die These, daß mit Hilfe von Computern »das, was Schulen bisher an fünf Tagen gemacht haben, auf den Umfang von zwei Wochentagen reduziert werden kann und das Gelernte dann auch dreimal so lange im Kopf des Schülers haften bleibt«.[144]

Hinter solchen Behauptungen verbirgt sich im Grunde immer wieder die alte Hoffnung, nun endlich den »Nürnberger Trichter« gefunden zu haben. Daß diese modernen Trichter »Lernmaschinen« und »Lernsoftware« die Menschen in Wirklichkeit dressieren und damit den Maschinen ähnlich machen und darüber hinaus auch eine heimliche Weltanschauung transportieren, ist bereits betrachtet worden.

Es mag »wissenschaftliche« Untersuchungen geben, die das »schnellere Lernen« durch maschinelle Unterweisung scheinbar belegen. Aber solche Untersuchungen können nur äußerliche Feststellungen machen. Wenn man Kinder darauf untersucht, wie schnell sie einzelne Informationen aufnehmen und wie viel sie davon nach einiger Zeit wieder zu Papier bringen können, dann habe ich nur ein »Input-Output-Verhalten« beobachtet. Ob sie die Informationen wirklich verstanden haben, ist eine ganz andere Frage.

Es ist ein Trugschluß, wenn man glaubt, daß die Fähigkeit, eine Information aufnehmen und korrekt wiederzugeben, schon bedeutet, etwas gelernt zu haben. Wenn ich eine Information in mein Gedächtnis aufnehme, verfüge ich über Wissen. Das heißt aber noch nicht, daß ich auch begriffen habe, was ich weiß. Denn zwischen Wissen und Begreifen ist ein großer Unterschied. Begreifendes Lernen ist etwas, was nicht bloß im Kopf geschieht, sondern wobei der ganze Mensch beteiligt ist, mit seinem Fühlen und seinem Willen.

Unser Kopf ist keine »Festplatte«, auf der etwas gespeichert wird. Lernen ist ein Vorgang, der in die Lebensprozesse des Menschen eingreift. Diese müssen also beim Unterrichten mit beachtet werden. Das allerdings führt zu überraschenden Folgerungen, denn einer der zentralsten Lebensprozesse ist der Schlaf. Und – so paradox es zunächst klingen mag – gerade der Schlaf muß beim Lernen mit berücksichtigt werden.

Der Schlaf

Im Schlaf wird das am Tag in der Schule Erlebte verarbeitet. Wer in dieser Hinsicht ein wenig Selbstbeobachtung treibt, kann bemerken, wie sich im Schlaf Gedankengänge und Ansichten des Vortages verändern, ja sogar ungelöste Fragen eine Antwort finden.[145]

Als ich zum Beispiel für ein Examen zu lernen hatte, stellte sich mir in der Vorbereitung ein physikalisches Problem. Die mathematische Behandlung wollte und wollte nicht gelingen. Ich arbeitete mehrere Stunden, ja fast den ganzen Tag an der Lösung dieser Frage. Der richtige Ansatz ließ sich nicht finden. Frustriert und von der gedanklichen Anstrengung erschöpft, ging ich abends zu Bett.

In der Nacht träumte ich, daß ein Physik-Professor mir die richtige Lösung an einer Tafel vorrechnete. Ich wachte am anderen Morgen auf und hatte noch eine deutliche Erinnerung an die Situation des Traumes, aber nicht mehr an die Einzelheiten der Erklärung. Als ich an diesem Morgen an das Problem des Vortages wieder anknüpfte, fand ich sofort den richtigen Ansatz und hatte nach einer halben Stunde die richtige Lösung gefunden.

Ist man einmal auf die Wichtigkeit des Schlafes für das Begreifen aufmerksam geworden, dann findet man es immer wieder auch bei anderen Menschen. So wird in den Autobiographien vieler Forscher immer wieder erzählt, daß sie solche Erlebnisse hatten.

Der große Chirurg Ferdinand Sauerbruch (1875–1951) erzählt beispielsweise in seinen Erinnerungen, wie er zu der bahnbrechenden Idee kam, die es erlaubte, am offenen Brustkorb zu operieren, ohne daß dabei der Patient erstickte. Nach einem Gespräch mit seinem Chef, Professor von Mikulicz, entließ ihn dieser …

> *… mit der Mahnung, die Ausarbeitung einer Thorax-Chirurgie sei das hervorstechendste Problem der ärztlichen Kunst unserer Zeit. Man habe gelernt, die Bauchhöhle zu öffnen, und so müsse sich doch auch eine Möglichkeit finden lassen, in den Brustkorb vorzudringen. […] Für geraume Zeit ging ich wie ein Träumer umher. Ich hatte nichts anderes im Kopf als die Anregung meines Chefs. Im übrigen verrichtete ich meinen täglichen Dienst. Zu einer abermaligen Aussprache mit dem Geheimrat kam es nicht, aber eines Nachts – es war gegen drei Uhr – erhob ich mich taumelnd aus halbem Schlaf. Ich weiß noch heute genau, daß mein Herz vernehmbar pochte, denn ich fand mich an der Schwelle einer vorläufig noch unklaren »Möglichkeit«.*[146]

Aus dieser »unklaren Möglichkeit« heraus, die Sauerbruch in dieser Nacht immer klarer wurde, entstand dann tatsächlich ein Verfahren, das den Durchbruch zu den heute selbstverständlich gewordenen Operationen im Brustkorbbereich brachte. – Wenn es eine so spektakuläre nächtliche Erfahrung ist, wird sie aufgeschrieben oder erzählt. Aber in weniger spektakulärer Form geschieht eine solche innere Arbeit in jedem Schlaf.

In seinen pädagogischen Vorträgen sprach Rudolf Steiner deutlich über die Notwendigkeit, die Vorgänge während des Schlafes in die Methodik des Unterrichts mit einzubeziehen. Was man als Lehrer am Tag mit den Kindern unternimmt, hat eine Wirkung auf die Art und Weise, wie das Seelische und Geistige des Kindes im Schlaf leben. Und am nächsten Tag kommt das Kind mit den Nachwirkungen dieses – ihm zwar unbewußten, aber dennoch real vorhandenen – nächtlichen Lebens in die Schule. Diese müssen dann in angemessener Weise von den Lehrern aufgegriffen werden. Dann haben die Kinder eine Chance, sich mit den Lerngegenständen wirklich innerlich zu verbinden und zu begreifen.

Darauf, daß Lernen den Schlaf braucht, weist auch eine erst kürzlich veröffentlichte Studie der Harvard Medical School (USA) hin: Eine Gruppe von Versuchspersonen hatte über mehrere Tage eine kompliziertere visuelle Unterscheidungsaufgabe an Bildschirmen zu üben. Die eine Hälfte der Teilnehmer mußte in der ersten Nacht wach bleiben, während sie in der zweiten und dritten Nacht schlafen durften. Der andere Teil der Versuchspersonen durfte in allen drei Nächten schlafen. Als man am vierten Tag den Lernerfolg überprüfte, stellte sich heraus, daß die Gruppe, die in allen Nächten hatte schlafen dürfen, die Aufgaben besser bewältigte als die andere. Die Teilnehmer der Gruppe, die in der ersten Nacht auf ihren Schlaf verzichten mußten, zeigten kaum eine Verbesserung im Vergleich zum ersten Tag der

Untersuchung, obwohl sie auch zwei Nächte hatten schlafen können.

»Wir nehmen an, daß der Schlaf der ersten Nacht den Prozeß der Erinnerungskonsolidierung in Gang setzt«, so berichtet der Forscher Robert Stickgold. »Es scheint so, daß das Gehirn Erinnerungen auswäscht, falls es nicht einen Prozeß gibt, der sie festnagelt. Mein Verdacht ist, daß Schlaf einer dieser Prozesse ist, die etwas festnageln.[147]

Wie kann man aber den Schlaf in den Unterricht konkret mit einbeziehen? Das beginnt schon bei der Gestaltung des Stundenplanes. Ein Unterrichtsthema muß an direkt aufeinanderfolgenden Tagen behandelt werden können, was konsequent gedacht zu einem Epochenunterricht führt, wie er beispielsweise an den Waldorfschulen üblich ist. Ein Themengebiet wird jeden Tag im Rahmen eines zweistündigen Hauptunterrichtes etwa drei bis vier Wochen lang intensiv behandelt.

Man kann den Schlaf aber auch in die methodische Handhabung eines Unterrichtsgebietes einbeziehen. Das sei an einem Beispiel aus dem Physikunterricht erläutert: Man zeigt den Kindern erst in der zweiten Hälfte der Stunde ein Experiment oder läßt sie es selbst durchführen. Nachdem der Versuch beobachtet wurde, läßt man die Klasse den Aufbau des Experimentes, die Durchführung und Beobachtungsergebnisse aus der Erinnerung nochmals genau wiederholen. Dann ist die Stunde zu Ende. Die Kinder haben ein möglichst genaues Bild von dem beobachteten Experiment. Mit diesem gehen sie abends in den Schlaf. Am anderen Morgen kommen sie mit dem während des unbewußten Schlafes weiter verarbeiteten Bild in die Schule. Und nun beginnt der Physikunterricht des anderen Tages damit, daß das durch den Schlaf bearbeitete Bild vom Vortag aus der Erinnerung wiederum hervorgeholt wird und jetzt erst das Wesentliche des Experimentes herausgearbeitet wird. Erst am zweiten Tag also wird das physikalische Gesetz aus der Beobachtung abgeleitet.

Das stellt zwar die gewöhnlich im Unterricht angewandte Methodik auf den Kopf, aber sie wird in Waldorfschulen seit vielen Jahrzehnten mit Erfolg angewandt. Denn auf diese Weise kann man die meist unbewußt bleibenden feinen Lebensprozesse, die die Kinder mit den Unterrichtserfahrungen machen, in das Lernen mit einbeziehen. Man unterrichtet dann mit den im Schlaf verlaufenden Lebensvorgängen und nicht gegen sie.

Rudolf Steiner formulierte drastisch, was seiner Meinung nach mit den jungen Menschen geschieht, bei denen man nicht auf solche Zusammenhänge achtet:

> *Wenn wir nämlich gar nicht Rücksicht nehmen darauf, daß der Mensch schläft – und der heutige Unterricht tut das ausnahmslos, er denkt gar nicht daran, daß der Mensch auch schläft, höchstens hygienisch – und daß da im Menschen in irgendeiner Weise dasjenige fortschreitet, was man im Unterricht tut, dann hat das eine ganz bestimmte Wirkung: Man macht den Menschen dadurch, daß man nicht Rücksicht nimmt darauf, daß etwas in der Nacht aus ihm heraußen ist, zum Automaten.*[148]

Lebendige Begriffe

Jeder erwachsene Mensch, der mit inneren Fragen durch das Leben geht, hat schon einmal die Erfahrung gemacht, daß er etwas weiß, weil er es gelesen oder von einem ihm vertrauenswürdig erscheinenden Menschen gehört hat. Man lebt mit einem solchen Gedanken, gibt ihn vielleicht sogar an andere weiter, und dennoch hat man eines Tages das Erlebnis, daß im Inneren ein Licht aufgeht: »Ach so, jetzt begreife ich eigentlich erst, was dieser Gedanke bedeutet!«

Vor und nach diesem Erlebnis erzählt man den Gedanken inhaltlich gesehen gleich. Was aber völlig anders ist, ist das innere Verhältnis zu diesem Gedanken, den man jetzt endlich richtig begriffen hat.

Vorher habe ich ihn »gewußt«, weil ich ihn im Vertrauen auf meine »Quelle« aufgenommen und verstanden habe. Danach brauche ich dieses Vertrauen nicht mehr, denn ich besitze einen eigenen unmittelbaren Zugang zu dem Gedanken; eine ganz individuelle, eine Gefühlsbeziehung ist entstanden. Es ist jetzt *mein* Gedanke.

Lebendige Begriffe und Gedanken machen im Laufe des Lebens also Verwandlungen durch. Ich verstehe eine Sache zunächst mehr vom Verstand her, und mit den Jahren erweitert und vertieft sich das Verständnis immer mehr, obwohl der logische Gehalt derselbe bleibt. Es gibt der Seele einen inneren Reichtum, wenn in ihr viele Begriffe und Gedanken leben, die solche Entwicklungen mit zunehmendem Alter durchmachen können.

Junge Menschen brauchen daher lebendige Begriffe in ihrer Seele, die mit ihnen zusammen alt werden und sich im Laufe der Biographie entfalten und reifen können. Bloß maschinell eindressierte Begriffe und Definitionen sind meist so unveränderlich, daß sie mit der Seele nicht mitwachsen können. Die Gedanken bleiben dann starr und die Seele leer, wenn der Mensch älter wird.

Interesse

Wirkliches Lernen hat nicht nur etwas mit dem Kopf zu tun, sondern ergreift auch unser Fühlen und Handeln. Lernen wollen heißt immer auch, sich für eine Sache zu interessieren. Ich muß offen und bereit sein, mich dem zu Lernenden hinzugeben. Man kann pointiert sagen: Ich muß zuerst eine Sache lieben, bevor ich sie begreifen kann. Nur dann habe ich die Voraussetzungen zum wirklichen Begreifen. Hingabe und Liebe zur Sache sind somit die seelischen Grundvoraussetzungen des Begreifens.

Man mag einwenden, daß Kinder zur Kritikfähigkeit erzogen werden sollten. Hingabe bedeute doch, daß man sich selbst aufgibt – und das dürfe in der heutigen Welt nicht sein. Gerade als erwachsener Mensch müsse man über Kritikfähigkeit verfügen.

Aber zweierlei ist richtig. Zum einen ist die Kritikfähigkeit etwas, was Jugendliche naturgemäß entwickeln. In einer achten, neunten oder zehnten Klasse erlebt man als Eltern oder Lehrer, wie die pubertierenden Jugendlichen mit erbarmungsloser Kritik ihre Umgebung beurteilen können.

Zum anderen gehört zu einer sachgemäßen Kritik, daß ich wirklich begriffen habe, was ich kritisieren will. Bevor ich etwas kritisiere, muß ich verstanden haben, was sachlich vorliegt. Dieses Verstehen, das jeder vernünftigen Kritik vorausgeht, setzt aber eine liebevolle Hingabe voraus. Das heißt, die Schulung der Kritikfähigkeit setzt die Schulung der Hingabefähigkeit voraus! Und diese Fähigkeit fehlt in unserer Kultur in hohem Maß.

Die Ausbildung der Liebefähigkeit, des Weltinteresses muß in unseren Schulen geleistet werden. In den Grundschuljahren sollte vor allem die Hingabefähigkeit, die Liebe zur Sache, das Interesse an der Welt geweckt und bewußt gepflegt werden. Darauf kann in den späteren Klassen die Schulung der sachgemäßen Kritik aufbauen. Denn das selbständige, freie und kritische Urteil des Erwachsenen setzt seine Offenheit, sein Interesse an der Umwelt, kurz: seine Liebe zur Sache voraus.

In ihrem Leben erfahren Kinder Hingabe und Liebe zuerst an den Erwachsenen ihrer Umgebung, den Eltern, dem größeren Familienumkreis und dann eben an ihren Lehrern. An diesen Menschen müssen sie Liebe und Hingabe erfahren können, sonst setzt ein Vertrauensverlust ein, der für das ganze Leben nicht wieder gutzumachen ist.

Deswegen ist verständlich, warum Rudolf Steiner bei der Gründung der Waldorfschule so viel Wert darauf legte, daß zwischen Lehrern und Schülern ein liebevolles Verhältnis besteht. »Habt ihr eure Lehrer lieb?« fragte er die Kinder immer wieder. Eindringliche Kritik übte er an den Lehrern, wenn diese im Alltagsgeschäft ihre innere Verbindung zu den Kindern vernachlässigten, wenn sie die Pflege des Interesses an ihren Schülern vergaßen. Denn es ist die Grundvoraussetzung für eine Schule, die Kinder zu freien und selbständigen Menschen erziehen will, daß alles Lernen von einer Atmosphäre der Hingabe und des lebendigsten Interesses für Mensch und Welt durchdrungen ist. Und das größte Interesse muß gegenüber den anderen Menschen herrschen.

Die Individualität

Ein viertes Element kommt beim Lernen hinzu, das niemals vernachlässigt werden darf: die Persönlichkeit der Lehrerin oder des Lehrers.

Wer sich mit Biographien beschäftigt, kann immer wieder erleben, wie einschneidend Erlebnisse sind, die Menschen mit ihren Lehrern hatten. Da leben tiefe Enttäuschungen und Verletzungen in der Erinnerung von Menschen, aber auch dankbare Empfindungen oder Gefühle der Achtung steigen auf, wenn sie an einzelne Lehrerpersönlichkeiten zurückdenken.

Was im einzelnen gelernt wurde, ist kaum noch im Gedächtnis, aber was im Leben tragend wirkt, was das Denken und Fühlen geprägt hat, sind die Erlebnisse, die man mit Lehrerpersönlichkeiten hatte. Da gibt es die komischen Lehrer – die Originale –, über die man ein Leben lang immer wieder schmunzeln kann, aber auch diejenigen sind sicher dabei, unter denen man gelitten hat. Gerade an der Art, *wie* Lehrer mit ihren Schülern umgehen, können die Kinder enorm viel lernen.

Zwei Lehrer sind mir zeitlebens ein Ideal gewesen. Bei dem einen ging ich immer wieder aus dem Unterricht und hatte die bewundernde Frage: »Wie kann man nur so viel wissen? Wie macht der das?« Egal welches Thema wir im Unterricht anschnitten, er konnte aus dem Stegreif eine ausführliche Darstellung geben und hatte dabei meist noch interessante Aspekte, die man in Büchern nicht so leicht oder gar nicht finden konnte.

Der andere war mir zeitlebens ein Vorbild für klares und sachliches Urteil. »Das würde ich gern können; wie lernt man das?« war die Frage, die ich mir als Schüler stellte. Und im späteren jungen Erwachsenenleben fragte ich mich bei schwierigen Lebenssituationen oft: »Wie würde mein alter Lehrer in dieser Situation jetzt urteilen?«

Ich mache diese persönlichen Bemerkungen, um zu verdeutlichen, daß an der Persönlichkeit der Lehrerin oder des Lehrers sehr vieles gelernt werden kann, was nicht zum Schulstoff gehört – aber für die Biographie außerordentlich wesentlich ist, wesentlicher als der Schulstoff. Dankbarkeit gegenüber den ehemaligen Lehrerinnen und Lehrern kann im Laufe des Lebens entstehen – wenn zwischen Lehrer und Schüler ein Verhältnis des gegenseitigen Interesses und der Achtung vorhanden ist.

Jeder, der an seine Kindheit und Jugend zurückdenkt, erlebt dabei, wie tief die Persönlichkeiten der Lehrer geprägt haben – im Guten wie im Schlechten.

Eine Erinnerung von Roland Betsch

In der zweiten Volksschulklasse bekam ich dann einen Lehrer, der viel zu viel Güte besaß für uns Indianer. Von allen Lehrern, die mir im Gedächtnis geblieben sind, besitzt dieser heute noch die stärkste Plastik und Leuchtkraft, ein Beweis, daß der Güte des

Herzens ein Schmelz von Unvergänglichkeit anhaftet. Warum konnte dieser Lehrer nicht verblassen im Laufe der Zeiten, in der besessenen Flucht der Jahre; warum drängte er sich so oft mit einer fast gebieterischen Kraft in meine Gedanken? Ich will das hier nur kurz erzählen. Er las uns einmal aus der Biblischen Geschichte vor, und da hieß es irgendwo: ›Nehmet von des Landes besten Früchten, und bringet dem Manne Geschenke hinab: Honig, Mandeln und Datteln!‹

Und der Lehrer, gründlich wie er war, fragte uns, ob wir denn wüßten, was Honig sei? Honig, hoho, natürlich kannten wir Honig; wir hatten ihn alle schon auf dem Brot gegessen und bei Husten in der heißen Milch getrunken. Nun gut, fuhr er fort, ob uns auch Mandeln bekannt seien? Klar, daß uns Mandeln bekannt waren; die gab es zu Hause manchmal beim Kuchenbacken oder beim Weihnachtsgebäck.

Aber Datteln? Wie sah es mit den Datteln aus? Nein, Datteln kannten wir nicht. Datteln hatten wir noch nicht gesehen. Und nun beging der Lehrer die großartige Handlung. Er zog seine Geldbörse heraus, entnahm ihr dreißig Pfennige und schickte mich in einen kleinen Delikatessenladen, um Datteln zu kaufen. Ich erhielt für dreißig Pfennige eine ansehnliche Tüte voll. Wir mochten zwanzig Schüler gewesen sein, die nun eine Dattelorgie feiern sollten; denn der Lehrer verteilte an uns die klebrigen Früchte.

Wir verzehrten sie, mitten im Unterricht. Man stelle sich das einmal vor – mitten im Unterricht verzehrten wir arabische Wüstenfrüchte. Es herrschte eine wahre Dattelandacht, eine schmatzende, kauende, morgenländische Weihestimmung. Lange noch lutschten wir an den länglichen Steinen. Ich glaube, man nennt das Anschauungsunterricht. Und wenn ich heute Datteln esse, taucht mit magischer Kraft das Bild jenes Lehrers auf, der das unerhörte Dattelerlebnis aus dem Nichts zauberte.

Und wenn ich in hundert, in tausend Jahren Datteln essen sollte, dein Bild, du Freund, wird nicht verblaßt sein; denn unsterblich ist die Menschengüte!‹[149]

Vorschlag

Wenn man sich die Wirkung des Lehrerpersönlichkeit auf die Schüler klar macht, wird deutlich, daß maschinelles Lernen mit einer Lernsoftware dieses wichtige Lernen an der Persönlichkeit des Lehrers ignoriert.

Es mag Lehrer geben, die so unpersönlich unterrichten wie eine Maschine – aber diese dürfen nicht der Maßstab sein für die Diskussion um die Schule der Zukunft. Sie sollten eigentlich in keiner Schule zu finden sein.

Die wichtige Frage der Zukunft ist also: Wie kommen starke und liebevolle Persönlichkeiten in die Schulen? Wie erreichen wir, daß es möglichst viele Lehrerinnen und Lehrer gibt, denen es gelingt, eine innere Beziehung zu den ihnen anvertrauten Schülerinnen und Schülern aufzubauen?

Es müssen die Lehrerinnen und Lehrer in den Schulen in besonderem Maße die Fähigkeit haben, junge Menschen wirklich zu verstehen und die Gabe besitzen, in den Heranwachsenden die verborgenen Seiten ihres Wesens zu erkennen und zu pflegen.

Wir brauchen die Schulen nicht technisch zu vernetzen, sondern was Not tut, ist die menschliche Vernetzung. Wir brauchen Lehrerpersönlichkeiten, die menschliche Beziehungsnetze herzustellen in der Lage sind.

Wie bekommen wir solche Menschen in die Schulen? Das ist die eigentliche Frage unserer heutigen Schulmisere. Zweierlei ist wesentlich: Die Lehrerausbildung muß auf dieses Ziel hin verändert werden, und die Auswahlkriterien für die Anstellung von Lehrern müssen andere werden.

Die Ausbildung an den Universitäten ist oft so praxisfern, daß man das meiste von dem, was man dort gelernt hat, getrost vergessen kann. Man hat sich zwar einige intellektuelle Fähigkeiten angeeignet, ist aber anschließend genauso unfähig, als Lehrer zu arbeiten, wie vorher.

»Die im Schulalltag so entscheidenden erzieherischen Probleme kommen im Studium kaum vor. Die Ausbildung an den Universitäten ist viel zu theoretisch«, so eine pensionierte Lehrerin im Rückblick auf ihre Studienzeit.[150]

Was Lehrer für ihre Arbeit in den Schulen brauchen, sind neben dem Können in ihrem speziellen Fach vor allem einfache *alltägliche Fähigkeiten*, die heute jedoch kaum noch vorhanden sind:

- mit Kindern Lieder singen, einen kleinen Chor leiten zu können,
- mit Kindern instrumental musizieren zu können,
- mit Kindern malen, zeichnen und plastizieren zu können,
- Kindern Vertrauen und Zuneigung vermitteln zu können,
- mit Kindern ernste, offene und liebevolle Gespräche führen zu können,
- viel Humor zu haben,
- Behinderungen und Störungen in der kindlichen Entwicklung wahrnehmen zu können,
- therapeutisch-pädagogische Gesichtspunkte zu haben.

Was in der Zukunft immer notwendiger sein wird, sind auch diagnostische Fähigkeiten. In die Lehrerausbildung gehört unbedingt eine elementare praktische Einführung in die Diagnostik abnormer kindlicher Verhaltensweisen. Tätige Ärzte und Psychologen und vor allem in der unmittelbar praktischen pädagogischen Tätigkeit stehende Menschen sollten daher vermehrt die Lehrer ausbilden und nicht nur Professoren, die oftmals nie vor einer Klasse gestanden haben.

In die Lehrerausbildung gehört auch eine ausführliche Betrachtung des werdenden Menschen. Der Lehrer muß übergeordnete Gesichtspunkte haben, von denen aus er seine Unterrichtsinhalte und seine Methodik einrichtet. Und vor allem: Die Lehrerausbildung sollte Freude machen. Sie hat selbst ein Vorbild der späteren Unterrichtsstimmung zu sein. Da liegt heute sehr viel im Argen.

Die Aufnahme in die Lehrtätigkeit sollte nicht von guten Noten im Lehrerexamen abhängig gemacht werden. Ich selbst habe mehr als einmal Kandidaten mit sehr guten Zeugnissen hoffnungslos Schiffbruch erleiden sehen. Andererseits kenne ich geschätzte und tüchtige Kollegen, die schlechte Noten im zweiten Examen hatten, weil sie während der Ausbildung Zivilcourage zeigten und immer wieder ihre eigene Meinung vertraten. Auch die bereits zitierte pensionierte Lehrerin bemerkt im Rückblick auf ihre Tätigkeit: »Als nur Bewerber mit Einser- und Zweier-Examen eingestellt wurden, in den achtziger Jahren, kamen nicht immer die fähigsten Lehrer an die Schulen.«[151]

Die Aufnahme neuer Lehrer in den Schulen sollte vor allem von der Fähigkeit, Beziehungsnetze zu knüpfen, andere für ein Thema begeistern zu können, und von der Fähigkeit, sich rasch in ein neues Wissensgebiet einarbeiten zu können, und vor allem vom pädagogischen Engagement abhängig gemacht werden.

Unsere Kinder brauchen engagierte Pädagogen, die begeistern können, keine trockenen Wissenschaftler. Humorvolle Lehrer brauchen sie, die in Kinderherzen hineinlauschen können und auch das hören und verstehen, was nicht ausgesprochen werden kann.

Unsere Kinder haben sich derart verändert, daß wir mit den klassischen Konzepten nicht mehr weiter kommen. Das gilt für alle Schulen, auch für die Waldorfschulen.

Wenn man die heutige Situation anschaut, dann gewinnt ein Vorschlag Rudolf Steiners aus der Zeit des ersten Weltkrieges eine beklemmend drängende Aktualität:

Bekanntmachen wird man sich immer mehr und mehr müssen damit, daß gerade beim Kinde aus der Art, wie es sich darlebt, aus der Art, wie es denkt und spricht und Gesten macht, nicht voll der innere Mensch äußerlich erschlossen werden kann. Es kommt eben nicht mehr der innere Mensch im Äußeren ganz zum Ausdruck, und am ersten zeigt sich das am Kinde. Das Kind ist vielfach heute schon etwas ganz anderes, als was es äußerlich zum Ausdruck bringt. Man hat sogar schon extreme Fälle. Kinder können äußerlich aussehen wie die ungezogensten Rangen, und in ihnen kann ein so guter Kern stecken, daß sie die wertvollsten Menschen später werden, während man zahlreiche brave Kinder finden kann, die nicht ein bißchen ungezogen sind, [...] die aber halt keine brauchbaren Menschen werden – verzeihen Sie das harte Wort –, weil sie nicht die innere Harmonie mit sich selber und der umgebenden wahren Welt finden. Gerade auf pädagogisch-erzieherischem Gebiete muß zuerst der Grundsatz Platz greifen, daß der Mensch heute innerlich etwas wesentlich anderes ist, als was äußerlich zum Ausdruck kommt. Das aber bedingt, daß man zukünftig die Pädagogen, die Erzieher nicht so bestimmt, wie man sie jetzt bestimmt, sondern nach ganz andern Grundsätzen. Denn das Hineinsehen in ein Inneres, das sich nicht im Äußeren ausdrückt, erfordert ja etwas prophetische Gabe. Also wird es notwendig sein, die Examina für die Pädagogen so einzurichten, daß man diejenigen Menschen, die intuitive, prophetische Gaben haben, besonders gut durchkommen läßt, und diejenigen, die nicht solche intuitive, prophetische Gaben haben, durchplumpsen läßt durchs Examen, so viel sie auch sonst wissen.

Man ist heute weit davon entfernt, auf die prophetischen Gaben der Menschen zu sehen, wenn man sie für den Erzieherberuf erzieht. Aber man ist eben von vielem, das eintreten muß, heute recht weit entfernt. Dennoch wird man sich durch den Zwang der Menschheitsentwickelung dazu entschließen müssen, solchen Grundsätzen allmählich zu huldigen. Allerdings, mancher materialistisch Denkende der heutigen Zeit würde es als einen ganz verrückten Gedanken betrachten, wenn gesagt wird: Die Pädagogen sollen Propheten werden. – Aber es wird nicht immer so bleiben. Die Menschen werden gezwungen werden, gerade solche Dinge anzuerkennen.[152]

Zusammenfassung

Vier Grundelemente des Lernens findet man bei genauerer Betrachtung des Lebens:

- Die menschlichen Lebensprozesse im Wechsel von Wachen und Schlafen.
- Die Begriffe müssen in der Seele ein inneres Leben entwickeln und mit der Seele zusammen reifen können.
- Die seelische Beziehung zu den Lerninhalten selbst, Achtung, Interesse und Hingabefähigkeit.
- Die innere Begegnung der Individualität des Lehrers mit derjenigen des Schülers.

Wenn man diese vier Punkte dem gegenüberstellt, was das Lernen »mit der Maschine« jungen Menschen geben kann, wird deutlich, wie armselig und die jungen Seelen verödend das Maschinenlernen ist.

Einsamkeit und seelische Leere erzeugt diese Form der »Belehrung«. Ein lebenslanger seelischer Schaden kann davon herrühren, wenn nicht andere Erlebnisse diese Lücken heilen.

Der zunehmenden elektronischen Vernetzung unseres Lebens müssen wir daher eine Intensivierung der menschlichen Beziehungsgeflechte als ein Gegengewicht hinzufügen. Wenn es uns gelingt, Zeit und Kraft in unsere Freundschaften, in unsere Lebensgemeinschaften, in unsere Kinder zu investieren, dann kann uns die Maschinenwelt nicht schaden. Wenn wir den Wert des Menschen und des menschlichen Zusammenlebens an die oberste Stelle setzen, werden wir die technische Welt wirklich beherrschen.

Wie das in der Erziehung aussehen könnte, davon soll im Weiteren die Rede sein.

C Erziehungsaufgaben

Eine produktive Phantasie ist vielleicht der beste, wenn nicht sogar der einzige Schutz gegen den Ansturm der technisch produzierten und übermittelten Bilder.
BARRY SANDERS

Wie erziehe ich Kinder so, daß sie später als Erwachsene kreativ, initiativ und selbstbewußt in einer technischen Kultur leben und arbeiten können? Wie kann ich erreichen, daß sie einerseits in die Welt der Maschinen hereinwachsen und andererseits nicht ihre seelische Gesundheit durch die Verführungen der Maschinenwelt verlieren? Und wie werden sie freie Gesellen und Meister, die die Vorteile der Technik souverän nutzen können, ohne sich von ihr verführen zu lassen?

Hinter diesen Fragen leuchtet ein Erziehungsziel auf, das gegenwärtig gefordert ist, und viele Pädagogen glauben heute, daß man es erreichen kann, indem man Kinder möglichst früh mit Fernsehen und Computer in Berührung bringt und durch kognitive Erklärungen aufzeigt, wie man sinnvoll damit umgeht. Dieser zunächst einleuchtend erscheinende Gedanke entspricht jedoch nicht der Lebensrealität.

Das Motto »Viel Hertz und wenig Gnade ... « wird unfruchtbar bleiben. In einer Kultur, die sich immer mehr und mehr mit Technik durchdringen wird, brauchen wir nicht »Viel Hertz«, sondern viel Herz. »Wir brauchen Herz [...] wir brauchen Herz für die Pädagogik selber.«[153]

Wie bereits aus dem bisher Geschilderten deutlich geworden ist, erfordert der Umgang mit Technik eine gefestigte und vor allem ausgereifte Persönlichkeit. Die muß sich aber erst im Laufe der Kindheit entwickeln und kann im direkten Umgang mit den Medien nicht gelernt und geübt werden. Unsere technische Kultur erfordert daher, daß wir das Schwergewicht in unserer Pädagogik auf ganz andere Dinge zu legen haben, als man zunächst glaubt.

Um dies zu verdeutlichen, sei noch einmal von einem anderen Gesichtspunkt aus auf die Technik und ihre Entwicklung eingegangen.

Die Welt der Maschinen – Zerrbild des Menschen

Die Maschinenwelt ist wie eine Art Spiegelbild des Menschen. In den Maschinen sieht sich der Mensch in speziellen Fähigkeiten gespiegelt. Aber nicht nur gegenwärtig, sondern auch in seinem zeitlichen Entwicklungsgang imitiert die mechanische Welt die individuelle Menschwerdung.

Betrachten wir die letzten zweihundert Jahre der Technikgeschichte, so ist zu sehen, wie mit der Dampfmaschine die Möglichkeit der schnellen technischen Fortbewegung entstand. Die Dampflokomotive wurde erfunden, und bald verbanden Eisenbahnzüge die verschiedenen Städte. Ein Netz von Schienen verbindet heute in dieser Weise die Kulturzentren der Menschheit. Der Auto- und der Elektromotor kamen bald hinzu und ermöglichten uns auf einem mittlerweile gewaltigen Straßennetz die grenzenlose Fortbewegungsmöglichkeit.

Im 19. Jahrhundert lösten sich die Maschinen also von ihren Fundamenten los und begannen sich fortzubewegen. Man kann bildhaft sagen, sie lernten »gehen«.

1861 erfand Philipp Reis das Telefon, das sich dann durch die Erfindungen von Graham Bell (1876) und Thomas Edison (1877) im Kulturleben rasch ausbreitete. Am Ende des 19. Jahrhunderts fanden Techniker und Ingenieure die erste Möglichkeit, menschliche Sprache technisch zu konservieren und immer wieder neu abspielbar zu machen: Das Grammophon und die Schallplatte entstanden. Mit dem Beginn des

20. Jahrhunderts trat das Radio hinzu, mit dem Sprache auch drahtlos in die Ferne übertragen werden konnte. Recht schnell stand in jedem Haus ein Apparat, der Sprache hörbar machte: Die Maschinenwelt lernte »sprechen«.

In der zweiten Hälfte des 20. Jahrhunderts entstanden die gewaltigen Computeranlagen und Zusammenschlüsse von Rechenmaschinen, die den Menschen enorme Denkleistungen ersparten. Mit ihrer Hilfe trat eine ungeheure Beschleunigung der technischen Evolution ein. Maschinen wurden konstruiert, die unabhängig vom Menschen arbeiten und auf äußere Gegebenheiten und Einflüsse selbständig reagieren können. Programme wurden entwickelt, die in der Lage sind, sich selbst zu verändern und zu verbessern. Die Maschinen lernten »denken«.

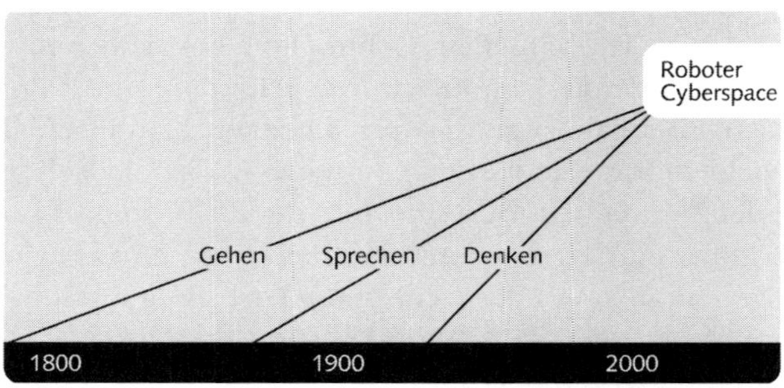

Virtuelle Welt/Roboter

Die Maschinenwelt hat also wie ein kleines Kind die drei großen Schritte der Menschwerdung nachgeahmt: Zuerst wurde das Gehen, dann das Sprechen und zuletzt das Denken imitiert. – Die drei großen Fähigkeiten des Menschen, die ihn zum eigentlichen Menschen machen, in denen sich seine Individualität, sein Ich ausdrücken kann, sind somit als Abbild innerhalb der Maschinenwelt entstanden.

Gewinn und Verlust

Das hat der Menschheit großartige Möglichkeiten gegeben. Die Welt ist durch die Kraftmaschinen zu dem viel zitierten »globalen Dorf« geworden. Man kann innerhalb von wenigen Stunden in einem anderen Erdteil sein und die dort lebenden Menschen mit Handschlag begrüßen.

Das Telefon verbindet uns im Moment mit jemandem, der 8000 Kilometer entfernt gemütlich in seinem Sessel sitzt. Wir können Gedanken austauschen, als säßen wir nebeneinander. Wir vermögen mit einem kleinen Computer in wenigen Minuten Berechnungen anstellen, für die wir ohne diese Hilfe Tage, ja Wochen an eintöniger Arbeit aufwenden müßten.

Die Kehrseite dieser Medaille war jedoch schon Plato bekannt. In seinem berühmten Dialog »Phaidros« läßt er Sokrates den Mythos von Theuth über die Erfindung der Schrift berichten. Sokrates erzählt:

Als er aber an die Buchstaben gekommen, habe Theuth gesagt: Diese Kunst, o König, wird die Ägypter weiser machen und gedächtnisreicher, denn als ein Mittel für Erinnerung und Weisheit ist sie erfunden. Jener aber habe erwidert: O kunstreichster Theuth, einer weiß, was zu den Künsten gehört, ans Licht zu bringen; ein anderer zu beurteilen, wieviel Schaden und Vorteil sie denen bringen, die sie gebrauchen werden. So hast auch du jetzt, als Vater der Buchstaben, aus Liebe das Gegenteil dessen gesagt, was sie bewirken. Denn diese Erfindung wird den Seelen der Lernenden vielmehr Vergessenheit einflößen aus Vernachlässigung der Erinnerung, weil sie im Vertrauen auf die Schrift sich nur von außen vermittels fremder Zeichen, nicht aber innerlich sich selbst und unmittelbar erinnern werden. Nicht also für die Erinnerung, sondern nur für das Erinnern hast du ein Mittel erfunden, und von der Weisheit bringst du deinen Lehrlingen nur den Schein bei, nicht die Sache selbst. Denn indem sie nun vieles gehört haben ohne Unterricht, werden sie sich auch vielwissend zu sein dünken, obwohl sie größtenteils unwissend sind, und schwer zu behandeln, nachdem sie dünkelweise geworden statt weise.[154]

Der ägyptische König hat recht behalten: In der Tat verliert sich mit dem Aufkommen der Schrift allmählich die Fähigkeit, große Epen, wie beispielsweise die Odyssee, auswendig zu kennen. Das Gedächtnis geht verloren, aber dafür wird in der griechischen Kultur das Denken als neue Fähigkeit entdeckt.

In der Maschinenwelt hat der Mensch sich selbst nach außen gesetzt. Seine ureigenen Fähigkeiten läßt er durch technische Erfindungen auf mechanische Weise ersetzen. Dabei tritt die Gefahr auf, daß eben jene Fähigkeiten verkümmern: Die Bewegungsvielfalt wird eintönig, die Sprache verliert ihre Differenziertheit, das Denken wird mechanisch.

Die gesundheitlichen Folgen des durch unsere Maschinenkultur verursachten Bewegungsmangels sind immens. Schon in der frühen Kindheit machen sich die Folgen stark bemerkbar. In der Schule kommen in die erste Klassen Kinder, die unfähig sind, rückwärts zu laufen. Viele können nicht auf einem Balken balancieren, und mit einem Hüpfseil vermögen heute die wenigsten Kinder umzugehen.

Auch die Sprache verkümmert. Die sprechenden Maschinen nehmen uns mehr und mehr das Medium, das uns Menschen zu Gemeinschaften zusammenschließen kann. 1985 stellte man bei nur etwa 4% aller Kinder Sprachstörungen fest. Nur zehn Jahre später waren es 25%, die zu Beginn ihrer Schulzeit Schwierigkeiten hatten, richtig zu sprechen.

Aber auch die Fähigkeit, selbständig zu denken, geht bei vielen Jugendlichen stark zurück, wie die bereits zitierte Studie der IHK in Hanau andeutet.

Indem die Maschinenwelt die Menschheit in die Versuchung führt, auf diese Weise ihre ureigensten Fähigkeiten verkümmern zu lassen, verführt sie sie dazu, das Menschsein überhaupt aufzugeben. – Wenn Gehen, Sprechen und Denken gefährdet sind, droht dem Menschen der Verlust seiner Individualität. Er wird zu einem bloß dahinvegetierenden Wesen, dessen Daseinszweck auf Amüsement und Unterhaltung reduziert ist. Er wird zum Massenelement degradiert, unfähig, kreativ unsere Kultur mitzugestalten.

Rainer Patzlaff spricht beim Fernsehen mit Recht von der »ichlosen Wahrnehmung«.[155] Man kann dies noch allgemeiner formulieren: *Der Umgang mit der Maschinenwelt veranlagt im Menschen ein »ichloses Leben«*. Dazu braucht es Gegengewichte. Es geht in der Erziehung darum, dem »Ich« des jungen Menschen die »Ausdruckswerkzeuge« Gehen, Sprechen und Denken geschickt und vielseitig auszubilden.

Die Erziehung in den Kindheitsjahren hat also besonders darauf zu achten, daß das Kind seinen Gang, seine Sprache und sein Denken wirklich ausbilden kann. Dafür braucht es geschützte Räume und besondere Anstrengungen von Seiten der Erzieher.

Das Grundrecht auf einen kindgemäßen Entwicklungsraum

Gehen, Sprechen und Denken lernt das Kind im Aufblicken zu den Erwachsenen seiner Umgebung. In den ersten Jahren der Kindheit ist der Mensch noch ganz Sinneswesen. Er ist mit seiner ganzen Seele an die Umgebung hingegeben, nimmt alles völlig offen auf. Dieser Wahrnehmungsvorgang ist aber nicht so losgelöst vom Innenleben wie beim Erwachsenen, sondern er durchzieht den ganzen noch kleinen Körper. Der leckere Geschmack einer Orange, die Säure eines Apfels durchzieht ihn bis in die Zehen hinein. Man kann an kleinen Kindern beobachten, wie sie mit allen Muskeln ihres Leibes auf Wahrnehmungen reagieren.

Diese Wahrnehmungen beeinflussen die Strukturbildung des Körpers. Das Kind eines depressiven Vaters hat eine andere Gehirnstruktur als ein Kind, dessen Vater oder Mutter jähzornig ist – um zwei Extreme zu benennen.

Das Gehirn eines Kindes, das durch seine Umgebung fortwährend zu vielfältigen eigenen Phantasiebildern angeregt wurde, ist völlig anders strukturiert als dasjenige eines Kindes, welches täglich ein bis zwei Stunden vor dem Fernsehgerät oder einem Computermonitor verbringt. Die Reifung des kindlichen Gehirnes ist abhängig von den seelischen Erlebnissen, die das Kind an der Umgebung hat.

Man weiß mittlerweile sehr genau, daß Umwelteinflüsse in der Kindheit strukturbildend wirken. Aber wie glaubt man darauf reagieren zu müssen? Peter Struck schreibt beispielsweise:

> *[...] weil die Kinder heute so verändert sind und derart multimedia-geprägte Hirnvernetzungen haben, daß sie überhaupt nur noch effektiv mit Hilfe des Computers lernen. Die bisherige auf die Tafel, das Buch und das Wort des Lehrers vertrauende Schule ist im Sinne eines Kosten-Nutzen-Verhältnisses so gut wie am Ende. Sie ist betriebswirtschaftlich gesehen zu teuer und zuwenig ergiebig, als daß sie noch irgendwie gerechtfertigt werden könnte,* klammert man einmal die wenigen Schüler aus, die in einer »heilen« Familie noch relativ »gut« erzogen werden.[156]

Daraus folgert Struck, daß man, um dieser Situation gerecht zu werden, den PC in die Grundschulpädagogik als festen Bestandteil einführen muß.

Man überliest so etwas leicht. Aber mit einem etwas drastischeren Vergleich läßt sich die Ungeheuerlichkeit dieses Gedankenganges verdeutlichen. Es wird im Grunde nichts anderes gesagt als: Wenn ein Baby heroinabhängig geboren ist, dann ist es, betriebswirtschaftlich gesehen, zu teuer und zu wenig ergiebig, wenn man therapeutische Maßnahmen ergreift, sondern es wäre besser, wenn man ihm weiterhin Heroin gäbe.

Weniger drastisch formuliert: Weil man schon den sehr jungen Menschen in seiner Entwicklung behindert hat, muß man ihn auch weiterhin behindern. Deutlich wird das einige Zeilen später, wo Struck dann sagt:

> *Schon jetzt wissen wir [...], daß Lerncomputer insbesondere ein Segen für das Lernen geistig Behinderter, Lernbehinderter und Verhaltensgestörter, aber auch Mehrfachbehinderter ist.* Je leistungsstärker ein Schüler ist und je besser sein häusliches Milieu, desto fragwürdiger, umstrittener ist der Einsatz von Lerncomputern auf seinem Bildungsweg.[157]

Wenn man den Menschen in den Mittelpunkt der Erziehungsbemühungen stellt, spielen Kosten keine Rolle. Dann sind betriebswirtschaftliche Gesichtspunkte verantwortungslos.

Es kann daher nur die Frage sein, wie wir Behinderungen der Kinder möglichst vermeiden, beziehungsweise wenn sie eingetreten sind, wie wir sie heilen können. Es kann nur darum gehen, wie man Schule so einrichtet, daß möglichst viele Kinder im obigen Sinne »leistungsstark« werden. Was müssen wir tun, damit für alle Kinder der Einsatz von Lerncomputern fragwürdig wird?

Es führt kein Weg an der grundsätzlichen Einsicht vorbei, daß Kinder in den ersten Lebensjahren geschützte Räume brauchen, die so gestaltet sind, daß alles, was die volle Ausbildung von Gehen, Sprechen und Denken behindern könnte, möglichst ausgeschlossen ist. Sie brauchen Umgebungen, innerhalb derer sie ihre leiblichen Strukturen optimal ausbilden können, das heißt kindgemäße Räume, in denen sie so aufwachsen können, daß sie einen möglichst gesunden und beweglichen Leib als Grundlage für ihr späteres unabhängiges und kreatives Erwachsenenleben gestalten können.

In vielen Eltern lebt die Angst, daß ihre Kinder später dem Leben nicht gewachsen sein würden, wenn sie nicht schon früh alle die Fähigkeiten ausbilden würden, die sie später als Erwachsene im Leben brauchen.

Dieser Gedanke berücksichtigt nicht, daß der Mensch ein Lebewesen ist. Alle Lebewesen machen jedoch in ihrer Entwicklung Verwandlungen und Metamorphosen durch. Beim Keim einer höheren Pflanze hat niemand Sorge um das spätere Wachstum der Pflanze, wenn nicht sofort Ansätze zu einer Blüte sichtbar sind. Im Gegenteil, wenn gleich beim Aufkeimen ein Blütenansatz da wäre, hielten wir diese Pflanze für mißgebildet. Jeder weiß, daß sich zuerst die Keimblätter entwickeln und dann nach und nach der Stengel sowie die Blätter. Erst zuletzt, nachdem die Blätter sich zurückgebildet haben, erscheint die Knospe, die sich zur Blüte entfaltet. Das ist eine Regel, die für höhere Pflanzen gilt.

Ein Ähnliches ist beim Menschen der Fall. Auch er hat Entwicklungsgesetze, und man muß abwarten, bis eine bestimmte Reife erreicht ist, bei der sich dann weitere Fähigkeiten entwickeln. Die Blüte des reifen Denkvermögens eines Erwachsenen entfaltet sich eben noch nicht in der Kindheit, sondern erst viel später. Wenn man in der Kindheit schon diese Fähigkeit trainieren will, gleicht das einem Gärtner, der die Knospe aufschält, um die Blüte schon früher zum Vorschein kommen zu lassen.

Kinder haben daher ein Recht auf ihre eigene Entwicklungszeit und auf einen ihnen gemäßen Entwicklungsraum. Das ist ein elementares Lebensrecht, das jedem neugeborenen Menschen zusteht.

Wenn man dem inneren Klang von markigen Erziehungsforderungen nachlauscht – »Kuschelecken raus aus der Schule«, »Das Leben ist so, also muß man sich frühzeitig daran gewöhnen« – dann offenbart sich im Nachhall ein grandioses pädagogisches Unverständnis, wenn nicht gar ein verborgener Haß auf Kindheit und damit den Menschen.

Das andere Extrem, beispielsweise eine mißverstandene anthroposophische Erziehungsauffassung, das die Kinder in ungesunder Weise von der Welt – »Die böse Welt« – abschotten will, ist mit den obigen Ausführungen aber auch nicht gemeint.

Es kommt auf das Gleichgewicht an. Ein Mittelmaß muß gefunden werden, denn die Überbehütung engt die Entwicklung des Kindes unnötig ein. Es trifft nicht auf die notwendigen Herausforderungen, an denen es seine Fähigkeiten üben könnte. Unselbständigkeit und Ängstlichkeit kann so für die spätere Biographie veranlagt werden. Bei seelisch starken Kindern ist dann oft ein gegenteiliger Effekt zu beobachten: Wenn sie in die Pubertät kommen und die eigenen Freiräume endlich auftreten – dann schlägt es um. Sie probieren alles aus und holen das Versäumte nach.

All dies bedeutet, daß wir Erwachsene auch selbst dieses Gleichgewichtsverhältnis für unsere Kinder herstellen können, und damit ist die Erziehung auch auf Selbsterziehung zurückgeführt. Wir selbst müssen uns und unseren Lebensstil ändern, wenn wir Kinder aufziehen wollen. Wir müssen kindgemäße Umgebungen schaffen lernen, die mit den Kindern »mitwachsen« können.

Bewegungsraum

Wie könnte solch ein »Entwicklungsraum« für Kinder aussehen? Es sollte zunächst einer sein, in dem man auf vielfältigste Weise Bewegung pflegt. Spiele, Reigen, die Phantasie inspirierende Geländegestaltungen, die zum Rennen, Klettern, Balancieren und Springen anregen. Die Erzieher sollten gemeinsam mit den Kindern mannigfaltige Bewegungsspiele, Tänze und Reigen pflegen.

Die Eurythmie als künstlerische Bewegung gehört in diesen Kanon der Bewegungsmöglichkeiten unbedingt dazu. Denn sie bildet ein starkes Gegengewicht zur Erlebniswelt der Medienkultur. Fernsehen und Computerspiele reißen das seelische Innenleben vom Bewegungsmenschen los. Bei jedem Film liegt der Leib völlig ruhig im Sessel oder auf der Couch, während die Seele tief ergreifende, intensive Regungen durchmacht. In der Kunst der Eurythmie wird gerade dieser Riß zwischen Seele und Leib geschlossen. Denn sie versucht, seelisches Erleben in äußeren Bewegungen zum Ausdruck zu bringen. Das heißt, sie drückt seelische Vorgänge in Bewegungsvorgängen aus. Sie verschmilzt zu einer Einheit, was die Medienkultur in zwei Teile auseinanderzerrt.

Gute Erfahrungen wurden auch mit – eventuell von Eltern geleiteten – klassenübergreifenden Zirkus AGs gemacht. Die ganz kleinen Kinder bis hin zu den Abiturienten können in dieser AG zusammenarbeiten und erüben sich akrobatische Fähigkeiten vom Einradfahren über das Balancieren auf einem großen Ball bis hin zu verschiedenen Formen des Jonglierens. Auf vielfältigste Weise kann so die Geschicklichkeit des Bewegungsmenschen geschult werden.

Die Geschicklichkeit des Bewegungsmenschen ist die Grundlage der Sprachentwicklung.

Man weiß mittlerweile, daß durch die Förderung der Feinmotorik das Sprachvermögen beeinflußt wird. Durch einfache Fingerübungen lassen sich bei Kindern die sprachlichen Fähigkeiten – Artikulationsvermögen und Wortschatz – erheblich steigern, wie eine russische Forscherin nachweisen konnte. Da das Sprach- und das Bewegungszentrum der Feinmotorik der Finger im Gehirn nahe beieinander liegen, vermutete sie zunächst, daß das Zentrum für Bewegung auf das Zentrum für Sprache förderlich wirken könne. Diese Vermutung konnte sie dann empirisch belegen.[158]

Der Spracherwerb in der frühen Kindheit ist nicht nur

von der Beweglichkeit der Arme, Hände und Finger abhängig, sondern vom ganzen Bewegungsmenschen. Rudolf Steiner wies in einem seiner pädagogischen Vorträge darauf hin:

> *Das Sprechen entwickelt sich ja heraus aus dem Orientieren im Raume. [...] Wie die Hand sich bewegt, wie die Hand Gesten macht, wie die Kraft in die Hand hineinergossen wird, das geht in das Gehirn und bildet den Motor für das Sprechen. [...] Das Sprechen geht nicht nur aus der Bewegung der rechten Hand hervor, die mit der linken Stirnwindung korrespondiert, sondern das Sprechen geht aus dem ganzen motorischen Organismus des Menschen hervor. Wie das Kind gehen lernt, sich orientieren lernt im Raume, wie es die ersten zappelnden, unbestimmten Bewegungen der Arme verwandeln lernt in zweckentsprechende Bewegungen, die mit der Außenwelt in Verbindung stehen, das überträgt sich durch die geheimnisvolle innere Organisation des Menschen auf die Kopforganisation. Das kommt im Sprechen zum Vorschein.*[159]

Daß Rudolf Steiner mit seinem Hinweis auf die enge Verbindung von Bewegung und Sprache Recht behalten könnte, wird durch das Untersuchungsergebnis des Amerikaners William Condon unterstützt. Condon zeigte in einer Arbeit, die er 1975 veröffentlichte, daß Säuglinge bereits am ersten Tag ihres Lebens nach der Geburt auf die menschliche Stimme reagieren. Sie reagieren mit Bewegungen ihres ganzen Körpers. Ihm war bei der Analyse von Gesprächen aufgefallen, daß der Zuhörer die Äußerungen des Sprechenden mit rhythmischen Bewegungen des Kopfes, der Finger, Beine et cetera begleitet. Er folgerte daraus, daß der Hörer die sprachliche Äußerungsfigur mit einer »passenden« Bewegungsfigur begleitet.[160]

Condon ging dann der Frage nach, wann solche »Mitbewegungen« im Laufe des Lebens zuerst auftreten. Dabei entdeckte er, daß sie schon beim Säugling von der ersten Stunde an auftreten. Er spielte Kindern auf Tonband aufgenommene Sprache vor und ließ Erwachsene mit ihnen sprechen. Dabei beobachtete er: »Auf die Tonband-Reize zeigten die Kinder keine Reaktionen. Nach der artikulatorischen Struktur der Stimme des Erwachsenen bewegten sie sich hingegen ganz präzise.«[161]

Diese Beobachtung macht auch verständlich, warum Kinder, die durch exzessives Fernsehen eigentlich sehr viel Sprache hören, trotzdem das Sprechen nicht lernen: Sie bewegen sich nicht, weder im normalen Sinne noch im nahezu unsichtbaren Sinne, wie es Condon beobachtet hat. Ihre Bewegungslosigkeit hatte ihre Sprachlosigkeit zur Folge.

Wirkliches Sprechen kann man nur in der Gemeinsamkeit mit Menschen lernen, nicht im Umgang mit Maschinen.

Sprachraum

Der kindliche Entwicklungsraum muß auch ein Sprachraum sein.

Es ist seit 1995 eine bekannte Tatsache, daß der Anteil der drei- bis vierjährigen Kinder mit verzögerter Sprachentwicklung mittlerweile auf 25% gestiegen ist. Nur zehn Jahre davor lag er bei etwa 4%. Das bedeutet, daß sich in dieser kurzen Zeitspanne die Zahl der sprachgestörten Kinder mehr als versechsfacht hat.

Eine solche Entwicklung ist nicht alarmierend, sondern katastrophal. Denn wer seine eigene Muttersprache nicht beherrscht, ist bei jeglicher Form der Bildung benachteiligt. Wer nicht richtig sprechen kann beziehungsweise nur über einen kleinen Wortschatz verfügt, der kann auch nicht richtig lesen und schreiben lernen. Er ist von einer Grundkulturtechnik ausgeschlossen – und erst recht von der sinnvollen Nutzung der Computertechnik.

Medienkompetenz setzt die Lese- und Schreibfähigkeit notwendig voraus. Diese Fähigkeiten sind für uns so wichtig wie für den Vogelflug die Fähigkeit, die Flügel bewegen zu können. Ohne Lese- und Schreibfähigkeit ist ein Mensch heute vom Leben genauso abgeschlossen wie ein flügellahmer Spatz von seinen fliegenden Schwarmgenossen. – Dieses Schicksal droht in der Zukunft immer mehr Kindern. So wird etwa Klaus Ring, Geschäftsführer der »Stiftung Lesen«, von einer Zeitung zitiert:

> *Fünfzehn Prozent der Lehrstellen-Bewerber seien heute nicht mehr vermittelbar, da ihnen die notwendigen Kenntnisse im Lesen und Schreiben fehlten; ebenso viele beendeten ihre Lehre aus den gleichen Gründen nicht. Zudem bewegten sich fünfzehn Prozent der Deutschen an der Grenze zum funktionalen Analphabetismus, 30 Prozent der Achtkläßler verfügten nach eigener Einschätzung über unzureichende Lese- und Schreibfähigkeiten.*[162]

Ring spricht ein zentrales Problem an, wenn er sagt, daß sich zu viele Eltern heute aus der Erziehung ihrer Kinder verabschiedet hätten und diese den Kindergärten und Schulen überließen.

Viele Väter und Mütter sind berufstätig und haben nicht die Zeit, sich ihren Kindern so zuzuwenden, wie es für deren gedeihliche Entwicklung notwendig wäre. Zu fragen ist allerdings, ob die Behauptung »Es ist keine Zeit vorhanden« wirklich so objektiv ist, wie es auf den ersten Blick erscheint. Unausgesprochen bedeutet sie nämlich fast immer: »Etwas anderes ist mir wichtiger.« Das mag in manchen Fällen tatsächlich richtig und notwendig zu sein. Aber es gibt auch vieles, was nicht notwendig wäre. Für ihre Kinder Verzichte zu leisten, fällt den meisten Eltern heute schwerer als noch vor dreißig Jahren.

Man scheut sich, den Kindern zuliebe Opfer zu bringen – aber genau das brauchen unsere Kinder dringend.

Zeitorte schaffen

Um die Entwicklung der Sprache zu pflegen, braucht es also den Willen, Zeit für Kinder zu haben.

Eine amerikanische Studie stellte fest, daß nach dem Zweiten Weltkrieg diese Zeit um 40% abgenommen hat: »Im Zeitraum zwischen 1960–1986 verminderte sich die Zeit, in der Kinder ihre Eltern für sich beanspruchen dürfen, für weiße Kinder wöchentlich um 10 Stunden und für schwarze Kinder um wöchentlich 12 Stunden.«[163] Als Ursache wird gesehen, daß Familien auseinanderfallen, Mütter zunehmend berufstätig sind und Väter verlängerte Arbeitszeiten haben. Dieses Faktum besteht auch in Deutschland. Zu viele Kinder kommen nach der Schule nach Hause – und sind allein.

Zusammen mit der zunehmenden Vereinsamung der Kinder ist das Fernsehen in unsere Kultur eingetreten. In dem Maße, wie die Eltern aufhörten, sich um ihre Kinder zu kümmern, etablierte sich der Fernseh- und Medienkonsum in Kindheit und Jugend.

Werner Glogauer untersuchte den Medienkonsum bei Grundschülern und stellte fest, daß mehr als die Hälfte von ihnen entweder Vielseher (23%) oder gar Exzessivseher (20%) sind. Rund ein Viertel (23%) sind Durchschnittsseher und nur 16% sind Wenigseher. Die Nichtseher in dieser Alterstufe haben nur einen mageren Anteil von 6%: »Rechnet man die Kinder, die nicht ferngesehen haben, heraus, ergibt sich für alle fernsehenden Kinder eine durchschnittliche Fernsehzeit von knapp zweieinhalb Stunden täglich.«[164] Und schon die Drei- bis Fünfjährigen sitzen täglich fast eineinhalb Stunden vor dem Bildschirm.[165]

Die Zeit, die die Kinder noch vor fünfzig Jahren mit ihren Eltern verbringen konnten, wird heute von der Unterhaltung durch eine Maschine ersetzt. Die Verdrängung des menschlichen Miteinanders durch die Maschinen hat also in ungeheu-

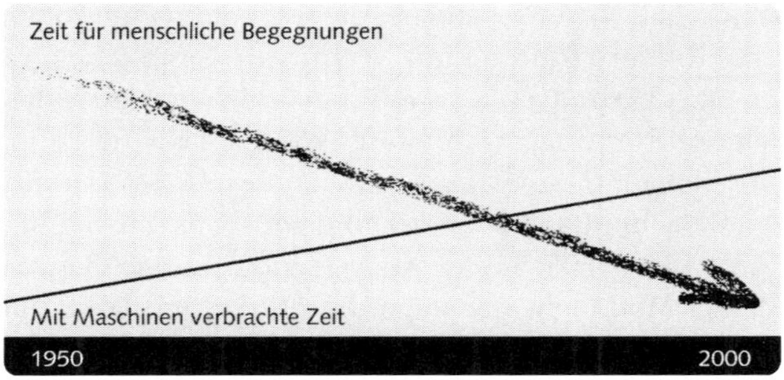

Begegnungs-/Fernsehzeit

rem Maße zugenommen. Mit dem Einsatz von Lerncomputern zu Hause und in der Schule wird sich das noch weiter steigern.

Nun wird viel zu wenig bedacht, daß bereits heute schon für viele Kinder die Schule zu einer letzten Hoffnung geworden ist. Denn für sie ist die Schule, so desolat sie im Einzelfall sein mag, der letzte Ort, wo sie Menschen treffen können, die ihnen zuhören und wenigstens eine gewisse seelische Nähe und Wärme vermitteln können. Viele Kinder haben in der Schule die einzige Möglichkeit, auf ein Umfeld zu treffen, das erzieherisch auf sie einwirkt. Und ausgerechnet dort, wo diese letzte Möglichkeit besteht, versucht man mit aller Kraft, die Maschine zwischen Lehrer und Schüler zu installieren.

Wir Erwachsene müssen umdenken lernen. Wir müssen unsere Prioritäten im Leben neu setzen. Daran führt kein Weg vorbei, wenn nicht die Gewalt und die Trostlosigkeit in unserer Kultur weiter zunehmen sollen.

Die Veränderung fängt in unserem engsten Umkreis an. Wenn wir einmal innehalten und mit ehrlicher Offenheit unsere alltäglichen Gespräche beobachten, können wir die bestürzende Erfahrung machen, daß das Maschinelle sich bereits in den Ablauf unserer menschlichen Beziehungen eingeschlichen hat. Viele Gespräche, die wir miteinander oder mit unseren Kindern führen, sind »technische Gespräche«. Selten gehen sie – besonders auch mit Jugendlichen – über das Alltägliche und Abfragbare hinaus: »Was habt ihr heute in der Schule gemacht?«, »Wo warst du gestern?«, »Was willst du morgen Nachmittag machen?« und so weiter. Zu viel bewegt sich an der Oberfläche der Konversation. Innige Gespräche, bei denen Menschen sich einander öffnen und Wesentliches austauschen, sind selten geworden.

Gerade Jugendliche haben oft eine unbefriedigte Sehnsucht nach sinnvollen Gesprächen. Ein Schüler formulierte das einmal treffend: »Es ist in den Menschen so wenig Interesse. Da will ich mit den Menschen über Dinge, die mich bewegen, sprechen – aber da stößt man auf Granit.«

Das bewußte Suchen nach Gelegenheiten zu sinnstiftenden Gesprächen ist notwendig. Inmitten einer technisch vernetzten Welt, die wir selbstverständlich akzeptieren und benutzen, muß es uns zum Ideal werden, daß wir »Zeitorte« schaffen, wo wir uns mit den uns nahen Menschen unterhalten können. Es muß uns immer wichtiger werden, daß wir Möglichkeiten einrichten, wo wir mit unseren Kindern wirkliche Gespräche führen können, wo wir Dinge besprechen, die uns existentiell angehen.

Eine Kultur des sinnstiftenden Gespräches muß uns wichtig werden.

Lesen

Unsere Kinder brauchen »Zeitorte« – einen Zeitraum, den ihnen ihre Mutter oder ihr Vater freimachen, der nur ihnen allein gehört. Eine Zeit am Tag, wo Kinder sicher sein können: »Dann sind meine Mutter oder mein Vater ganz für mich alleine da«. Bei gutem Willen kann ihn jeder Erzieher finden, und sei es auch nur die Stunde vor dem Zubettgehen. In diesem Zeitort kann die innige Begegnung des Kindes mit seinen Bezugspersonen oder mit dem alleinerziehenden Elternteil stattfinden, und diese Begegnung drückt sich in Sprache aus. Das Kind kann eigene Bekümmernisse dem anderen anvertrauen – es kann aber in dieser Zeit auch vorgelesen oder erzählt werden. Die vielen Märchen aus aller Welt können der Inhalt dieser vertrauten Stunde sein und selbstverständlich auch gute Kinder- und Jugendliteratur. Auf diese Weise erwirbt sich das Kind nebenbei eine differenzierte Sprache, die es ihm später ermöglicht, weitreichende Gedanken und Empfindungen differenziert darzustellen. Außerdem wird im Kind ein Interesse an Literatur, am guten Buch angelegt.

Man glaube nicht, daß der Computer das Buch jemals vollständig ersetzen wird, denn der Bildschirm eignet sich zum Lesen so wenig »wie ein Aquarium zum Schwimmen«.[166] Das Gegenteil ist der Fall: Die Fähigkeit des Lesens der gedruckten Sprache ist eine wichtige Voraussetzung für den freien Umgang mit Fernsehen und Multimedialität.

Der sinnvolle Umgang mit dem Internet setzt vor allem voraus, daß man lesen kann. Wenn man es nicht kann, ist dieses Instrument für den Menschen wertlos. Was nutzt mir eine Datenbank, ein Lexikon im Internet, wenn ich nicht in der Lage bin, die Daten zu lesen?

Leseförderung ist gerade im digitalen Zeitalter die zentrale Aufgabe. Das kann in der Schule angelegt und geübt werden, bedarf aber der kontinuierlichen Pflege im elterlichen Hause.

Phantasiebilder

Für Kinder ist es außerordentlich wichtig, daß das abstrakte Denken nicht zu früh abverlangt wird. So wie sich das Skelett des Kindes nicht richtig entwickeln kann, wenn es zu früh große Lasten bewegen muß, so wird das abstrakte Denken nicht zur vollen Entfaltung kommen können, wenn es dem Kind zu früh antrainiert wird.

Dennoch wird es heute noch von vielen Menschen als dogmatisch angesehen, wenn man sagt, Fernsehen und Computer haben im Spielzimmer eines Kindergartenkindes nichts zu suchen.

Es gab Zeiten und Kulturen, in denen es eine nicht hinterfragte Selbstverständlichkeit war, daß man Kleinkindern einen mit Mohnsaft getränkten Schnuller gab, wenn sie nicht einschlafen mochten. Wir halten dies heute für wenig verantwortungsvoll. Genauso kopfschüttelnd und wahrscheinlich empört würden wir über Eltern urteilen, die es zuließen, daß ihre Kinder Alkohol trinken. Eltern, die einen Fünfjährigen Zigaretten rauchen ließen, würden von uns zur Rede gestellt.

Es muß sich daher noch die Einsicht durchsetzen, daß Fernsehen und Computerspiele für die Seelen der Kinder genauso verheerende Wirkungen zeitigen wie Alkohol und Nikotin auf den Körper. Für alle diejenigen, die mit Kindern zu tun haben, sind diese Wirkungen tagtägliche Erfahrung. Und so kann die Frage aufkommen: Was müssen eigentlich Kinder noch alles anstellen, damit sich diese Einsicht bei der Mehrzahl der Eltern durchsetzt? Sprechen nicht die sinnlosen Massaker in amerikanischen und die Morde an Lehrern in deutschen Schulen eine mehr als deutliche Sprache?

Was Kinder brauchen, sind Anregungen, ihre Phantasie ausleben zu können. Beispielsweise das Spielzeug: Je weniger es auf einen bestimmten Zweck hin festgelegt ist, desto freier läßt es das Kind innere Bilder entwickeln und mit dem Gegenstand verbinden. Ein einfach behauener oder beschnitzter Holzklotz läßt der Phantasie wesentlich mehr Freiräume als ein Plastikpuzzle. Eine einfache Stoffpuppe gibt dem inneren Gestalten des Kindes mehr Freiheit als die perfekt gestylte »Barbie-Puppe«.

Je mehr die Umgebung die Bilder meiner Vorstellung vorgibt, desto weniger muß ich mich anstrengen, eigene Bilder zu entwickeln. Das ist wie mit der Entwicklung eines Muskels: Je weniger mich meine Lebenssituation auffordert, ihn zu betätigen, desto schwächer wird er. Für eine gesunde Lebensweise muß ich daher bewußt Gelegenheiten schaffen, bei denen ich die Muskulatur sinnvoll betätigen kann.

In den Kinderzimmern sollte also eine gewisse Askese bezüglich der äußeren vorgegebenen festen Bilder herrschen und dafür eine Fülle von Anregungen, eigene innere Phantasiebilder kreieren zu können. Nicht feste vorgegebene Fernsehbilder, sondern im Inneren der Seele selbst geschaffene Bilder braucht ein Kind, um seelisch gesund aufwachsen zu können.

Primärerfahrungen

Aus den ersten Eindrücken der Kindheit bildet sich die Grundlage des eigenen Weltbildes. Auf diesem gründet sich die spätere Beziehung zur Welt. Diese ersten Eindrücke sind auch das Material, aus dem sich die Phantasiebilder aufbauen können.

Deshalb sollten Erzieher streng darauf achten, daß das Kind zuerst die Wirklichkeit erlebt und nicht deren Abbild in den Medien. Denn an den Primärerfahrungen werden alle späteren Erfahrungen gemessen. Sie sind der Maßstab, an dem der Mensch die Welt beurteilt. Es sollte beispielsweise das Kind zuerst wirkliche Instrumente kennenlernen und erleben, wie aus einer Geige oder einem Klavier die Musik entsteht, bevor es mit Musik aus dem Radio oder dem CD-Player konfrontiert wird.

Es sollte die Wälder, die Berge, das Meer, die Tiere zuerst real erleben, bevor es sie im Fernsehen oder in den Bildern einer CD-Rom sieht.

Ein Tierfilm ist schön und lehrreich, aber er konzentriert die Bilder, die ein Filmteam in wochenlanger Beobachtungsarbeit zusammengetragen hat, auf wenige Minuten. Diese oft spektakulären Bilder kann man nicht so einfach in der Natur machen. Dazu braucht es viel Geduld und Zeit. Hat das Kind daher nur die Fernsehbilder als Maßstab, fehlt ihm die Grundlage, um den Wert dieser Aufnahmen wirklich angemessen beurteilen zu können. Außerdem erlebt es später die reale Natur leicht als langweilig, weil es auf die Schnelle natürlich keine spektakulären Beobachtungen machen kann.

Durch die Medien entsteht also die Gefahr einer Wirklichkeitsverzerrung: Die Realität wird an dem Surrogat gemessen. Die Welt aus zweiter Hand wird zum Maßstab des Weltverständnisses und zur Grundlage des Nachdenkens über die Welt.

Selbstdisziplin

Der Umgang mit dem Computer und vor allem mit dem Internet fordert innere Selbstdisziplin. Es ist wie beim Denken: Man will über eine bestimmte Sache nachdenken und erwischt sich schon nach kurzer Zeit, daß man bei etwas völlig anderem ist. Einen konsequenten Gedankengang ohne Abschweifungen zu denken ist anstrengend. Die wenigsten Menschen können das.

Im Umgang mit dem Internet ist die Gefahr des Abschweifens noch größer. Man sucht nach einem bestimmten Begriff und stößt dabei auf die verschiedensten Seiten, die man auch interessant findet. Man kann das ja positiv finden – aber es kostet unnötig Zeit, die nicht mehr für das wesentliche Problem, für die eigentliche Frage zur Verfügung steht.

Der sinnvolle Umgang mit dem Internet setzt die Fähigkeit der strengen Gedankenführung voraus. Die Unterscheidung zwischen Wesentlichem und Unwesentlichem muß fortwährend getroffen und darauf verzichtet werden, der fortwährend angestachelten Neugier nachzugeben.

Für die Medienkompetenz ist Selbstdisziplin also eine unbedingte Voraussetzung. Erziehung zur Medienkompetenz heißt daher auch: Erziehung zur Selbstdisziplin – und das wiederum bedeutet, verzichten zu lernen.

Das scheint im ersten Moment weit hergeholt. Bedenkt man aber, daß mindestens 5% der Internet-Nutzer onlineabhängig sind, dann zeigt sich, wie notwendig eine Erziehung zur Selbstbeherrschung ist. – Es tritt im Umgang mit dem Internet die Frage nach sinnvoller Suchtprävention auf.[167] Eine solche Erziehung ruht auf zwei Säulen:

1. Selbsterziehung der Erwachsenen: Kann ich dem Kind vorleben, wie man sich Grenzen setzt, wie man Verzichte leistet?
2. Erziehung: Bin ich fähig, Kindern altersgemäße Grenzen zu setzen und auch durchzuhalten?

Es muß beim Erzieher Forderung und Vorbild zur Deckung kommen, sonst hat er »verspielt«. Nur das, was er selbst vorlebt, darf er auch von den Kindern mit vollem Recht fordern; ein Grundaxiom der Erziehung, das in der ironischen Wendung seinen Ausdruck findet: »Wir können unsere Kinder erziehen wie wir wollen, sie machen uns doch alles nach.« – Letztendlich wirkt nur unser Vorbild – im Guten, wie im Schlechten. Daher ist die Selbsterziehung das »A und O« aller Erziehung.

Es gibt Dinge, die ein Kind noch nicht tun sollte, beispielsweise Alkohol trinken oder die Nächte »durchmachen«. Es ist also in seinem Interesse wichtig, sachlich begründete Gebote zu setzen und sinnvolle Verbote auszusprechen, die Markierungszeichen sind, an denen sich der heranwachsende

Mensch orientieren kann. Vor allem lernt er an ihnen, wie er sich später als Erwachsener einmal selbst Regeln geben kann.

Gerade in der beginnenden Adoleszenz getrauen sich viele Eltern nicht mehr, Grenzen zu ziehen, weil sie Sorge haben, daß sie die Zuneigung ihrer Kinder verlieren, wenn sie einmal »Nein« sagen. Eltern scheuen den sachlich gerechtfertigten Konflikt und erlauben den Kindern alles – entgegen ihren eigenen Auffassungen.

Man sollte wissen, daß wirklich begründbare Gebote oder Verbote von den Adoleszenten durchaus still akzeptiert werden – auch wenn sie das nicht immer zeigen. Erwachsene, mit denen sie sich nicht auseinandersetzen können, die alles mit sich machen lassen, werden von ihnen verachtet – und das mit Recht.

Schule

Für die Schule gilt besonders, daß sie ein kindgemäßer Raum sein muß. Sie steht aber in der gegenwärtigen Diskussion in einem Dilemma. Einerseits wird von ihr gefordert, daß sie modern sein und modernste Technik im Unterricht einsetzen soll, und andererseits fordern die Kinder zunächst still, und wenn sie älter werden, gelegentlich auch durch Vandalismus und Gewalt, daß die Schule ihren menschlichen Fragen gerecht wird. Wenn man Günther Anders folgt, könnte man auch sagen, die Schule muß »antiquiert« bleiben, wenn sie den Kindern gerecht werden will. Er hat in seiner scharfsinnigen Kulturkritik »Die Antiquiertheit des Menschen« pointiert dargestellt, wie das Menschliche inmitten der Maschinenwelt immer unangebrachter wird.

> *Durch unsere unbeschränkte prometheische Freiheit, immer Neues zu zeitigen [...], haben wir uns als zeitliche Wesen derart in Unordnung gebracht, daß wir nun als Nachzügler dessen, was wir*

selbst projektiert und produziert haben, mit dem schlechten Gewissen der Antiquiertheit unseren Weg langsam fortsetzen oder gar wie verstörte Saurier zwischen unseren Geräten einfach herumlungern.[168]

In dieser von Tag zu Tag größer werdenden »A-synchronisiertheit des Menschen mit seiner Produktewelt«, in dieser sich immer weiter vertiefenden Kluft zwischen Maschinenwelt und Menschenwelt hat sich die Schule klar und eindeutig auf die Seite des Menschen zu stellen, indem sie sich zu seiner »Antiquiertheit« bekennt und durch ihre Gestaltung Rechnung trägt. Nur dadurch wird sie eine Schule der Zukunft.

Ein kindgemäßes Umfeld ist in diesem Sinne immer zugleich ein »antiquierter Raum«, der mit dem Älterwerden des Kindes langsam zu einem modernen Raum werden kann und soll.

- Die Schule braucht nicht allzu viele Computer. Was sie aber dringend braucht, sind Lehrer, die Zeit für die Kinder aufbringen wollen und auch können und die mit Idealismus und Engagement in ihre Schule zu ihren Kindern gehen wollen.
- Was die Schule für viele Kinder dringend braucht, ist die Einrichtung von Förderunterricht im Rahmen von Kleingruppen.
- Was die Schule dringend braucht, sind Möglichkeiten für sinnvolle Bewegungen, sind Räume und Ausstattungen, um musikalisch tätig sein zu können.
- Was die Schule dringend braucht, sind Gelder, um ihre Bibliotheken mit guter Kinderliteratur, in der etwa Nils Holgerson, Kalle Blomquist, Momo oder Harry Potter nicht fehlen dürfen, auszustatten. Wissenschaftliche Literatur, die auch Schüler verstehen können, darf dort genauso wenig fehlen.

- Und vor allem braucht es in den Schulen Menschen, die mit Interesse und Enthusiasmus die Kinder mit der Welt der Bücher vertraut machen wollen, die mit ihnen Lesekreise und Lesewettbewerbe veranstalten, einen Jugendbuchautor zu einer Lesung einladen und vieles mehr. Ein reges Klima des Interesses an der Buch-Kultur sollte in den Schulen gepflegt werden.

Was zur modernen »antiquierten« Schule gehört, sind räumliche Begegnungsmöglichkeiten für die Mitglieder der Schulgemeinschaft. Orte wie beispielsweise ein Schülercafé, eine Bibliothek oder verstreut im Schulhaus angebrachte Sitzecken, die zum Verweilen und miteinander Sprechen und Arbeiten einladen.

Die Möglichkeit, daß »seelische Wärmeorte« im Schulhaus entstehen können, ist außerordentlich wichtig. Viele Kinder sind heute »seelisch erkältet« und suchen innere Wärme und Geborgenheit. Wenn sie im Elternhaus oder in der Schule keine finden, verhärten die Seelen oder suchen die vermißte Wärme der Gemeinschaft zum Beispiel im Drogengenuß. So erzählte mir ein Jugendlicher einmal im Rückblick auf seine Drogenzeit:

> *Eine sehr interessante Erfahrung habe ich gemacht, und zwar bezüglich der Leute, mit denen ich oft Drogen beziehungsweise Haschisch konsumiert habe. Da habe ich gemerkt, daß uns Hasch sehr stark verbunden hat. Immer wenn wir was gemacht haben, war auch Hasch dabei; da haben wir etwas geraucht und waren sofort alle zusammen in einer anderen Welt der Geistesebene und waren so auf diesem Level miteinander verbunden. Und wenn Hasch mal nicht dabei war, dann wußten wir überhaupt nicht, was wir miteinander machen sollten. Dann saßen wir einfach nur so rum und haben uns gelangweilt, und wir haben immer gemerkt, es hat etwas gefehlt und es hat sehr lange Zeit gebraucht, bis wir uns sogar auf das bewußt geworden sind.*

Eine solche Schilderung macht deutlich, wie wichtig das Erlebnis einer erfüllten Gemeinschaftsbildung gerade für Jugendliche ist.

Eine herzliche Gemeinschaft zu sein, in der es vor Kreativität und Lebensfreude nur so sprudelt – das ist das anzustrebende Ideal einer Schule. Die Schule als Kulturstätte, in der sie »in bescheidenem Maße auch zu einem die Zivilgesellschaft konstituierenden Ort« (Horst Hensel) wird.

Kreativität

»Der Computer gibt den Kindern ungeheure Möglichkeiten, kreativ zu sein: Sie können mit ihm Musik machen, schreiben, zeichnen, kommunizieren oder einfach nur spielen.«[169] Das Argument, Computer erzögen zur Kreativität, wird immer wieder genannt, wenn das Lernen mit dem Computer propagiert wird. Aber stimmt das wirklich?

Ein Erlebnis: Für eine größere Veranstaltung wollten wir ein Plakat entwerfen. Ein Mitglied unseres Kreises schlug vor, daß wir den Entwurf doch gleich am PC machen könnten, dann bräuchten wir unser Ergebnis nur auf Diskette abspeichern und zum Drucker zu bringen. Ein praktisch gedachter Vorschlag.

Wir arbeiteten verschiedene Entwürfe aus, aber keiner gefiel uns, weil alles irgendwie eckig und kantig aussah – eben einfach unkünstlerisch. Nach einiger Zeit machte ein anderer genervt den Vorschlag, endlich den PC auszuschalten und Papier und Stifte zu holen. Man könne doch anschließend, wenn wir uns auf den Entwurf geeinigt hätten, alles in den Computer einscannen und dann die Feinbearbeitung machen. Wir akzeptierten diesen Vorschlag, und es gelang uns dann recht bald ein zufriedenstellendes Ergebnis.

Nun kann man einwenden: Ihr konntet halt nicht mit

dem PC und dem Graphikprogramm umgehen. Aber meiner Beobachtung nach ist dieser Vorfall doch ein charakteristisches Beispiel dafür, daß der PC wirkliche Kreativität sehr erschwert, wenn nicht gar erstickt.

Bei der Planung unseres Schulneubaus hatten wir ein renommiertes Architektenbüro gefunden, das über die modernste Computerausstattung und die neueste CAD-Software verfügte. Aber als es daran ging, die Grundideen für die Gestaltung des neuen Hauses zu finden, arbeiteten wir mit verformbaren Tonklumpen, mit Papier und Kohlestiften, mit Schere, Pappe und Klebstoff. Nachdem nach vielen Stunden intensiver gemeinsamer Arbeit die Bauidee geboren war – das heißt, als die kreative Phase zu Ende war –, wurde gemäß dieser Idee mit Hilfe des CAD-Programmes der erste Planentwurf gezeichnet.

Mir war das eine eindrückliche Bestätigung für eigene Erlebnisse am heimischen PC: Die Kreativität liegt *vor* der Benutzung des Computers. In dem Moment, in dem ich ihn einsetze, verschwindet die künstlerische Kreativität und es bleibt höchstens eine technische Findigkeit. – Diese schlaue Findigkeit im Umgang mit Hard- und vor allem Software wird oft mit Kreativität verwechselt.

Deutlich wird das an einem Beispiel, das Seymour Papert in seinem Buch »Revolution des Lernens« beschreibt:

> *Bevor der Computer in ihr Leben trat, hatte Joanne ein Projekt als Teil ihres Biologieunterrichts entwickelt. Im Mittelpunkt dieses Projekts stand das menschliche Skelett, und sie behandelte es, indem sie die Schüler aufforderte, einen Knochen auszuwählen und über ihn einen Bericht zu schreiben. Als die Computer eingeführt wurden, tat sie, was sie immer schon getan hatte, außer daß die Schüler Logo* [eine von Papert für Kinder entwickelte Programmiersprache, EH] *inzwischen gut genug beherrschten, um ihren Bericht auf den Bildschirm zu schreiben, anstatt Papier*

und Bleistift zu benutzen. In einer Hinsicht blieb alles beim alten, nur das Medium änderte sich. Diese Änderung hatte jedoch Folgen. [. . .]

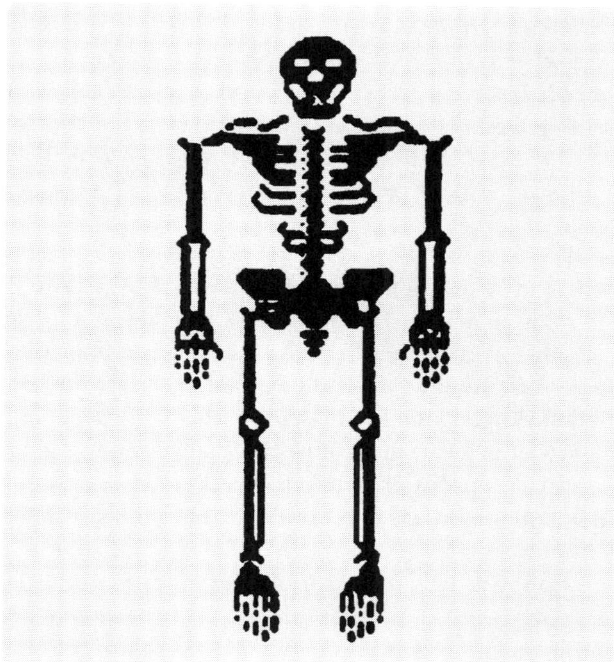

Skelett aus Computerprogramm

Das Beispiel des Skeletts, Ergebnis einer Zusammenarbeit von vier Schülern, zeigt einige Merkmale, die typisch dafür sind, was in einer Computerumgebung passiert.
Erstens, die Schüler wandelten ihre Aufgabe, einen Knochen zu beschreiben, in die Aufgabe um, das gesamte Skelett darzustellen. Diese Zielsetzung war erst dadurch möglich, daß der Computer wesentlich bessere Arbeitsbedingungen schuf: Die von den

einzelnen Schülern geleistete Arbeit konnte leichter zu einem Ganzen zusammengesetzt werden. Bei genauerer Betrachtung wird deutlich, daß die Module in verschiedenen Bereichen anwendbar sind und, was das Wichtigste ist, daß Änderungen leicht durchgeführt werden können ohne unsauber aussehende Korrekturen oder aufwendiges Neuschreiben. Zweitens, aufgrund eben dieser Arbeitsbedingungen war eine doppelte Zielsetzung möglich, die in diesem Beispiel sehr gut erkennbar ist: Die Figur wurde sowohl mit Blick auf ihre ästhetische Wirkung als auch mit Blick auf naturwissenschaftliche Genauigkeit erstellt.[170]

Was haben die vier Sechstkläßler wirklich gelernt? Vom Skelett selbst haben sie die abstrakten Umrisse kennengelernt. Was sie aber vor allem gelernt haben, ist, wie man die Maschine so behandelt, daß sie dieses Bild zeichnet. Sie beherrschen den Umgang mit der Maschine, aber vom Skelett haben sie nicht viel gelernt, denn ihre Hauptanstrengung ging auf die Konstruktion des Programms. Das Skelett war eigentlich nur der Aufhänger, um sich mit dem Computer beschäftigen zu können.

Im Kontrast dazu seien zwei Bilder eines Skelettes beziehungsweise von dessen Teilen wiedergegeben, die eine Achtklässlerin in ihrem Schulheft gemalt hat – ganz gewöhnlich mit Papier und Bleistift.

Worauf richtete sich das Bewußtsein der Schülerin, als sie diese Bilder zeichnete? Sie mußte sich ganz mit dem Knochen beschäftigen, mit seinen Rundungen, die sich im Schattenspiel zeigten, seiner Gestalt, seinen Proportionen und so weiter. Diese Schülerin hat etwas vom Knochen erlebt und durch eigene Kreativität und künstlerische Fähigkeit wiedergegeben.

Wenn man das mit dem Computer erzeugte Bild vom Skelett mit der Handzeichnung vergleicht, sieht man deutlich

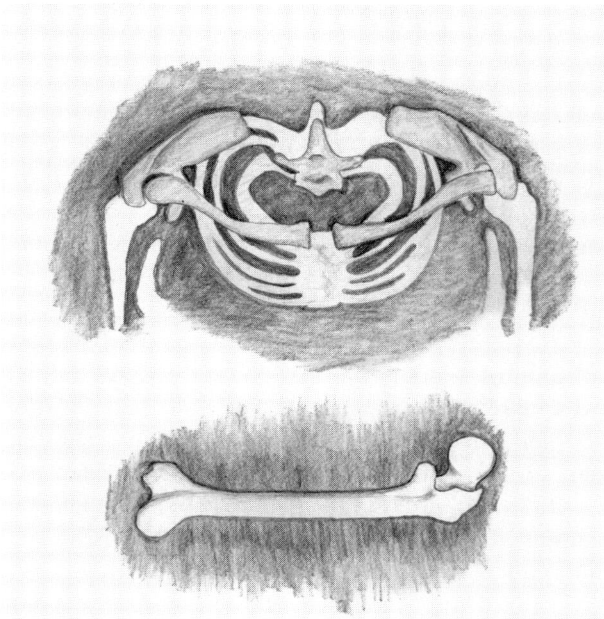

Bilder der Schülerin vom Skelett

den Unterschied zwischen Kreativität und technischer Findigkeit. Und man kann die Frage haben, wo die naturwissenschaftliche Genauigkeit und die ästhetische Wirkung größer ist.

Lebendige und künstlerische Kreativität findet nur außerhalb des Computers statt – nicht in und nicht mit ihm.

Musizieren oder Surfen?

Musik- und Kunstunterricht fristen im deutschen Schulleben eher ein Schattendasein, denn viele Menschen sind der Auffassung, daß Kunst und Musik nur zum Spaß da seien. Richtig was fürs Leben lerne man doch nicht durch Musik, sondern wohl eher im Mathematikunterricht. Oft sind es allerdings dieselben Menschen, die von der Schule fordern, daß sie Kreativität fördern und vor allem die Teamfähigkeit ausbilden müsse.

Genau diese beiden Fähigkeiten übt man im Schulorchester. Wenn eine Symphonie richtig erklingen soll, braucht es Selbstdisziplin und eine wache Aufmerksamkeit auf das, was die anderen Mitspieler gerade tun. Ein Schulorchester lebt von der Aufmerksamkeit anderer. Selbst die Solisten müssen auf das Orchester und den Dirigenten achten. Daß bei der Interpretation der Komposition die Kreativität nicht zu kurz kommt, braucht nicht besonders betont zu werden.

Nun gibt es bereits seit vielen Jahren Studien, die die Wirkung von Musikunterricht auf die Schüler in Schule und Unterricht beobachteten. Dabei ergab sich, daß der Umgang mit Musik im Schulalltag

- eine positive Grundstimmung in allen Beteiligten bewirkt,
- das Lernen erleichtert,
- die Kommunikation zwischen den Schülern verbessert,
- die Persönlichkeitsentwicklung fördert,
- die Sprachentwicklung und das räumliche Vorstellen unterstützt wird.

Erst jüngst hat eine sechsjährige Langzeitstudie an vierzehn Berliner Grundschulen von sich reden gemacht. Diese Studie verdient es, ernst genommen zu werden. Man hat in den Berliner Grundschulen musikbetonte Züge eingerichtet, das heißt, die Kinder bekamen zweistündigen Musikunterricht, erlernten ein Instrument und musizierten in einem Ensemble. Diese Klassen begleitete und beobachtete man gründlich und verglich sie mit Klassen, die nur den normalen einstündigen Musikunterricht hatten.

Der Leiter der Studie, der Musikpädagoge Professor Hans Günther Bastian, faßte in einem Interview die Ergebnisse folgendermaßen zusammen:

> *[...] wir haben festgestellt, daß bei den Kindern mit musikbetontem Unterricht die soziale Kompetenz viel ausgeprägter ist. Es gibt in den Klassen weniger ausgegrenzte Schüler, so die eindeutigen Befunde unserer Soziogramme, denen die Frage zugrunde lag: Welchen Schüler in deiner Klasse magst bzw. magst du nicht so gerne? In diesem sozialen Bereich sind die Ergebnisse für mich zum Teil sensationell. In den musikbetonten Klassen ist über die gesamte Grundschulzeit die Anzahl der Positivwahlen deutlich höher als in Klassen ohne Musikschwerpunkt, und die Anzahl der Kinder, die keine einzige Ablehnung erhalten haben, ist doppelt so hoch. Musikerziehung fördert also ein emotional positiv aufgeladenes Klassenklima. Die Lehrer haben auch beobachtet, daß Schulvandalismus und Aggressionspotenziale zurückgehen und die Kinder in der Pause anders miteinander umgehen.*[171]

Im selben Interview bemerkten die Forscher, daß »wir nach vier Jahren erweiterter Musikerziehung einen deutlichen Zugewinn beim Intelligenzquotienten feststellen« können. »Gerade Kinder mit anfangs eher schwachem IQ haben durch die Musik im Vergleich deutlich dazugewonnen.«

Dieser zunächst verblüffend erscheinende Zusammenhang zwischen musikalischer Fähigkeit und Intelligenz wird einsehbar, wenn man sich klarmacht, daß die Beherrschung eines Musikinstrumentes zu einer der komplexesten menschlichen Tätigkeiten gehört, die es gibt. Das Notenbild muß auch schon bei einfachen Stücken begriffen werden, was eine intellektuelle Leistung erfordert. Das Begriffene muß dann in Bewegungen der Finger und Hände umgesetzt werden, was die Grob- und vor allem die Feinmotorik schult. Aufmerksamkeit und Konzentration werden gefordert sowie eine innere Anteilnahme an dem, was durch die Musik zum Ausdruck gebracht werden soll.

Der Riß zwischen innerem Erleben und äußerem Tun wird – wie bei der Eurythmie – auch durch das Musizieren geschlossen. Insofern ist es ein wichtigerer Teil des für die Kinder notwendigen Bewegungsraumes.

> *In summa: Musikerziehung fördert neben der Freude an der Musik und der musikalischen Begabung wichtige Persönlichkeitsmerkmale: Extraversion im ausdrucksstarken Spiel, Teamfähigkeit im Ensemblemusizieren, Gewissenhaftigkeit gegenüber dem musikalischen Werk und der Musiksozietät, emotionale Stabilität im Podiumstress der Darbietung, Intelligenz in der verstehenden und künstlerischen Interpretation eines Musikwerkes.*[172]

Man könnte nun einwenden, daß der große Zeitaufwand, der für die Musik aufgebracht werden muß, zu Lasten anderer Fächer geht. Dem ist aber nicht so. Obwohl die Kinder der Studie weniger Unterricht in anderen Fächern hatten, blieb ihr Kenntnisstand auf demselben Niveau wie dasjenige der Kinder in der Vergleichsgruppe.

Die Erfahrungen, die die Waldorfschulen mit ihrem stark musik- und kunstbetonten Unterrichtsprofil gemacht haben, stimmen gut mit dieser Studie überein.

Was zu hoffen bleibt, ist, daß diese Studie eine Bresche in die Mauer der Vorurteile gegen künstlerischen Unterricht an den Schulen schlagen kann. Man hört ja oft die Meinung ausgesprochen, daß Kunst und Musik weltfremd machen würden und man dann später mit dem Leben nicht zurecht käme. Diese Meinung ist einfach falsch, das Gegenteil ist richtig. Das

Erlernen eines Instrumentes schult alle die Fähigkeiten, die man im Umgang mit der modernen Welt braucht. Die Ausübung von Musik und Kunst kann auch im Erwachsenenleben der Kräftequell sein, um den Anforderungen des Lebens kreativ und initiativ gewachsen zu sein.

Computerunterricht

Die intensive Pflege des Musik- und Kunstunterrichtes schließt Computerunterricht nicht aus. Im Gegenteil: Eine moderne Schule hat jungen Menschen selbstverständlich ein Grundwissen über die Computer mitzugeben. Aber wie aus dem Bisherigen ersichtlich wird: alles in Maßen und zur rechten Zeit.

Das Hauptproblem bei der Nutzung des Computers ist seine Undurchschaubarkeit. Die Benutzer wissen sehr oft nicht, was in der vor ihnen stehenden Maschine vorgeht, wenn sie mit einer fertig vorgegebenen Software zu tun haben. Diese Undurchschaubarkeit ist es jedoch, die dazu verführt, in die Rechenmaschine menschliche Fähigkeiten hineinzuprojizieren.

Hier gilt es anzusetzen. In der Schule sollte die Funktionsweise des Gerätes »Computer« prinzipiell durchschaubar gemacht werden. Wird dies geleistet, gewinnt der Mensch die Fähigkeit zu durchschauen, wo der Unterschied zwischen ihm selbst und der Maschine liegt. Er erkennt die »prinzipielle Wesensfremdheit« zwischen sich und dem Computer.

Die Beschäftigung mit ihm darf jedoch erst in einem Alter einsetzen, in dem die Fähigkeit zum Verstehen dieses Gerätes ausgebildet ist. »Computer-Früherziehung« ist, wie sich aus dem oben Dargestellten ergibt, eine heimliche Indoktrination, gegen die sich das junge Kind nicht wehren kann.

Wenn dagegen die ersten Reifungsschritte der Jugend vollzogen sind und das selbständige Urteil erwacht ist, kann und muß das Werkzeug Computer genauer untersucht werden. Jetzt ist der Zeitpunkt gekommen, wo auf diesem Gebiet ein verstehendes Lernen möglich ist. Die Jugendlichen sind nun in der Lage zu verstehen, daß der Computer eine zwar hochkomplizierte, aber im Grunde aus einfachsten Elementen aufgebaute Maschine ist. Es gilt, im Unterricht dem Computer den »Geruch des Übernatürlichen« zu nehmen.

Das »Wunderbare« des Computers wird entschleiert, indem die Grundlinien seiner Entstehung nachvollziehbar gemacht werden. Computererziehung heißt nicht, daß man die Kinder mit fertigen Programmen experimentieren läßt – wie vielfach üblich. Der Rechner muß vielmehr als Gebrauchsgegenstand in seinem Aufbau gedanklich »durchsichtig« werden.

Wenigstens prinzipiell durchschaubar wird das Rechengerät nur, wenn seine Genese, seine Entstehung in elementarer Weise miterlebt wird. Dies kann beispielsweise damit beginnen, daß in der 9. Klasse an geeigneter Stelle im Mathematikunterricht das Rechnen mit den Dualzahlen geübt wird. Daran schließen sich Überlegungen an, wie man das Addieren durch das Verknüpfen von physikalischen Zuständen simulieren kann. Der Physik- oder ein spezieller Technologieunterricht vermag ein erstes Bild zu geben, wie diese Simulation mit Hilfe von Relais realisiert werden kann. Den Abschluß dieser Überlegungen bilden die grundlegenden Schaltungen, die zum Volladdierer und dann zu dem Prinzip eines einfachen Mikroprozessors führen.

Die Tastatur eines PCs sachgemäß bedienen zu lernen, kann ebenfalls ein Thema für die 9. Klasse sein., und auch ein Kurs im Maschinenschreiben hätte in dieser Altersstufe seinen sinnvollen Platz.

Während eines Praktikums in der 10. oder 11. Klasse werden Halbaddierer und Volladdierer aus Transistoren et cetera zusammengelötet. Ein funktionsfähiges primitives Modell eines Rechners kann auf diese Weise durch die Klasse selbst hergestellt werden. Daran schließt sich die Schilderung des Aufbaues eines PCs – seiner »Architektur« – an.

Wie Computer zum Internet vernetzt werden und der Austausch von Daten funktioniert, sollte den Schülern in seinen Grundzügen ebenfalls bekannt werden. Und den Abschluß der Schulausbildung in diesem Fach sollten prinzipielle Überlegungen sein, die zum Aufbau eines Computerprogramms und Herstellung eines selbst geschriebenen Computerprogramms führen.[173]

Das genaue Erlernen und das Training von Computersprachen ist jedoch nicht Aufgabe der Schule.

Die in diesem Zusammenhang wichtigste Aufgabe der Schule ist es also, den Kindern Urteilsgrundlagen mit auf den Lebensweg zu geben, aufgrund derer sie dem Werkzeug »Computer« sachlich gegenüberstehen können, ohne in die Gefahr zu kommen, ihn in falscher Weise zu mystifizieren.

Weiterführende Gesichtspunkte

Diese Gesichtspunkte blieben jedoch einseitig, wenn nicht zugleich auch der Versuch unternommen würde, unsere Gegenwartssituation in einen größeren Entwicklungshorizont zu stellen. Durch einen solchen weiteren Blick auf die Genese unseres modernen Bewußtseins zeigt sich ein tieferer Sinn in den gegenwärtigen Herausforderungen.

Moderne Maschinen sind Schöpfungen unseres menschlichen Geistes. Ihre Entwicklung ist bisher von unserer menschlichen Entwicklung nicht zu trennen. Was fordern die Maschinen im tieferen Sinn? Welche stillen Fragen stellt die Welt der Maschinen an uns?

Menschliches Bewußtsein und Maschinen

Wozu also sind Menschen da?
Das ist die Frage, die eigentliche Frage,
auf die alles hinausläuft. ROGER MACBRIDE ALLEN

Die Entwicklung der Technik ist eng verbunden mit der Bewußtseinsentwicklung der Menschheit. Und umgekehrt: Unser Gegenwartsbewußtsein ist ohne Technik nicht möglich.

Die Vorzeit

Das Bewußtsein der Helden des Gilgamesch-Epos (um 2700 v. Chr.) ist uns Heutigen fremd. Auch die Art und Weise, wie die griechischen Helden in den Schilderungen Homers noch Umgang mit Göttern pflegten, liegt jenseits unseres Verständnisses. Unser modernes Denken, Fühlen und Wollen am Beginn des dritten Jahrtausends unterscheidet sich radikal von dem unserer Vorfahren, die im dritten vorchristlichen Jahrtausend lebten.

Die archaischen Menschen sprachen in ihren Erzählungen über die Kämpfe und Heldentaten der Götter, über kosmische Vorgänge. Sie sprachen davon, wie die Götter die Erde und alles Leben auf ihr schufen und pflegen. In gewaltigen Traum-Bildern offenbarten sich ihnen göttliche Wesen, die in den Vorgängen des Kosmos und der Erde wirkten. Die uns überlieferten Schöpfungsgeschichten der alten Völker sind Erinnerungen an diese »Himmelsgeschichte«.[174]

Was von uns am Beginn des 21. Jahrhunderts vielleicht nur als eine schöne Erzählung, als eine bloße Erfindung angesehen wird, ist für den Menschen der alten Zeit »die einzig gültige Offenbarung der Wirklichkeit. Er sieht im Mythos den Ausdruck einer *absoluten Wahrheit*, da er eine *sakrale* Geschichte erzählt, [...] denn für die archaischen Gesellschaften ist das Sakrale das eigentlich Wirkliche.«[175]

In dem Maße, wie die Menschheit irdischer wurde, veränderte sich auch ihr Verhältnis zur göttlichen Welt. Das Erlebnis der Erde und der Vorgänge auf ihr wird immer wichtiger, und für die Menschen verbindet sich »Himmelsgeschehen mit Erdgeschehen« (Rudolf Steiner). Die Erzählungen von den großen Heroen wie etwa Gilgamesch und Enkidu, Herakles oder Achilleus entstehen. Göttergeschehen und Menschenhandlungen greifen ineinander. Die beiden großen Dichtungen des Homer bilden wie einen Abschluß dieser Zeit. In ihnen offenbart sich noch, wie das alte Menschheitsbewußtsein aussah.

Die Schilderung des Streites zwischen Achilleus und Agamemnon am Beginn der Ilias zeigt dies deutlich. Achilleus wird zornig und erwägt in »des Herzens Geist und Empfindung«, ob er seinen Zorn besänftigen oder ob er Agamemnon mit dem Schwert erschlagen soll. In diesem Moment naht ihm die Göttin Athene:

Hinter ihn trat sie und faßte das bräunliche Haar des Peleiden,
Ihm allein sich enthüllend, der anderen schaute sie keiner.
Staunend zuckte der Held und wandte sich; plötzlich erkannt' er
Pallas Athenens Gestalt, und fürchterlich strahlt' ihm ihr Auge.
Und er begann zu jener und sprach die geflügelten Worte:
Warum, o Tochter Zeus', des Ägiserschütterers, kamst du?
Etwa den Frevel zu schaun von Atreus' Sohn Agamemnon?
Aber ich sage dir an, und das wird wahrlich vollendet:
Sein unbändiger Stolz wird einst noch das Leben ihm kosten!
Drauf antwortete Zeus' blauäugichte Tochter Athene:
Deinen Zorn zu stillen, gehorchtest du, kam ich vom Himmel,
Denn mich sendete Here, die lilienarmige Göttin,

Die für beide zugleich in liebender Seele besorgt ist.
Aber wohlan, laß fahren den Streit und zücke das Schwert nicht,
magst du mit Worten ihn doch beleidigen, wie es dir einfällt.
Denn ich sage dir an, und das wird wahrlich vollendet:
Einst wird dir noch dreimal so herrliche Gabe geboten
Wegen der heutigen Schmach. Drum fasse dich nun und gehorch uns.
Ihr antwortete drauf der mutige Renner Achilleus:
Euer Wort, o Göttin, geziemet es wohl zu bewahren,
Welche Wut auch im Herzen sich hebt, denn solches ist besser.
Wer dem Gebot der Götter gehorcht, den hören sie wieder.
Sprach's und hemmte die nervichte Hand an dem silbernen Hefte,
Stieß in die Scheide zurück das große Schwert und verwarf nicht
Athenäens Gebot. Sie wandte sich drauf zum Olympos,
in den Palast des donnernden Zeus, zu den anderen Göttern.[176]

Genau an der Stelle, wo bei uns modernen Menschen das Denken einsetzen würde, erscheint dem Helden Achilleus die Göttin, die ihm sagt, was er sinnvollerweise zu tun hat.

Rudolf W. Müller hat das Denken der homerischen Helden analysiert. Er fand heraus, daß es kein Wort für »entscheiden« in unserem heutigen Sinn gab. Ebenso gab es kein Wort für »Geist« beziehungsweise »Seele« im Sinne eines personhaften Ichbewußtseins. Es gibt Ausdrücke wie »mein Herz«, in denen sich eine Ich-Empfindung ankündigt (das existiert auch schon im ägyptischen Totenbuch), aber keine Ich-Reflektion, kein Selbstbewußtsein im heutigen Sinne. Es gibt in den homerischen Hymnen keine Subjekt-Objekt-Trennung (Ich-Welt) in unserem heutigen Sinne. Es gibt »hier noch nicht jenes seiner selbst bewußte Ich [...], das einer Welt von Objekten gegenübersteht, die es mit den Instrumenten des rationalen Denkens zu erkennen und mit überlegtem Handeln zu beeinflussen vermag.«[177]

Die Entdeckung des Denkens

Diese Trennung von Ich und Welt beginnt langsam im 7. Jahrhundert vor Christus. Sie beginnt mit der Entwicklung des eigenen Denkens. Das Denken wird »entdeckt«.

Man kann dies an verschiedenen Texten sehen. Zu Beginn der Ilias schreibt Homer noch: *»Singe, O Muse,* vom Zorn des Peleiden [...]«, womit er deutlich darauf hinweist, daß nicht er selbst das Epos erzählt, sondern die Muse. Er ist sozusagen nur das Werkzeug, die Muse selbst erzählt durch ihn hindurch die Geschichte.

Nur wenig später schon schreibt der griechische Lyriker, Archilochos (685–640 v. Chr.) Gedichte, in denen »er von sich selbst redet, ja daß er sich selbst als einzelnen vorstellt«.[178] Archilochos spricht: »*Ich* bin beides: Dem Gott Enyalios bin *ich* Gefolgsmann / und verstehe die Kunst, welche die Musen verleihn.«

Aufschlußreich ist nun, daß gleichzeitig mit der Entdeckung des Denkens und des Selbstbewußtseins die Geburt des Münzgeldes stattfindet. Im kleinasiatisch-griechischen Kulturkreis wurde im 7. Jahrhundert v. Chr. das erste Münzgeld geprägt. Und schon bald waren in den griechischen Städten die in der vielfältigsten Weise geprägten Münzen Grundlage des Handels.

Mit der Entdeckung des denkenden Selbstbewußtseins entsteht aber nicht nur das Münzgeld, sondern es wird auch ein neuer Impuls der Technik-Entwicklung sichtbar, der das Leben der folgenden Jahrhunderte tiefgreifend veränderte und prägte. Pointiert formulierte das der Historiker Chester G. Starr: »Man kann sagen, daß die griechische Welt sich in der Zeit zwischen 800 und 500 v. Chr. jenen Bestand technischer Fähigkeiten und Verfahren angeeignet hat, den die Griechen und danach die Römer bis zum Ende der Antike nutzten.«[179]

Das neue Selbstbewußtsein verwandelte alle Bereiche des antiken Lebens und zeigte sich auch deutlich in den technischen Gedanken und Erfindungen der Griechen.

Es hatte zwar seit vielen Jahrtausenden einfache technische Mittel gegeben, mit denen man zu gewaltigen Leistungen in der Lage gewesen war, wie beispielsweise dem Bau der Pyramiden. Aber in Griechenland erhält die Technik eine neue Charakteristik.[180]

Die alten Techniken orientierten sich noch sehr stark an dem umgebenden Lebensraum und an Sternenwelt. (Pyramiden, Dolmen und Steinkreise). In Griechenland emanzipierte sich die Technik von der Umwelt in dem Maße, wie sich das selbständige Denken entwickelt. Das heißt, es wird nun über die Mechanik nachgedacht, allgemeine Gesetze werden formuliert. Die Geräte werden komplizierter. Baukräne zum Heben schwerer Lasten, Kräne zum Erscheinenlassen (von oben) von Schauspielern, die Götter verkörperten, und aufwendige Belagerungsvorrichtungen zur Einnahme befestigter Städte entstehen.

Solche Geräte bezeichnete man allgemein als »Mechanai«. Das griechische Substantiv »Mechané« oder auch »Mechanema« bedeutete in der älteren griechischen Literatur sowohl »List« als auch »Hilfsmittel« und erscheint oft in der Schilderung von Notlagen, wo man sich mit »Mechané« aus der Gefahr rettet.

Gewaltige Denkkräfte werden in der griechischen Kultur freigesetzt. Unsere heutige Bewußtseinssituation hat darin ihren Ursprung. Die Griechen haben das Denken entdeckt. Allerdings gab es noch einen großen Unterschied: Der Grieche erlebte den Gedanken noch als etwas Objektives, das ein von ihm selbst unabhängiges Dasein hat.[181]

Die erste große Entwicklungsphase des Denkens und der Technik fällt somit in die griechische Zeit. In Geistern wie Euklid, Plato und Aristoteles mag man den Gipfel des griechischen Denkens sehen. Die technische Entwicklung hat ihren Höhepunkt in Alexandria in der Zeit um Christi Geburt: Es werden in dieser Zeit erste Automaten konstruiert! Es gab automatische Türöffner und auch Automatentheater, die kurze Szenen eines Mythos zur Aufführung brachten. Diese wurden für Prozessionen gebaut, aber auch zur Unterhaltung der höfischen Gesellschaft in Alexandria.

Diese erste Blüte der fast schon modern anmutenden Technik verwelkt, ebenso wie die Philosophie. Aber man kann deutlich sehen, daß die Griechen die ersten sind, die die tote Welt, das Feste, das Mechanische der Welt wirklich anschauen, begreifen und anwenden können.

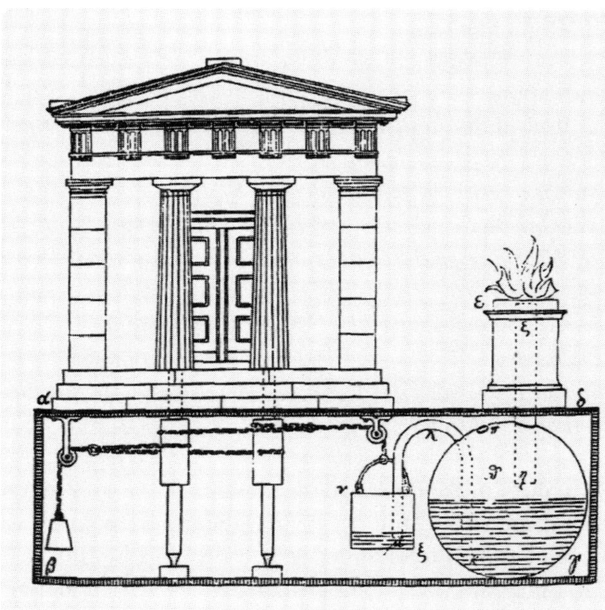

Antiker automatischer Türöffner, Heron von Alexandrien, um 62 n. Chr.

Mit der Ausbreitung des Christentums gehen Philosophie und Wissenschaft zu den arabischen Völkern und werden dort – mit Zentrum in Bagdad – gepflegt, während sich in Europa das Christentum ausbreitet und vertieft. Hier wird das Denken jetzt genutzt, um das religiöse Erlebnis zum Ausdruck zu bringen.[182]

Das Mittelalter

In Europa tritt die Technik zurück. Einiges erhält sich – vor allem die Mühlentechnik –, aber es geschehen keine wesentlichen Weiterentwicklungen der vorhandenen technischen Möglichkeiten.

Um die Jahrtausendwende vollzieht sich dann wiederum eine gewaltige Änderung im inneren Denkerleben der Menschen. Rudolf Steiner macht darauf aufmerksam:

> *Mit dem neunten Jahrhundert – selbstverständlich sind solche Angaben so zu nehmen, daß sie eine mittlere Zeitangabe bilden; der Übergang geschieht ganz allmählich – leuchtet in den Menschenseelen die persönlich-individuelle Intelligenz auf. Der Mensch bekam das Gefühl:* Ich bilde *die Gedanken. Und dieses Bilden der Gedanken wurde das Überragende im Seelenleben, so daß die Denkenden das Wesen der Menschenseele im intelligenten Verhalten sahen.*[183]

Das alte Empfinden, daß die Gedanken Eingebungen aus einer geistigen Welt sind, wird von einem neuen, anderen Erlebnis am Denken überlagert.

Hier liegt die Wurzel des großen Streites zwischen den Realisten und Nominalisten, zwischen denjenigen, die im Denken, in ihren Begriffen noch eine geistige Realität sehen konnten, und den anderen, die in dem Begriff eine subjektive Zusammenfassung, einen Namen sahen, der in der eigenen Seele gebildet wird und mit den Dingen der Welt nichts zu tun hat. – Es bildet sich der Anfang unserer modernen Rationalität.

Zusammen mit diesen Anfängen des modernen Bewußtseins tritt die Entwicklung der Technik in eine neue Phase. Im Schoße der Klöster – besonders bei den Zisterziensern – entwickelt sich die Mühlentechnik weiter. Man verfeinerte den Umgang mit der Wasserkraft. Es wurde jetzt nicht mehr nur der Mühlstein vom Wasser angetrieben (wie im gesamten Frühmittelalter), sondern man konnte mit Hilfe von Nocken oder Daumen an der Radwelle Stampfen, Schlagen oder Hämmer, Blasebälge, Sägen und andere Werkzeuge vom Wasser antreiben lassen.

Diese Neuerung der Technik, die durch die Erfindung der Nockenwelle im 11. Jahrhundert ausgelöst wurde, war so einschneidend für die damalige Kultur, daß von einer »industriellen Revolution des Mittelalters«[184] gesprochen werden kann.

Der Hauptort dieser »mittelalterlichen industriellen Revolution« war das Kloster. Die Klöster haben nicht nur die Kulturlandschaften Europas gestaltet, sondern in ihnen tauchten in der ersten Anwendung die heutigen Grundsätze der westlichen Kultur auf: »Zweckrationalität, Disziplin, Entsagung, Unternehmergeist und Erfindungsreichtum.«[185]

Im Gegensatz zu den orientalischen Mönchen, die nur beteten beziehungsweise meditierten, war durch die im sechsten Jahrhundert aufkommende Losung »ora et labora« (bete *und* arbeite) das europäische Mönchtum in gleicher Weise auf das Seelenheil verpflichtet wie auf die Umgestaltung der Welt.

Tag und Nacht waren in insgesamt vierundzwanzig Stunden eingeteilt. In dieser Zeitspanne läutete die Glocke achtmal zum Gebet in der Klosterkirche. Fünf Stunden beteten die Mönche und fünf Stunden waren sie bei der Arbeit auf den Feldern und in der Werkstatt. Der Alltag war nach der Zeit exakt und detailliert geregelt, denn auf Disziplin wurde großer Wert gelegt.

Ungefähr ab dem Jahre 1000 waren die Klöster der Ort, wo Maschinen betrieben und weiterentwickelt wurden. Der Beweggrund war ein edler: Die Mönche wollten sich die monotone Arbeit ersparen, um für die »Arbeiten frei zu sein, die den Kopf in Anspruch nehmen – das Kopieren und Illuminieren von Büchern zum Beispiel«.[186]

Die Uhr

Eine – wenn nicht *die* – erste wichtige Erfindung in der Morgenröte der Moderne ist die Uhr. Es gab in Europa auch schon vorher Uhren, aber diese waren vom Prinzip her vollkommen anders. Die Sonnenuhr war noch an dem Gang des Kosmos orientiert, denn mit ihr wurde ja bloß der Stand der Sonne am Schatten eines Stabes abgelesen. Wasseruhren, Sanduhren waren nicht viel anders: Man hatte einen äußeren Vorgang, der einfach ablief und an dessen Voranschreiten man die Zeit ablas.

Mit der Erfindung der mechanischen Uhr trat ein prinzipiell Neues auf: Ein mechanischer – vom Menschen erdachter – Vorgang teilte die Zeit ein. Schon im 13. Jahrhundert entstanden in England die ersten Räderuhren. Und bereits im 14. Jahrhundert gibt es Planetenuhren, die sich selbst heute in technisch-konstruktiver Hinsicht nur schwer übertreffen lassen.

Die Grundsignatur der damaligen Entwicklung kann man vielleicht so beschreiben: Zusammen mit der Herauslösung aus dem Zusammenleben mit den kosmischen Rhythmen der Natur tritt nun das Bedürfnis und auch die Notwendigkeit auf, die Zeit mechanisch zu regeln. Auch die Trennung in den »Arbeitstag« (dies laboratoris), wo man für seinen Lebensunterhalt tätig war, und die »Freizeit« treten im städtischen Bereich zusammen mit der Uhr auf.

Das Wichtigste an der Erfindung der Uhr ist jedoch die durch sie hervorgerufene Bewußtseinsveränderung der Menschen. Die Uhr machte ein neues Weltbild möglich: Das Uhrwerk wurde zum Bild für die astronomischen Vorgänge im Weltall. Die Uhr ist ein künstliches Weltall, ein virtuelles Bild des Himmels.

Die Astronomie war die erste Wissenschaft, die sich vom Geistigen loslöste und als rein mathematisch erfaßbare Wissenschaft auftrat. In diesem Loslösungsprozeß drehte sich das Verhältnis von Bild und Urbild um. Man konstruierte zwar die Uhr nach dem Vorbild der astronomischen Vorgänge. Als sie aber in der Kultur ein selbstverständlicher Gegenstand geworden war, begann man die Vorgänge am Himmel nach dem Vorbild der Uhr zu betrachteten: Das Abbild wurde zum Urbild!

Die Uhr faszinierte und bot sich als Metapher an. Selbst Johannes Kepler, der keineswegs ein Materialist war, schrieb 1605 in einem Brief:

> *Mein Ziel ist es, zu zeigen, daß die himmlische Maschine nicht eine Art göttliches Lebewesen ist, sondern gleichsam ein Uhrwerk, insofern nahezu alle die mannigfaltigen Bewegungen von einer einzigen, ganz einfachen magnetischen, körperlichen Kraft besorgt werden, wie bei einem Uhrwerk alle Bewegungen von dem so einfachen Gewicht. Und zwar zeige ich auch, wie diese physikalische Vorstellung rechnerisch und geometrisch darzustellen ist.*[187]

Das ist ein wichtiger Vorgang, der sich gegenwärtig auf einer neuen Ebene wiederholt.

In der alten Zeit wurde der Kosmos also noch in einer anderen Weise als heute wahrgenommen. Man erlebte beispielsweise die Sonne als belebt und erkannte in ihr den Körper eines göttlichen Wesens, des Sonnengottes. In einer Übergangszeit verlor der Mensch jenes Bewußtsein. Dafür erwachte in ihm das selbstbewußte Denken. Mit dieser neuen Fähigkeit baute er die Mechanismen, deren Repräsentant die Uhr ist. Seine eigene mechanische Logik setzte der Mensch in einer Mechanik nach draußen.

In der Neuzeit hat der Mensch nun allen erlebenden Bezug zum Kosmos verloren. Dieser wird an den von den Menschen geschaffenen Werken beurteilt. Der Mensch gestaltet seine Weltanschauung aufgrund seiner technischen Produkte. Das erste wissenschaftliche Modell wird gebildet.

Die Uhrmachertechnik wird im Beginn der Neuzeit in gewaltigen Schritten ausgebildet. »Androiden« werden gebaut – eine enorme Fähigkeit der Uhrmacher tritt zu Tage.[188]

Die Neuzeit

In den Jahrhunderten bis heute werde »ora« und »labora« immer mehr voneinander geschieden. Glaube und Arbeit trennen sich ebenso wie Glaube und Wissenschaft. Das Begreifen der Welt richtet sich zunehmend nur auf das rein Berechenbare, auf das »Uhrmäßige« aus. Die moderne Technik, »High Tech« entsteht. Vor allem nach den Entdeckungen auf dem Gebiet der Elektrizität schreitet sie in großen Schritten voran.

Die Menschheit erschafft sich eine neue »geologische Schicht«: ihre technische Umwelt. Diese entfaltet sich in den drei großen bereits charakterisierten Schwerpunkten:

- Die Kraftmaschinen, die Motoren aller Art, welche die Muskelkraft des Menschen verstärken. Diese Maschinen kann man als den vom Menschen aus sich herausgesetzten Willen ansehen.

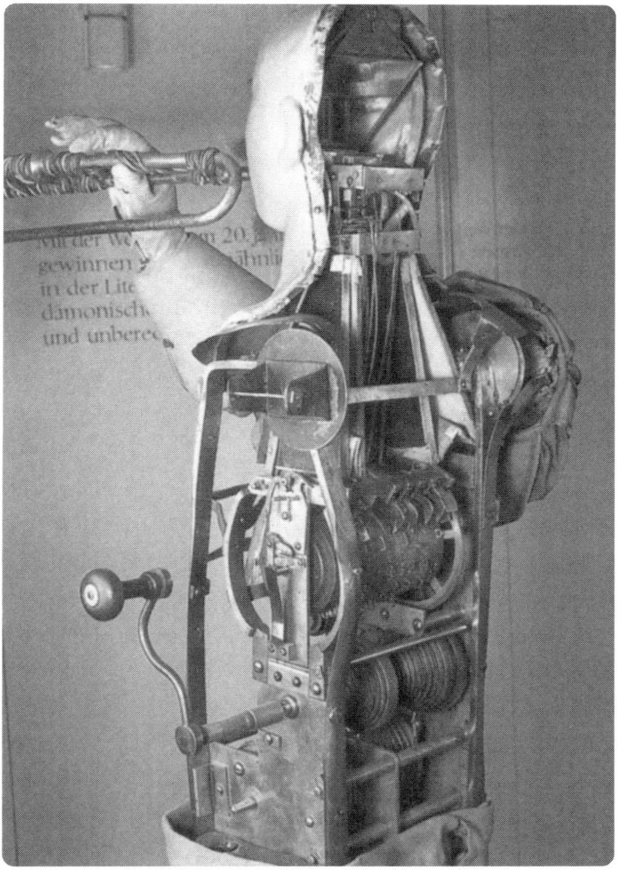

Trompeterautomat von Fr. Kaufmann, Dresden, um 1810
Quelle: IBM »100 Jahre Datenverarbeitung«, Bd. 1

Dann gibt es Errungenschaften, die man als Erlebnis- oder Gefühlsmaschinen bezeichnen kann. Film, Radio, Fernsehen und so weiter sind Maschinen, die im Menschen starke Gefühle erzeugen können, weil sie mit Sprache, Musik und bewegten Bildern arbeiten.

- Intelligenz- und Wahrnehmungsmaschinen sind der dritte große Bereich. (Computer, Taschenrechner, Mikroskope, Teleskope, Meßgeräte aller Art zum Beispiel für die unsichtbare Radioaktivität und vieles mehr.) In ihnen setzt der Mensch sein Denken und Wahrnehmen in die Welt.

Der Mensch versetzt sein eigenes Wesen in seinen Erfindungen nach außen. Seine Werke wirken auf ihn zurück und formen sein Bild *von* und seine Arbeitshaltung *in* der Welt. Auch auf sein Innenleben wirken die Maschinen zurück.

In dreierlei Weise wirkt die Maschinenwelt auf uns Menschen:

- Der Umgang mit Rechenmaschinen und Computern verführt unser Denken dazu, in kausalen Strukturen verhaften zu verbleiben. Es wird das Denken im Menschen mechanisiert.
- Die Erlebnismaschinen regen das Seelenleben von außen an; dadurch gewöhnt es sich leicht daran, daß es sich nicht anzustrengen braucht, um tiefe Gefühle zu empfinden. Die inneren Seelenkräfte erlahmen und die Menschen sind immer weniger fähig, die Welt mit offenen Sinnen und wachem Gefühl wahrzunehmen. Die Seelen werden »schläfrig«. Erlebnismaschinen »vegetarisieren« das Gefühlsleben.
- Was das Willensleben angeht, genügt ein kurzer Blick in den Alltag unserer Großstädte, um zu sehen, daß die Brutalisierung eines Teiles der Menschen zugenommen hat.

Kurz gefaßt sind die drei Gefahren, die zur Grundsignatur unserer Gegenwart gehören:

- Mechanisierung des Geistes,
- Vegetarisierung der Seele,
- Brutalisierung des Leibes.[189]

Ein neues Menschenbild

Im 14./15. Jahrhundert – nach der Erfindung der Uhr – entwickelte sich die Auffassung, daß der Makrokosmos, das Weltall eine Art Uhrwerk sei. Der Kosmos wurde mit dem Bild der Uhr begriffen.

Aber schon bald versuchte man, auch den Menschen als maschinelles Uhrwerk zu begreifen. Der französische Arzt und Philosoph Julien Offray de LaMettrie gab seiner 1748 erschienen Schrift den Titel: »L'homme machine« – Maschine Mensch. Damals baute man bereits Menschenimitate mit Hilfe von komplizierten Uhrwerken.

Am Beginn des 21. Jahrhunderts blühen in fast unveränderter Form die materialistischen Ideen des ausgehenden 18. wieder auf. Die Entstehung der Computertechnologie als eine »paradigmatische Technologie« (David J. Bolter) gab eine neue Metapher, aus der sich die Ideologie, daß der Mikrokosmos Mensch ein computergesteuerter Roboter sei, entwickeln konnte. Das menschliche Denken und Fühlen sieht man als eine Art Software, und der Mensch wird mit dem Bild des Computers und der computergesteuerten Maschine »begriffen«.

Schon unser Sprachgebrauch im Alltag weist darauf hin, daß wir uns mehr und mehr als Maschine verstehen. Wenn etwas in unserer Erinnerung lebt, sagen wir gern: »Das habe ich gespeichert!« oder: »Es liegt auf meiner Festplatte« und deuten dabei auf unseren Kopf. Wenn wir eine Tätigkeit gut können, sagen wir vielleicht auch: »Darauf bin ich programmiert«. Wenn wir jemandem zuhören, zeigen wir unsere Anteilnahme vielleicht mit der Bemerkung: »Ich bin ganz online.«

Mit solchen Metaphern verlieren wir aber allein schon im Sprachgebrauch das Menschliche – übrig bleibt der maschinelle Mensch.

Evolution der Maschinen

Die eine Kultur impulsierenden Gedanken kann man auch in deren Literatur wahrnehmen. Im Kleide der Phantasie treten sie, vom Ballast des Realisierungszwanges befreit, oft unverhüllter auf als im Alltag.

Nirgendwo geschieht dies deutlicher als in der utopischen Literatur, in der Science Fiction. Wie mit einer riesigen Lupe vergrößert, erscheint in diesem Genre, was in der Technikentwicklung veranlagt ist. Egal auf welchem literarischen Niveau, ob Massenunterhaltungsware wie »Perry Rhodan« oder anspruchsvollere Schöpfungen wie »2001 – Odysee im Weltraum« von Arthur C. Clarke – es kommen überall ganz bestimmte Auffassungen, die in der Entwicklung unserer Kultur verborgen wirken, zum Ausdruck.

Günther Anders machte schon 1970 darauf aufmerksam, wie die Abläufe der tatsächlichen Weltraumflüge den fiktiven Abenteuerflügen in den Science-Fiction-Romanen gleichen. Und er fragte dann nach der Funktion dieser Literaturgattung und ihrer Autoren im heutigen Leben. Seine Antwort lautete,

> *... daß diese Männer so schrieben und zeichneten, als wären sie nicht freie Schriftsteller oder Künstler, sondern Angestellte der Technokratie; so als wäre es ihr bezahltes Amt, die Zeitgenossen,*

also uns, zu guten und widerspruchslosen, kurz: konformen Mitbürgern der technischen Welt vor-zuerziehen.[190]

Und in der Tat ist man erschreckt, wie sehr die Science-Fiction-Literatur und vor allem die Science-Fiction-Filme in unsere Welt gestaltend eingreifen.

Viele derjenigen, die in der Entwicklung und Forschung von Computern und Computersoftware tätig sind, waren in ihrer Jugend oder sind noch heute begeisterte Science-Fiction-Leser. Bill Gates und sein Freund Paul Allen bilden da keine Ausnahme[191]

Aber nicht nur in diesem persönlichen Rahmen, wo Menschen durch Science-Fiction-Ideen in ihrer Tätigkeit inspiriert sind, wirkt diese Literatur, sondern bis in handfeste philosophische Überlegungen und soziale Forderungen hinein. An besonders prägnanten Beispielen soll dies veranschaulicht werden.

Schon 1964 erschien von dem polnischen Wissenschaftler und Romanautor Stanislaw Lem der Roman »Der Unbesiegbare«. Lem läßt die Besatzung des schweren Raumkreuzers »Der Unbesiegbare« auf einem unwirtlichen Planeten landen, um nach den verschollenen Männern einer Expedition des Schwesterschiffes zu suchen. Sie begegnen einer geheimnisvollen Wolke, die aus Millionen und Abermillionen einzelner kleiner maschineller Elemente besteht, die sich innerhalb kürzester Zeit zu einem unzerstörbaren Angreifer zusammenschließen können. Die Männer des Raumschiffes rätseln über das Wesen und die Entstehung jener Maschinenwolke. Stanislaw Lem läßt dann den Biologen dieser Expedition die entscheidende Romanidee schildern:

Wir wissen, daß vor der Explosion der Zeta der Leier vernunftbegabte Wesen den sechsten Planeten des Systems bewohnt haben. Sie hatten eine hochentwickelte, technische Zivilisation. Nehmen wir an, ein Aufklärer der Leierbewohner ist hier gelandet, und es hat eine Havarie gegeben oder ein anderes Unglück, dem die ganze Besatzung zum Opfer gefallen ist – sagen wir, eine Reaktorexplosion, eine Kettenreaktion. [...] Jedenfalls hatte das Wrack, als es auf der Regis aufsetzte, nicht ein einziges lebendes Wesen mehr an Bord. Unversehrt waren nur die Automaten. [...] Die Automaten blieben also unversehrt und verließen das Schiff. Es waren hochspezialisierte homöostatische Mechanismen, fähig, unter den schwierigsten Bedingungen zu überdauern. Sie hatten jetzt niemanden mehr über sich, der ihnen hätte befehlen können. Die Automaten, die in ihrer geistigen Struktur den Leierbewohnern am nächsten standen, versuchten vielleicht, das Schiff zu reparieren, obwohl das in dieser Situation sinnlos war. Aber Sie wissen ja, wie das ist. Ein Reparaturroboter wird stets alles reparieren, was zu seinem Aufgabenbereich gehört, ganz gleich, ob es von Nutzen ist oder nicht. Dann gewannen jedoch die anderen Automaten die Oberhand. Sie machten sich von den anderen unabhängig. Vielleicht versuchte die einheimische Fauna, sie anzugreifen. Hier lebten echsenähnliche Reptilien, es gab also auch Raubtiere, und bestimmte Raubtiere greifen alles an, was sich bewegt. Die Automaten nahmen den Kampf mit ihnen auf und besiegten sie. Für diesen Kampf mußten sie gewappnet sein. Sie wandelten sich also, um sich so gut wie möglich den planetaren Bedingungen anzupassen. Wesentlich war dabei meines Erachtens, daß diese Automaten imstande waren, je nach Bedarf andere Automaten zu produzieren. [...] Jedenfalls paßten sich die Mechanismen auf dem Festland im Laufe der Zeit den Bedingungen ausgezeichnet an, und es gelang ihnen, alle Formen des Lebens auf dem Planeten zu besiegen. [...] Im Laufe ihres Bestehens auf dem Planeten, hunderte Generationen später, hörten die nachfolgenden Mechanismen auf, jenen ähnlich zu sein, von denen sie ausgegangen waren, das heißt den Produkten der Leierzivilisation. Verstehen Sie? Damit begann eine tote Evolution, eine Evolution von Maschinen. [...] und so ist dann, glaube ich, ein Kampf zwischen den Mechanismen ausgebrochen. Ganz einfach ein Kampf um das Überdauern, ums Dasein. Auf ihm beruht schließlich die Evolution. Auf der Selektion. Die intellektuell hochstehenden, vielleicht aber wegen ihrer Ausmaße, die wieder bedeutende Energien erforderten, zum Überdauern ungeeigneten Mechanismen waren der Konkurrenz der weniger entwickelten, dafür aber sparsameren und produktiveren nicht gewachsen.[192]

Lems Idee ist seitdem in vielen Varianten wiederholt und in verschiedensten Facetten ausgeschmückt worden. Die bekannteste ist wohl die Schilderung der POSBIS bei Perry Rhodan, wo eine maschinelle Evolution mit der Menschheit kämpft. Und heute wird ernsthaft an der Frage geforscht, ob man im maschinellen Bereich eine künstliche Evolution anregen kann. »Artificial Life« – Künstliches Leben – will man erzeugen. Zunächst experimentierte man mit Computersimulationen und hatte auch erste Erfolge. Es beginnen die simulierten »maschinellen Lebewesen« bereits aus der virtuellen Welt der Computer herauszutreten und ihre »ersten Schritte« in unserer realen Welt zu tun.

In der Zeitschrift »Nature« berichteten die zwei amerikanischen Forscher Hod Lipson und Jordan B. Pollack Ende August 2000, daß es ihnen in ihrem GOLEM-Projekt (Genetically Organized Lifelike Elektro Mechanics[193]) gelungen sei, einen ersten Schritt auf dem Weg zur Konstruktion des sich selbst erschaffenden Roboters zu gehen.[194]

Sie gaben einem Computer die Aufgabe, aus minimalen Vorgaben (einfache Kugelgelenke, gerade Stangen) eine Maschine zu konstruieren, die sich selbständig bewegen kann. Die »Evolutionssoftware« des Computers veränderte und optimierte die vorgegebenen Teile so lange, bis sich tatsächlich eine Reihe von Modellen ergaben, die sich in primitiver Weise fortbewegen konnten. Die zunächst virtuellen Maschinen wurden dann von einer speziellen Fertigungsmaschine aus Plastik angefertigt. Nachdem den fertigen Werkstücken noch ein kleiner Motor und ein Mikrochip eingesetzt wurden (von Menschenhand), bewegten sie sich genauso über den Fußboden wie vorher ihre virtuellen Vorbilder auf dem Computermonitor. Filmaufnahmen von diesen gespensterhaft sich bewegenden Gebilden konnte man im Internet betrachten.

Das Ziel dieser Forschungen ist es, eines Tages Roboter zu bauen, die sich den jeweiligen Situationen unabhängig anpassen und sich selbst umbauen können. Lipson und Pollack wollen erklärtermaßen völlig unabhängige künstliche Kreaturen schaffen, die eine eigene Evolution aufrechterhalten können.

Es wundert daher nicht, daß Wissenschaftler auftreten, die allen Ernstes behaupten, daß die menschliche Evolution an einen Endpunkt gekommen sei und im nächsten Jahrtausend von einer Evolution der Maschinen abgelöst werden würde.

Maschinelle Intelligenz

Ein anderer in den SF-Romanen auftretender Gedanke ist der Glaube an die maschinelle Intelligenz, die unverhohlene Überzeugung, daß Maschinen ein eigenes Bewußtsein entwickeln könnten, welches dem menschlichen haushoch überlegen sei.

Seine vielleicht populärste Darstellung erreichte dieser Gedanke in dem Film »2001 – Odyssee im Weltraum« von Stanley Kubrick und Arthur C. Clarke, der zwar beim Start 1968 kein Kassenerfolg wurde, aber die weitere SF-Filmgeschichte stark beeinflußte.[195]

In dem Film bricht eine Raumschiffbesatzung in geheimer Mission zu einem Jupitermond auf, um eine fremde, der Menschheit überlegene Spezies zu suchen, deren Spuren auf dem Erdenmond gefunden wurden. Das Raumschiff ist mit einem Supercomputer namens HAL ausgerüstet, der das

Raumschiff steuert, solange ein Teil der Besatzung in einem monatelangen Tiefschlaf liegt.

Gegen Ende der Reise, kurz vor dem Ziel, beobachten die beiden Astronauten, die wach geblieben sind, daß der Computer HAL merkwürdige Dinge veranlaßt. Der Funkkontakt zur Erde reißt ab. Ja, es geht so weit, daß er die noch schlafenden Besatzungsmitglieder umbringt, indem er deren Versorgung abstellt. Es stellt sich im Laufe der spannenden Handlung dann heraus, daß HAL in eine »psychische« Krise geraten ist, weil er von der wahren Mission des Fluges wußte und es den wachen Besatzungsmitgliedern nicht sagen durfte.

Dieser Film wurde populär, als schon einige Zeit an der Realisierung einer »künstlichen Intelligenz« ernsthaft und mit großem Aufwand gearbeitet wurde, und er regte damals den heutigen Direktor des Labors für Künstliche Intelligenz am Massachusetts Institute of Technology Rodney Brooks dazu an, den derzeit fortgeschrittensten Roboter COG zu konstruieren.

In einem Interview befragt, warum er COG baue, antwortete Brooks:

> *Ich muß zugeben, der Grund, warum ich das tue, liegt allein im Film »2001 – Odyssee im Weltraum«. Der Computer HAL war mein Held, als ich ein Teenager war. Das gab mir sozusagen die Legitimation, ein intelligentes System zu bauen. Ich habe damals gemerkt, daß 2001 immer näher kam und nichts in Sicht war, was HAL vergleichbar wäre. Und ich dachte, es wäre an der Zeit, daß jemand versucht, so etwas zu bauen. Aber dann dachte ich auch, es wäre sehr wichtig, daß das System einen Körper hat, damit es mit der Welt interagieren kann. Deshalb entschloß ich mich, lieber einen HAL mit Körper als einen ohne zu bauen.*[196]

»Mach's gut, Mensch«

Diese beiden Grundgedanken, daß Maschinen einerseits eine selbständige Evolution durchmachen und andererseits ein eigenes Bewußtsein hervorbringen können, das sich im Laufe einer »Evolution« gar zu einem übermenschlichen entwickeln könne, haben bereits seit längerem Eingang in die wissenschaftliche Diskussion gefunden und werden auch durch die Medien in populärwissenschaftlichen Darstellungen in einem Ton des selbstverständlichen »So wird es sein!« verbreitet.

»Die Zeit«, eine Wochenzeitung, die auf ihre seriöse Berichterstattung und Kommentierung des Zeitgeschehens achtet, hat ihre Silvesternummer vom 30 Dezember 1998 als »Millenniums Sonderausgabe« gestaltet. Auf der Titelseite prangt in großen Lettern die Überschrift »Mach's gut, Mensch«. In dem darunter abgedruckten Artikel heißt es:

> *Das letzte Jahrtausend des Homo sapiens geht zu Ende. Kein Grund zur Panik. Der Mensch wird ein anderer – vernetzt und gentechnisch verwandelt, [...] »Gestatten«, wird irgendwann im kommenden Millennium eine neues Wesen sagen, »ich bin es, der Nachfolger des Homo sapiens.« [...] Im dritten Jahrtausend wird das biologische Modell Mensch auslaufen. Wer folgt nach? Oder vielmehr: was? [...] Zur Zeit ist der Mensch im Begriff, sich mit einer interaktiven, rechnenden Maschinenwelt zu umgeben. Noch ein paar Generationen, dann werden sich die Maschinen womöglich selbst umbauen, den Weg aller Evolution gehen und schließlich eine eigene Art kollektiver Intelligenz entwickeln.*[197]

Sehr viel ausführlicher, aber mit genauso brutaler Prägnanz, hat schon Ende der 80er Jahre Hans Moravec den öffentlichen Abgesang auf die Menschheit eingeleitet.

In Jahrmilliarden unermüdlichen Wettrüstens ist es unseren Genen endlich gelungen, sich selbst auszubooten. [...] Was uns erwartet, ist nicht Vergessen, sondern eine Zukunft, die man aus heutiger Sicht am ehesten als »postbiologisch« oder auch »übernatürlich« bezeichnen kann. In dieser zukünftigen Welt wird die menschliche Art von einer Flutwelle kultureller Veränderungen fortgerissen und von der eigenen künstlichen Nachkommenschaft verdrängt werden. Wie diese Welt am Ende aussehen wird, wissen wir nicht; doch viele Zwischenschritte sind nicht nur vorhersagbar, sondern bereits vollzogen. Heute sind unsere Maschinen noch einfache Geschöpfe, die wie alle Neugeborenen der elterlichen Pflege und Fürsorge bedürfen und kaum als »intelligent« zu bezeichnen sind. Doch im Laufe des nächsten Jahrhunderts werden sie zu Gebilden heranreifen, die ebenso komplex sind wie wir selbst, um schließlich über uns und alles, was wir kennen, hinauszuwachsen, so daß wir eines Tages stolz sein dürfen, wenn sie sich als unsere Nachkommen bezeichnen. [...] über kurz oder lang werden sie, wie biologische Kinder, ihre eigenen Wege gehen, während wir, die Eltern, alt werden und abtreten.[198]

Als Hans Moravec diese Sätze 1988 in Amerika veröffentlichte, haben das nur wenige Menschen ernst genommen. Joseph Weizenbaum war einer wenigen, die deutliche Worte fanden. In einem Kolloquium an der Universität in Frankfurt am Main charakterisierte er Moravecs Gedankengänge:

Der Zweck – so wird gesagt – ist die Weiterentwicklung der Intelligenz im Universum. »Wir sind jetzt die höchste Form der Intelligenz, haben jetzt unsere Nachfolger hergestellt, und deswegen haben wir fast unsere Funktion erledigt, und wenn wir dann verschwinden, dann verschwindet nicht viel. Wir haben ja gemacht, was wir gemacht haben sollen.« [...] Ich glaube, daß es außerordentlich wichtig ist, [dies] zu verstehen. Wenn die Leute uns sagen: »Hier ist unser Programm, hier ist es, was wir machen wollen«, daß man das ernst nimmt, daß man das deutlich versteht und nicht sagt, »er meinte es nicht so«. Ich denke an ein sehr berühmtes Buch in Deutschland, das in den späten zwanziger Jahren erschien und wo ganz klar gesagt wurde, was gemacht werden muß, und wenige Leute haben es geglaubt, »na, so meinte er es doch nicht«.[199]

Was Pädagogen vor allem angeht, ist die Tatsache, daß die Ideologie, die Hans Moravec und viele andere – zum Beispiel Gero von Randow mit seinem Buch »Roboter – unsere nächsten Verwandten« – vertreten, den fernsehenden Menschen durch spannende Science-fiction-Filme als Empfindungsurteil in die Seele eingeimpft werden.

Filme wie »Wargames« oder »Nummer 5 lebt« zeigen, wie ein Großcomputer oder ein Roboter ein individuelles Bewußtsein entwickeln und beginnen, eigene Ziele zu verfolgen; ebenso die 1997 gedrehte Episode von »Star Trek«, in der in grandiosen Bildern eine der Menschheit fremde Schöpfung gezeigt wird, die alles Menschliche weit überragt und sich zuletzt als Schöpfung einer Maschinenevolution offenbart, die das ganze Universum logisch verstanden hat und nun allwissend geworden, auf der Suche nach einem höheren Wesen transzendieren will.

Der Film »Matrix«[200] führt den Gedanken der maschinellen Intelligenz noch einen Schritt weiter. Er schildert eine Welt, in der die Maschinen die Macht übernommen haben und die Menschen in einer virtuellen Traumwelt – eben der »Matrix« – gefangen halten. Eine der Hauptfiguren ist der Hacker Neo, der von Morpheus, dem Anführer einer geheimnisvollen Untergrundorganisation, aus dieser Traumwelt befreit und in die Realität eingeweiht wird.

Während dieser Einweihung stehen Morpheus und Neo inmitten des finsteren und wüsten Bildes der wirklichen Welt. Ein Ausschnitt aus ihrem Dialog charakterisiert die Grundaussage des Filmes:

Morpheus: *Willkommen in der Wüste der Wirklichkeit! Wir haben nur bruchstückhafte Informationen. Was wir aber sicher wissen, ist, daß zu Beginn des 21. Jahrhunderts die ganze Menschheit in euphorischer Stimmung schwelgte. Wir bewunderten unsere eigene Genialität bei der Schöpfung der KI.*
Neo: *KI – Sie meinen künstliche Intelligenz?*
Morpheus: *Ein kolossaler Schritt, der eine völlig neue Generation von Maschinen hervorbrachte. Wir wissen nicht, wer dann den Krieg begonnen hat – wir oder sie. Jedenfalls waren wir diejenigen, die den Himmel verdunkelt haben. Die Maschinen waren damals auf Solarenergie angewiesen, und man nahm an, daß sie nicht überleben könnten ohne eine Energiequelle wie die Sonne. Dabei brauchen wir doch seit Menschengedenken die Maschinen, um selbst zu überleben. Man könnte fast glauben, das Schicksal treibt mit uns seinen Scherz. Der menschliche Körper erzeugt mehr Bioelektrizität als eine 120 Volt Batterie und über 6300 kcal an Körperwärme. In uns haben die Maschinen eine Energiequelle gefunden, die deren Bedarf mehr als deckt.*
Sie haben Felder angelegt, Neo, endlose Felder. Menschen werden nicht länger geboren, sie werden gezüchtet. Ich habe lange Zeit nicht daran geglaubt, bis ich die Felder mit meinen eigenen Augen gesehen habe.
Ich sah, wie sie die Toten in Flüssigkeit auflösen und damit die Lebenden intravenös ernähren. Und als ich dastand und diese erschreckende Präzision sah, wurde mir die Wahrheit schlagartig bewußt.
Was ist die Matrix? Kontrolle! Die Matrix ist eine computergenerierte Traumwelt, die geschaffen wurde, um uns unter Kontrolle zu halten. – Für sie sind wir nicht viel mehr als das!
Und mit diesen letzten Worten hebt Morpheus eine Taschenlampenbatterie hoch und zeigt sie Neo.

Die Grundfrage, welche in solchen Filmen verborgen liegt, spricht sich besonders in dem SF-Roman »Caliban« aus.

In ihm wird die letzte Roman-Idee des namhaften Autors von Robotergeschichten Isaac Asimov ausgeführt. Er konnte das Buch nicht mehr selbst schreiben und hat dies Roger MacBride Allen überlassen.

MacBride Allen schildert einen Planeten am Abgrund seiner Existenz. Die Umweltkrise ist nahezu irreparabel. Eine total degenerierte Bevölkerung lebt auf diesem Planeten. Sie kann nichts mehr selbst tun, sondern alles wird, bis in die kleinsten Details hinein, von Robotern gemacht. Roboter kleiden die Menschen an und aus, sie fahren ihr Auto, waschen die Menschen und bereiten ihnen selbstverständlich auch das Essen zu.

In dieser heillosen Situation wird von einer Konstrukteurin heimlich ein neuer Robotertyp gebaut, von dem sie sich eine Lösung der Weltprobleme erhofft. Sie baut »Caliban«, der im Gegensatz zu allen anderen Robotern über einen »freien Willen« verfügt. Im Laufe der spannenden Handlung muß sich die Ingenieurin für ihre Tat vor den anderen Menschen verantworten. Sie hält eine lange Rede, in der sie zuletzt sagt:

> *Also erklären Sie mir eins. Sie wissen nicht, wo Sie wohnen. Sie wissen nicht, wie man irgend etwas tut. Also:* Wozu, bei den Neun Kreisen der Hölle, sind Sie gut?« *Sie ließ ihren Blick [...] über das gesamte Publikum wandern. »Wozu sind wir gut? Was tun wir?* Wozu sind Menschen da? *Schauen Sie sich um. Betrachten Sie Ihre Gesellschaft. Betrachten Sie den Platz, den die Menschen in ihr einnehmen. Wir sind wenig mehr als Drohnen. Es gibt kaum einen Aspekt unseres Leben, den wir nicht den Robotern anvertraut haben, damit sie sich darum kümmern. Indem wir ihnen unsere Aufgaben anvertrauen, legen wir unser Schicksal in ihre Hände.*
> *Wozu also sind Menschen da? Das ist die Frage, die eigentliche Frage, auf die alles hinausläuft. Und ich möchte behaupten, daß unser jetziger Gebrauch von Robotern uns eine erschreckende Antwort geliefert hat, eine, die zu unserem Untergang führen wird, wenn wir nicht einschreiten.*

Denn jetzt und hier müssen wir der Wahrheit ins Gesicht sehen, meine Freunde. Und die ehrliche Antwort auf diese Frage lautet: zu kaum etwas.[201]

Was ist der Sinn des Menschen? Die Antwort im Roman lautet: Wir sind weniger wert als unsere Apparate. Die Apparate müssen unsere Problem lösen helfen, die wir selbst nicht lösen können. Das Romanende beschreibt dann auch folgerichtig eine neue Partnerschaft zwischen den Maschinen und den Menschen.

Die Schöpferin von Caliban spricht zu ihm:

Du wirst in Limbo [eine Stadt, EH] *von großem Nutzen sein. Du hast einen überragenden Verstand und eine einzigartige Denkweise. [...] Du wirst in der Lage sein, die Dinge auf eine Weise zu betrachten, die kein anderer beherrscht. Schließ dich uns an, Caliban. [...] hilf uns dabei, diesen Planeten davor zu bewahren, zum Teufel zu gehen.*[202]

Man könnte einwenden, dies seien doch nur die Phantasien eines Romans. Dem ist aber nicht so. Genau dieselben Überlegungen und Gedanken finden sich auch in wissenschaftlichen und populärwissenschaftlichen Publikationen. In Science-fiction-Romanen sind diese Gedanken nur unverhüllter und deutlicher dargestellt.

Die Frage »Wozu sind Menschen da?« wird heute ernsthaft gestellt, sie durchzieht mehr oder weniger unbewußt alle Menschenseelen.

Die fundamentalen Grundfragen der Menschheit am Beginn des dritten Jahrtausends sind also: Wo finde ich den Sinn des Menschseins? Wo finde ich den Sinn meiner selbst? Welche Aufgabe habe ich als Mensch inmitten der technischen Umgebung?

Wenn wir nicht das tiefgründige Gefühl in uns entwickeln, daß es etwas Höheres gibt, als wir sind, werden wir auch nicht in uns die Kraft finden, uns zu einem Höheren hinaufzuentwickeln. RUDOLF STEINER

Bewußtsein und Technik

Immer wenn sich die Menschheit im Laufe ihrer Entwicklung anschickte, einen neuen Bewußtseinshorizont zu erobern, spiegelte sich dies in der Entfaltung einer neuen Stufe ihrer Technik wider. Die großen Fortschreibungen der äußeren technischen Entwicklung sind damit zugleich ein Hinweis auf eine Veränderung im Innenleben der Menschen.

Die ersten Anfänge einer durchdachten Technik im Verlaufe der griechischen Kultur waren begleitet vom Übergang des alten mythischen Bewußtseins in ein denkendes Selbstbewußtsein. Die Welt offenbarte sich nicht mehr in Bildern, sondern in Gedanken, die der Mensch als von den Dingen zu ihm hin strömend erlebte.

Der neue Entwicklungsschub der Technik im späten Mittelalter – vor allem die verbesserte Mühlentechnik und die Erfindung der Uhr – geschah gleichzeitig mit dem subtilen Übergang von der Erfahrung »Die Gedanken kommen zu mir« zum Erleben der Eigentätigkeit des Denkens: »Ich bilde selbst die Gedanken«. Das Denken wurde nicht mehr im Zusammenhang mit den Dingen der Welt erfahren, sondern mehr und mehr bloß als eine eigene Tätigkeit, die etwas zu den Dingen der Welt hinzufügt. Und die Frage tauchte auf, wie denn der nur bloß subjektiv erlebte, selbst geschaffene Begriff mit der objektiven Welt außerhalb des eigenen Leibes einen Zusammenhang haben könne – eine Frage, die die Philosophen bis weit in die Neuzeit hinein beschäftigte.

Im Laufe des 20. Jahrhunderts hat sich schließlich der Teil des Denkens, der in rein logischen Strukturen verläuft, in die Maschinen hinein verselbständigt. Die logikgesteuerten Maschinen erscheinen als Abbild der reinen Verstandestätigkeit, die die Griechen einst zuerst ausgebildet hatten. Die neuen Maschinen veränderten und verändern noch immer unser Alltagsleben.

Betrachtet man diese völlig neuartige Qualität der Technik, erhebt sich die Frage, ob jene Entwicklung vielleicht auch Ausdruck einer Veränderung des menschlichen Bewußtseins ist. Kann es sein, daß die Menschheit ein neues Bewußtsein erobert, welches über dem bisherigen eigengeführten logischen Denken liegt?

Neue Innenwelten

Eine solche Veränderung zu sehen, ist zweifellos nicht so leicht wie im Rückblick auf vergangene Zeiten, denn wir sind selbst in die Gegenwartssituation mit einbezogen. Aber ein genauerer Blick sieht deutliche Zeichen, daß mit der äußeren technischen Umwälzung unserer Kultur ein ebenso starker Umschwung im Bewußtsein vieler Menschen einhergeht. Diese Veränderung vollzieht sich im Inneren. Sie ist teilweise so gravierend und steht derart konträr zu den bisherigen Erfahrungen der Menschen, daß viele Frauen und Männer ihre neue Erlebniswelt nur still in sich tragen. Sie erzählen nichts von dem, was sie bewegt, denn sie fürchten sich davor, nicht ernst genommen zu werden. Trotzdem werden solche inneren Erlebniswelten immer bekannter, da es mehr und mehr Menschen gibt, denen dieses neue Verhältnis zur Welt eine Selbstverständlichkeit ist.

Die deutlichste Veränderung erleben Menschen, die ein Nah-Todeserlebnis hatten. Eine akute Erkrankung, etwa ein Herzinfarkt oder ein schwerer Unfall, führt dazu, daß Menschen sterben – fast sterben, denn sie werden mit Hilfe der medizinischen Technik wieder reanimiert. In der kurzen Zeit ihres Todes hatten diese Menschen jedoch eine tiefe Erfahrung der seelisch-geistigen Welt, die unsere materielle Welt durchdringt.

Wie bereits im 4. Kapitel beschrieben, erleben viele Betroffene in dieser Situation ein Lichtwesen, das ihnen in unermeßlicher Liebe und Gnade als großes Vorbild den Sinn ihres Daseins auf der Erde zeigt: Liebe zu allen Wesen der Erde zu entwickeln und sich so viel als möglich um Weisheit zu bemühen. Menschen, die dies erlebt haben, führen danach ein von Grund auf verwandeltes Leben. Sie haben – wie Kenneth Ring in seiner eindrucksvollen Studie zeigte[203] – ein neues Verhältnis zum Leben und zur Welt. Allein in den USA sind es nach einer Hochrechnung des Gallup-Institutes im Jahre 1992 rund 13 Millionen Menschen, die diese Erfahrung im Laufe ihres Lebens hatten.[204]

Nicht nur durch solch gravierende Erlebnisse, die oft ihren gesundheitlichen Preis fordern, verwandeln sich Menschen, sondern viele – gerade auch Kinder und Jugendliche – erleben bereits im Alltag, daß sie neuartige Erfahrungen machen.

Aus der psychologischen Praxis führt ebenfalls ein Weg in neue Bereiche. Ernsthafte Psychologen experimentieren mit einer sogenannten Reinkarnationstherapie, bei der sie Menschen durch spezielle Techniken dahin führen, daß sie in sich Bilder und Gefühle erleben, die sie auf ein vergangenes Leben zurückführen. Und zuletzt sei noch auf die große Zahl von Menschen hingewiesen, die sich in jahrelanger geduldiger Meditationsarbeit im Inneren der Seele eine neue Sensibilität erarbeiten, die ihnen ebenfalls neue Erfahrungsräume eröffnen.[205]

Man kann und muß selbstverständlich die Frage haben, ob solche Erlebnisse auf eine Wirklichkeit hinweisen. Aber auch unabhängig davon ist es zunächst einmal eine Tatsache, daß viele Menschen solche Erfahrungen machen und sich dadurch selbst in einem anderen Licht sehen und eine veränderte Haltung zum Leben haben.

Der Gang über die Schwelle

Kenneth Ring kam auf Grund seiner Studien zu der Frage, ob die Menschheit gegenwärtig einen Schritt hin zu einem neuen Bewußtsein geht:

> *Könnte es nicht sein, daß Menschen mit Nah-Todeserfahrungen – und andere, die ähnliche Erweckungen erlebt haben* – einen gemeinsamen Vorstoß zu einem höheren Bewußtsein für die Menschheit im ganzen repräsentieren? *Könnte es sein, daß die Nah-Todeserfahrung selbst ein evolutionärer Mechanismus ist, der die Menschen auf die nächste Stufe menschlicher Entwicklung befördert, indem bislang nur latent vorhandenes spirituelles Potential aktiviert wird?*[206]

Kenneth Rings Frage stimmt mit einem Hinweis Rudolf Steiners überein. In seinen grundlegenden Büchern über Anthroposophie beschrieb er die inneren Wege, die ein Mensch gehen muß, wenn er erkennend in übersinnliche Welten eintreten will. Er schildert anschaulich, daß der Mensch damit bewußt die Schwelle zur geistigen Welt überschreiten kann. Er steht dann den geistigen Wesen vollkommen bewußt gegenüber, die ihn zuvor unbewußt führten und ihm Helfer waren. In einem Vortrag in Berlin führte Rudolf Steiner diesen Gedanken noch weiter aus:

In vieler Beziehung ist der ganze Lebensgang der Menschheitsentwickelung ähnlich dem Lebensgange des einzelnen Menschen. Nur verschoben sind die Dinge. Was der Mensch bewußt durchmacht, wenn er in der geistigen Welt zum Schauen kommen will, das Überschreiten der Schwelle, das muß [...] die ganze Menschheit unbewußt durchmachen. Sie hat darin keine Wahl, sie macht es unbewußt durch. Nicht der einzelne Mensch, sondern die Menschheit und der einzelne Mensch mit der Menschheit.[207]

Wenn diese Aussagen von Ring und Steiner zutreffen, dann zeigt sich die Entwicklung unserer Kultur in einem völlig neuen Licht. Alles, was sich scheinbar so negativ, so gefährlich in unser Leben einschiebt, ist dann nur der Schatten eines neuen Bewußtseins. Die Möglichkeiten, die uns die Technik in die Hand gibt, sind dann nur eine Spiegelung dessen, was sich potentiell in unserem Bewußtsein bilden kann.

Wie aber sieht dieses neue Bewußtsein aus? Welche Eigenschaften hat es, und über welche Fähigkeiten verfügt es?

Das neue Bildbewußtsein

Das wohl wichtigste Charakteristikum dieses neuen Bewußtseins besteht darin, daß es sehr bildhaft ist. Aus dem Inneren tauchen Bilder auf, in denen sich ein bestimmter Gedanke, die bestimmte Erkenntnis eines Zusammenhanges ausdrückt. Das Bild selbst ist oft zweitrangig – aber es drückt sich in ihm ein tieferer Zusammenhang aus. So wie in Märchenbildern grundlegende menschliche Geheimnisse verborgen liegen, die erst entschlüsselt werden müssen, so fordern die neuen Bilder ebenfalls dazu auf, in der rechten Weise verstanden zu werden.

Auf ganz verschiedene Lebensbereiche weisen diese neuen Bilder hin, die in den Menschenseelen zum Beispiel

Bilder, die auf vergangene Leben hinweisen, entstehen lassen. So schildert eine Frau im Rückblick auf ihre Kindheit:

Sehr früh schon tauchten Bilder und Gefühle auf, die in dem jetzigen Leben keinen Sinn machten. Es fehlte aber damals, so etwa im Alter von etwa acht bis zehn Jahren, die begriffliche wie auch gefühlsmäßige Möglichkeit, diese einzuordnen. Das war im Grunde genommen für den späteren Erkenntnisprozeß ein großer Vorteil. In der damaligen Situation löste es allerdings manche Beklemmungen aus. Eine Gewißheit, vor langer Zeit und schon oft gelebt zu haben, drängte sich überraschend, willensartig in mein Kinderleben hinein. Es gab niemanden, mit dem das besprochen werden konnte. Andere Situationen traten auf, da empfand ich klar, bis in körperliche Schmerzen hinein, die keine physischen Ursachen hatten: es gab ein Leben, das liegt noch nicht lange zurück, und es hat dramatisch geendet. Es waren kurze Momente in bestimmten Situationen, wo so etwas aufblitzte, dann wieder vergessen oder verdrängt wurde.[208]

Andere Menschen schildern, wie sie in dieser inneren Bilderwelt eine Offenbarung der in der Natur lebenden und wirkenden Intelligenzen erfahren. So berichtet etwa die junge Amerikanerin Julia Butterfly Hill, die zwei Jahre auf einem der kalifornischen Baumgiganten lebte, um ihn und den Wald um ihn herum vor dem Abholzen zu retten, auf ihrer Internet-Seite:

Luna, auch bekannt als der Riese von Stafford, ist ungefähr 1000 Jahre alt. Julia gestand, daß ihr die Knie zitterten, als sie das erste Mal ihre Kletterausrüstung benutzte, um zu ihrem 6 mal 8 Fuß großen Hochsitz zu gelangen. »Zunächst hatte ich Angst, aber dann achtete ich mehr auf den Baum und schöpfte Kraft aus seinem Anblick. Ich sah all die Narben und Wunden, die ihm Feuer und Blitzschläge zugefügt hatten. Ich fühlte eine geistige

Verbindung.« Sie verbrachte den Heiligen Abend damit, den Sternenhimmel zu betrachten, Pasta zu essen, und wenig später [...] brach einer der schlimmsten Stürme in der Geschichte Kaliforniens – ausgelöst durch den El Nino – über sie herein.
»Ich hörte den Wind schon in weiter Ferne toben, bevor er mit voller Macht hereinbrach und mich vollständig überrumpelte. Ich preßte die Zähne so fest zusammen, daß ich glaubte, die Abnutzung zu spüren. Der Wind heulte wie ein verrücktes, wildes Tier – das durchdringendste Geräusch, das ich je gehört habe. Der Lärm der Planen verstärkte es noch, weil sie keine Möglichkeit hatten, sich einem Orkan von 90 mph zu widersetzen. Ich kann auf alles verzichten, nur nicht auf meine Planen, weil ich sonst dem mörderischen Unwetter schutzlos preisgegeben wäre.«
Als Julia um ihr nacktes Leben kämpfend sich an den armdicken Ast neben ihrem Hochsitz klammerte, dessen Rinde in vielen solchen Stürmen glatt gerieben worden war, dachte sie: »Das ist das Ende, ich sterbe.« Und dann – sie auf ihrem Hochsitz einhüllend – sprach Luna zu ihr. Sie sagte: »Beuge dich, schwinge mit und laß los. Ich werde mich um dich kümmern.« »Ich fühlte einen tiefen Frieden.«[209]

Man kann sich angesichts solcher Schilderungen fragen, ob mit dem Ende der alten und dem Beginn der neuen »intelligenten« Technik die Menschheit den alten mythischen Bewußtseinszustand in verwandelter Weise zurückerobert. Die Menschen erleben jetzt offenbar geistige Tatsachen nicht mehr in einer nur träumenden Empfindung, sondern stehen ihnen voll bewußt und mit einem klarem Denken gegenüber. Sie erleben geistige Wesen, die sich ihnen in Bildern oder Sprache offenbaren, mit dem modernen wachen Bewußtsein. Die hinter der Natur und den Menschen verborgene Geistwelt beginnt im Bewußtsein der Menschheit neu aufzuleuchten.

Die neuen Fähigkeiten

Religionsstunde in einer 11. Klasse – ein Schüler hält ein Referat über den Schlaf. Er berichtet von naturwissenschaftlichen Ergebnissen und auch von religiösen Gesichtspunkten. Im Anschluß daran sprechen die Schüler miteinander. Einige erzählen eigene Erlebnisse. Ein Mädchen erzählt: »Wenn ich einschlafe, geschieht es oft, daß ich mich oben im Zimmer fühle und mich selbst im Bett liegen sehe.«

Was diese Schülerin erlebte, ist keine Besonderheit. Es gibt viele Menschen, die dies hin und wieder erleben. Einige können sogar ihren Leib willentlich verlassen, sich bewußtseinsmäßig zu anderen Orten hinbegeben und die Dinge miterleben, die sich dort gerade abspielen.

Die siebzehnjährige Dominique Swain, vor allem durch die Titelrolle in dem Film »Lolita« bekannt geworden, erzählt in einem Interview:

> *... ich glaube an Astroprojektion [...] da geht es darum, daß sich die Seelen der Menschen im Schlaf aus ihren Körpern lösen und im Haus herumwandern. Ich habe es selbst erlebt, und wer darin Übung hat, kann es sogar schaffen, daß die Seele das Haus verläßt und Orte besucht, die der Körper nicht erreichen kann.*[210]

Gerade auch bei Nah-Todes-Erlebnissen ist dies ein oft geschildertes Erlebnis:

> *... dabei stockte mir der Atem, und der Herzschlag blieb weg. Im selben Augenblick hörte ich die Schwester rufen: »Herzstillstand!« Ich fühlte, wie ich aus meinem Körper austrat und zwischen Matratze und Seitengitter des Bettes hinabglitt – es kam mir eigentlich eher so vor, als ob ich mich* durch *das Gitter hindurchbewegte –, bis ich am Boden ankam. Und von da an stieg ich ganz langsam in die Höhe. Während des Emporsteigens sah ich immer mehr*

Schwestern ins Zimmer gelaufen kommen, es müssen wohl etwa ein Dutzend gewesen sein. Sie riefen meinen Arzt, der sich gerade auf seiner Runde durchs Krankenhaus befand, und auch ihn sah ich hereinkommen. Ich dachte: »Was will er eigentlich hier?« Ich wurde immer weiter hinaufgetrieben, an der Lampe vorbei – ich sah sie ganz deutlich von der Seite –, bis ich unter der Decke zum Stillstand kam; dort oben schwebend blickte ich hinunter. Fast kam ich mir vor wie ein Stück Papier, das zur Decke hochgeblasen wurde.

Von da oben sah ich zu, wie man mich wiederbelebte! Klar und deutlich bot sich mir mein Körper dar, wie er da unten ausgestreckt auf dem Bett lag, um das sie alle herumstanden. Eine Krankenschwester hörte ich sagen: »O Gott, sie ist tot!«, während eine andere sich hinunterbeugte, um mir Mund-zu-Mund-Beatmung zu geben. Dabei blickte ich ihr auf den Hinterkopf, *auf ihr ziemlich kurzgeschnittenes Haar. Den Anblick werde ich nie vergessen. Und dann kamen sie mit ihrer Maschine an, und ich sah, wie sie mir die Elektroden auf die Brust setzten.*[211]

Zu diesem neuen Bewußtseinszustand gehört offensichtlich auch die Fähigkeit, Gedanken anderer Menschen direkt wahrnehmen zu können. Ich selbst habe einige Menschen kennengelernt, die dies anscheinend vermochten. Aber auch in der Literatur wird häufig davon berichtet[212]

Eine andere, für unser gewöhnliches Erleben verblüffende Erfahrung ist die Tatsache, daß Menschen im Nah-Todes-Erleben eine Überfülle an Weisheit erlebten. Wie in einem Moment ist ein gewaltiger Gedankenzusammenhang präsent:

Man kann es mit nichts hier bei uns vergleichen. Die Begriffe, die ich beim Beschreiben verwende, sind weit entfernt von dem, was ich eigentlich sagen will, aber ich habe keine bessere Möglichkeit. [...] Denn es handelt sich um einen Ort, wo der Ort *Wissen ist.*

[...] Wissen und Information stehen sofort zur Verfügung – alles Wissen. [...] Man saugt das Wissen gleichsam auf. Im Handumdrehen weiß man schon die Antwort auf alle Fragen. [...] Es ist so, als ob man sich geistig auf eine Stelle in der Schule wie auf einen Brennpunkt konzentriert, und flutsch! kommt schon von der betreffenden Stelle das Wissen zu einem hingesaust, ganz automatisch. Das geht fast so, als hätte man Schnell-Lesen hoch zehn gelernt.[213]

Rudolf Steiner berichtet ebenfalls von dieser Eigenschaft der geistigen Welt:

Das nämlich ist das Überraschende, daß es dem Menschen in der geistigen Welt nicht an Weisheit fehlt. Man kann ein Tor sein in der Sinneswelt, und die Weisheit strömt einem in der geistigen Welt nur so zu in ihrer Realität, wenn man einfach in diese geistige Welt hineinversetzt wird. Weisheit, dasjenige, was wir uns in der physischen Welt mit Mühe aneignen, was wir uns erarbeiten müssen von Tag zu Tag, wenn wir es haben wollen, das haben wir in der geistigen Welt so, wie wir in der physischen Welt um uns herum die Natur haben. Es ist immer da, und es ist in reichlichstem Maße da.[214]

Auch in der Meditation können sich solche Erlebnisse ergeben: Man erfährt einen großen Zusammenhang unmittelbar und braucht anschließend längere Zeit, um das Erlebte in Gedankenform auszuarbeiten, so daß es anderen Menschen mitgeteilt werden kann. Mit Recht sagen daher Menschen, die bewußte übersinnliche Erfahrungen machen, daß diese mit Worten nur schwer zu beschreiben sind.

Wissenschaft vom Geistigen

Die hier beschriebenen Erfahrungen weisen darauf hin, daß es Ebenen des Lebens gibt, die in Vergessenheit geraten – gleichwohl aber real vorhanden sind. Uns Zeitgenossen sind die geistigen Bereiche bis jetzt noch weitgehend unbewußt. Wer aber vorurteilsfrei den Verlauf der eigenen Biographie anschaut, kann – auch ohne hellsehend zu sein – Beobachtungen machen, die auf das stille Wirken einer höheren Intelligenz hinweisen. Vieles kommt auf uns zu, was unsere Biographie wesentlich prägt und nicht in unserer Hand liegt. Eine Fülle von großen und kleinen »Zufällen« ist es, die den Gang unseres Lebens wesentlich bestimmt; ja, man kann sogar sagen: ausmacht. So kann in der Seele ahnend die Gewißheit entstehen, daß es eine höhere Intelligenz gibt, die den gewöhnlichen Sinnen nicht zugänglich ist und die helfend oder lenkend unser Schicksal mitgestaltet.

Wenn aber geistige Wesen und Welten real vorhanden sind und man sie wahrnehmend erfahren kann, ist auch eine wissenschaftliche Erforschung und Beschreibung möglich. Freilich kann das nicht mit dem Mikroskop oder anderen technischen Geräten geschehen – aber mit derselben Genauigkeit und Exaktheit. Ist das Forschungsfeld eine objektiv vorhandene seelisch-geistige Welt, dann müssen zuerst die entsprechenden Wahrnehmungsorgane innerhalb der eigenen Seele ausgebildet werden. So wie ich erst ein Mikroskop haben muß, um Bakterien oder Zellen beobachten zu können, so muß ich auch erst in der eigenen Seele die entsprechenden Wahrnehmungsorgane ausbilden, um seelisch-geistige Wesen und Vorgänge beobachten zu können. Sind diese Seelenorgane ausgebildet und hat der betreffende Mensch zudem die Fähigkeit, seine Wahrnehmungen denkerisch durchdringen zu können, dann kann auf geistigem Gebiet genauso eine Forschungsarbeit zustandekommen wie mit dem Mikroskop auf naturwissenschaftlichem Feld.

Die Ausbildung der Seelenorgane setzt jedoch eine strenge Schulung voraus. Zu allen Zeiten und in allen Kulturen gab es solche Schulungen, die dann zu sogenannten Einweihungen führten, bei denen der große Schritt über die Schwelle zur geistigen Welt gegangen wurde. Es ist in der Vergangenheit zwar nur wenig über solche Ausbildungen gesprochen geworden. Aber es war doch bekannt, daß jeder Einweihung immer eine lange Ausbildungszeit voranging.

Seit dem 20. Jahrhundert wird darüber offener gesprochen und geschrieben. Auch Rudolf Steiner hat den Schulungsweg, der seiner geistigen Forschung zugrunde lag, geschildert.[215] Für eine ausführliche Beschreibung der Voraussetzungen, die zu spirituellen Erkenntnissen führen, fehlt hier jedoch der Raum. Es sei daher, um den Charakter einer Wissenschaft vom Geistigen anzudeuten, wenigstens auf die Vorbedingungen hingewiesen, die einer höheren Schulung im Sinne Steiners vorausgehen.

Sechs solcher Bedingungen liegen einer Schulung zugrunde. Dazu gehört zuerst die *Aneignung eines vollkommen klaren Denkens.* Man muß fähig sein, ganz aus dem eigenen freien Willen einen Gedanken in den Mittelpunkt der Seele stellen zu können – ohne von plötzlichen Einfällen oder Erinnerungen abgelenkt zu werden.

Eine zweite Bedingung ist die *Fähigkeit des initiativen Handelns.* Man muß das, was man sich vornimmt, auch wirklich durchführen können. Wie oft nimmt man sich etwas vor – und tut es dann nicht. »Der Weg zur Hölle ist mit guten Vorsätzen gepflastert«, sagt der Volksmund. Diese Willensschwäche muß derjenige, der eine höhere Schulung durchmachen will, vorher energisch überwinden.

Die dritte Bedingung ist die *»Ausbildung eines gewissen Gleichmutes* gegenüber den Schwankungen von Lust und Leid, Freude und Schmerz, das ›Himmelhochjauchzend, zu Tode betrübt‹ soll mit Bewußtsein durch eine gleichmäßige Stimmung ersetzt werden«.[216] Der Übende muß dafür sorgen, daß allmählich Ruhe in sein Innenleben einzieht. Er lenkt dann das eigene Leben aus der Kraft der inneren Ruhe.

Die vierte zu erübende Bedingung ist diejenige der *Positivität.* Es handelt sich dabei darum, »allen Erfahrungen, Wesenheiten und Dingen gegenüber stets das in ihnen vorhandene Gute, Vortreffliche, Schöne usw. aufzusuchen«.[217] Das heißt nicht, daß man sich gegenüber allem Schlechten und Häßlichen blind machen solle, sondern nur, daß man danach trachte, in »einer jeglichen Erscheinung und in einem jeglichen Wesen das Positive zu suchen«.[218]

Als fünfte Voraussetzung für eine spirituelle Schulung nennt Rudolf Steiner den *Erwerb der Unbefangenheit.* Es muß der Mensch »bereit sein, jeden Augenblick eine völlig neue Erfahrung entgegenzunehmen. Was er bisher als gesetzmäßig erkannt hat, was ihm als möglich erschienen ist, darf keine Fessel sein für die Aufnahme einer neuen Wahrheit.«[219] Das heißt nicht, daß man auf alles Erlernte, etwa auf die Kenntnis der Naturgesetze, verzichten solle, sondern diese zu erübende Fähigkeit zielt im Gegenteil darauf ab, dafür offen zu sein, daß jede bisherige Erkenntnis noch eine Erweiterung erfahren könne – auch wenn eine scheinbar unmögliche Tatsache auftritt.

Die sechste Bedingung faßt die fünf anderen zusammen und versucht, sie in einem *harmonischen Gleichmaß* zu erüben, indem man »in einer regelmäßigen Abwechslung alle fünf Übungen immer wieder und wieder« vornimmt.

> *Es bildet sich dadurch allmählich ein schönes Gleichgewicht der Seele heraus. Man wird namentlich bemerken, daß etwa vorhandene Unzufriedenheiten mit Erscheinung und Wesen der Welt vollständig verschwinden. Eine allen Erlebnissen versöhnliche Stimmung bemächtigt sich der Seele, die keineswegs Gleichgültigkeit ist, sondern im Gegenteil erst befähigt, tatsächlich bessernd und fortschrittlich in der Welt zu arbeiten.*[220]

Man sieht aus dieser kurzen Skizze der *Vorbedingungen* für eine spirituelle Schulung, daß ein fester Charakter, ein klares, ruhiges Gedanken- und Seelenleben die Voraussetzung sind. Das eigene Seelenleben muß im ruhigen Gleichgewicht sein, muß in einer initiativen, offenen und positiven Weise auf alle Erfahrungen und Wesen zugehen können.

Nur mit diesen Grundfähigkeiten ist bei der geistigen Forschungsarbeit eine große Schwierigkeit zu überwinden, die im naturwissenschaftlichen Arbeiten viel leichter auszuschließen ist: die Subjektivität.

Der Doppelgänger

Wenn die eigene Seele zum übersinnlichen Wahrnehmungsorgan werden soll, muß dem also eine energische Schulung vorangegangen sein, die Eigenes von Objektivem scharf zu trennen in der Lage ist.

Rudolf Steiner wies deutlich auf diesen Punkt hin: Radikale Selbsterkenntnis ist die erste Voraussetzung für alles Forschen in der geistigen Welt. Ohne sie ist ein wahres Erkennen der höheren Welten unmöglich. Würde der Mensch ohne diese Selbsterkenntnis

> *... in die übersinnliche Welt eingeführt, dann wäre er ebensowenig imstande, diese Welt in ihrer wahren Gestalt zu erkennen. Denn es wäre ihm ganz unmöglich, zu unterscheiden zwischen dem, was er in die Dinge hineinsieht, und dem, was sie wirklich sind. Diese Unterscheidung ist nur möglich, wenn man die eigene Wesenheit als ein Bild für sich wahrnimmt und sich alles das von der Umgebung loslöst, was aus dem eigenen Innern fließt.*[221]

Eine der ersten übersinnlichen Erlebnisse ist daher auch die unverhüllte Begegnung mit sich selbst und den eigenen

Unvollkommenheiten. Man steht in der geistigen Anschauung den eigenen Schwächen und Fehlern in schonungsloser Bewußtheit gegenüber. Man erlebt sie als ein unabhängiges geistiges Wesen, das man als zu sich selbst gehörig fühlt. Rudolf Steiner bezeichnete daher dieses Erlebnis als die Begegnung des Menschen mit seinem Doppelgänger.

> *Wenn nun aber der Mensch durch regelrechte Schulung dahin arbeitet, diese Wahrnehmungsorgane zu erhalten, so tritt dasjenige als erster Eindruck vor ihn hin, was er selbst ist. Er nimmt seinen Doppelgänger wahr.* [222]

Jeder wirklichen Forschung im Geistigen muß dieses Erlebnis vorausgehen. Erst nach der Begegnung mit dem eigenen Doppelgänger ist der Mensch in der Lage zu unterscheiden, was an den geistigen Erlebnissen objektiv und was subjektiv von ihm selbst erzeugt worden ist.

Wenn Steiner mit seiner Behauptung recht hat, daß gegenwärtig die Menschheit als Ganze über die Schwelle zur geistigen Welt geht, dann kann man die Frage haben, wo die Menschheit ihrem Doppelgänger begegnet. Könnte es sein, daß unsere technische Welt dieser Doppelgänger ist?

An der gegenwärtigen Ausgestaltung der Technik erleben wir jedenfalls zweifelsfrei existentiell und unverhüllt die Destruktivität unserer eigenen Gedanken, die wir in den Maschinen nach außen gesetzt haben. Insofern nimmt die Maschinenwelt tatsächlich den Charakter eines Doppelgängers an. Sie zeigt uns im Abbild die dunkle Seite unseres Denkens.

Eine neue Welt

Im Erleben der geistigen Welt tut sich vor dem Menschen eine neue Welt auf. In dieser begegnet der Mensch ihm bisher unbekannten Wesen, die über noch andere Bewußtseinsformen verfügen. Eine ältere Zeit, die jene Welt noch gut kannte, gab diesen Wesen Namen: Engel, Erzengel und so weiter. Aber man wußte auch von den anderen Intelligenzen, die man teuflische Wesen oder Dämonen nannte.

Dieses unserer Gegenwart scheinbar verloren gegangene Wissen tritt langsam wieder auf. Immer mehr Menschen berichten davon, wie sie erleben, daß höhere Intelligenzen ihnen Hilfen und Tost zukommen lassen. Ja, manche sind sogar fähig, im Inneren ihrer Seele eine Art intimes Zwiegespräch mit ihrem Engel zu halten.

Menschen, die bewußt in dieser objektiv vorhandenen geistigen Welt leben können, vermögen auch einen bewußten Kontakt mit solchen Wesen zu pflegen. Was man als magische Kräfte kennt, beruht zum Teil auf der »Zusammenarbeit« mit »dienenden Geistern«. Dies geistige Wirken bedarf jedoch großer Verantwortlichkeit, denn es kann zum Wohle anderer Menschen eingesetzt werden, aber auch zum Unheil.

Auch wenn solche Fähigkeiten als Aberglauben belächelt werden, was in dem einen oder anderen Fall auch zutreffen mag – es gibt sie doch.

Das Licht der Welt

Das größte Erlebnis in diesem übersinnlichen Bereich ist die schon mehrmals erwähnte Begegnung mit einem Lichtwesen. Es ist so real vorhanden wie das Magnetfeld der Erde. Beide nimmt man mit den gewöhnlichen Sinnen nicht wahr, aber wenn ein Meßgerät zur Hand ist, findet man die Realität des Magnetfeldes sofort bestätigt. Um die Realität des Lichtwesens zu finden, braucht man anstatt eines physikalischen ein seelisches »Meßgerät«, das man in innerer, stiller Bemühung selbst schaffen muß. Das hat nichts mit Anthroposophie oder einer christlichen Konfession zu tun. Genauso, wie es dem Magnetfeld egal ist, von welchem physikalischen Institut es beschrieben wird, ist es dem Licht der Welt egal, welcher Konfession ein Mensch angehört. Es ist ihm einzig und allein wichtig, daß dieser Mensch wahrhaft Mensch sein will – und das kann man innerhalb jeder religiösen Konfession, auch einer »nichtchristlichen« Religion. Liebe zum Nächsten und den Willen, die Weisheit der Welt zu finden – das haben die christlichen Konfessionen nicht für sich allein »gepachtet« und auch nicht die Anthroposophen.

Ein Theologie-Student, der ein Todesnähe-Erlebnis hatte, berichtet:

> *Der Arzt sagte mir, ich sei während der Operation »tot« gewesen. »Ganz im Gegenteil«, antwortete ich, »ich bin zum Leben erwacht.« Während meiner Vision erkannte ich, was für ein eingebildeter Esel ich gewesen war mit meinen theologischen Spitzfindigkeiten. Ich dünkte mich erhaben über alle, die nicht meiner Konfession angehörten und nicht denselben Glaubenssätzen folgten wie ich.*
> *Eine Menge Leute, die ich kenne, werden sich wundern, wenn sie merken, daß unser Herrgott für Theologie nicht viel übrig hat. Tatsächlich scheint ihn manches eher zu belustigen, aber für Fragen bezüglich meiner Konfession hat er sich überhaupt nicht interessiert. Er schaute mir ins Herz, nicht in den Kopf.*[223]

Ein Gleichgewicht finden

In eine gewaltige Polarität ist der Gegenwartsmensch hereingestellt. Der eine Pol – die technische Welt mit ihren wundervollen Möglichkeiten – drängt sich mit Gewalt in alle Bereiche unserer Kultur hinein. Das ist eine Tatsache. Der andere lebt als Möglichkeit in uns. Wir sind Teil der seelisch-geistigen

Welt, bewußt oder unbewußt. Die neue Möglichkeit, die sich heute eröffnet, ist die bewußte Erkenntnis der geistigen Wesen und Vorgänge in uns und in der uns umgebenden Welt.

Wer die geistige Welt wirklich erlebt, der kommt leicht in Versuchung, die irdische Welt fliehen zu wollen und ein im wahrsten Sinne des Wortes »abgehobener Spinner« zu werden. Diese Versuchung ist stark. Sie ist der Gegenpol zum Eingebundensein in die technische Welt.

Die technische Welt trägt die Tendenz in sich, die menschliche Freiheit zu untergraben, indem sie das Individuum als Teil der werdenden Gesamtmaschine aufsaugt.

Ihr gegenüber steht die Versuchung, in »abschwebender« Weise »mystisch« dem Alltagsleben entfliehen zu wollen. Auch hier verliert der Mensch seine Freiheit. Er verliert sich als Individualität wie ein Tropfen im Wasser des Allgeistes. Im Glücksgefühl, mit einem jenseitigen Hier und Jetzt verschmelzen zu wollen, liegt der Gegenpol zum Leben als Teil der Maschinenwelt. Die Gefühle, die die Droge Ecstasy der Menschenseele gibt, ist ein Beispiel für diese Weltflucht. Aber auch manche Formen »religiöser« Hingabe sind nichts anderes als eine Abwendung von der realen Welt.

Wir stehen heute in einer Polarität, deren »kalter Pol« unser Sein als Mensch mechanisieren will und in deren anderem »heißen Pol« die Menschheit sich wollüstig aufzulösen droht. In der dramatischen Auseinandersetzung mit diesen beiden Gefährdungen bildet sich menschliche Individualität aus.

Jeder der Pole ist das Gegengewicht des anderen. Wir Menschen brauchen beide, um freie Individuen zu werden. Unser Menschsein besteht darin, Gleichgewicht zu halten. Innerhalb der technischen Welt stehend, die Spiritualität erkennend und in das Alltagsleben integrieren wollend – darin bildet sich unsere Individualität aus.

Die den Menschen helfenden geistigen Wesen drängen sich dem Menschen nicht auf. Sie warten auf die aktive Tätigkeit des Individuums, das im Gleichgewicht zwischen »oben und unten« den Weg zu ihnen sucht. Sie achten die menschliche Freiheit. Ja mehr sogar: In ihnen findet der Mensch die Kräfte zur Entfaltung seiner wahren Freiheit.

»Das Gegengewicht muß geschaffen werden«

Wenn die Technikwelt uns in einseitiger Weise eine »Begabung« schenkt, braucht es, um ein Gleichgewicht zu finden, das Gegengewicht. Dazu müssen wir uns anstrengen, müssen eine neue Fähigkeit entwickeln.

Wir suchen in unserer Kultur ein neues Bildbewußtsein. Schon durch die Technik leben wir in einer Bilderwelt. Wir haben uns zwar daran gewöhnt, aber eigentlich ist es ungeheuerlich, welche Flut an Bildern auf uns tagtäglich einstürzt. Illustrierte, Plakatwände, Fernsehen, Filme und zuletzt auch Multimedia-Programme überfluten uns mit Tausenden und Abertausenden Bildern. Wir erdulden oder genießen sie passiv.

Die im Seeleninneren auftretende Bilderwelt fordert aktive Tätigkeit, um erscheinen zu können. Die Technik gibt uns passiv, was wir initiativ erwerben sollen. Wenn wir die Kraft entwickelt haben, innere Bilder, die objektive geistige Vorgänge abbilden, aktiv erzeugen zu können, schaden uns die passiv auf uns einströmenden Bilder nicht. Wenn wir in unserer Seele die Kraft der Imagination kontinuierlich pflegen und erüben, schaffen wir ein Gegengewicht zu der passiv auf uns einflutenden Bilderwelt der Medien.

Rudolf Steiner wies schon beim Aufkommen der ersten Filmapparate – damals noch Kinematograph genannt – auf diese Tatsache hin:

Der Mensch muß gewiß mit seiner Zeit leben und soll mit seiner Zeit leben, und er soll nicht, wenn irgend etwas charakterisiert wird, das so auffassen, als ob man damit meinte, daß alles und alles damit abgewiesen werde. Aber es soll das Gegengewicht geschaffen werden. Es ist heute nur natürlich, daß die Welt vor Impulsen steht, die ganz in den Materialismus hineinführen. Das kann nicht aufgehalten werden, denn dieses Hineinführen in den Materialismus, das hängt zusammen mit dem tiefen Bedürfnis unserer Zeit. Aber ein Gegengewicht muß geschaffen werden. Ich möchte sagen, alle Mächte stellen es darauf ab, den Menschen ganz fest in den Materialismus einzuführen. Das kann nicht aufgehalten werden; es gehört zum Wesen des fünften nachatlantischen Zeitraumes. Aber das Gegengewicht muß geschaffen werden. Ein besonders hervorragendes Mittel, den Menschen in den Materialismus hineinzujagen, ist das, was von diesem Gesichtspunkte aus kaum bemerkt wird: der Kinematograph. Es gibt kein besseres Erziehungsmittel zum Materialismus als den Kinematographen. Denn das, was man in dem Kinematographen schaut, das ist nicht Wirklichkeit, wie sie der Mensch sieht. Nur eine Zeit, welche so wenig Begriff hat von der Wirklichkeit wie diejenige, welche die Wirklichkeit als Götzen im Sinne des Materialismus anbetet, kann glauben, daß der Kinematograph eine Wirklichkeit bietet. Eine andere Zeit würde darüber nachdenken, ob der Mensch auf der Straße so geht wie im Kinematographen; und dann, wenn er sich fragt: Was hast du gesehen? – ob er wirklich das so im Bilde hatte, wie der Kinematograph es ihm vorstellt. Fragen Sie sich einmal ehrlich, aber tief ehrlich: Ist dasjenige, was Sie gesehen haben auf der Straße, näher dem Bilde, das sich nicht bewegt, das ein Maler Ihnen macht, oder dem schauderhaften funkelnden Bilde des Kinematographen? Wenn Sie sich ehrlich fragen, so werden Sie sich sagen: Das, was der Maler in Ruhe gibt, das gleicht viel mehr dem, was Sie selber auf der Straße sehen. Daher aber auch nistet sich, während der Mensch vor dem Kinematographen sitzt, das, was ihm der Kinematograph bietet, nicht in das gewöhnliche Wahrnehmungsvermögen ein, sondern in eine tiefere materielle Schicht, als wir sonst im Wahrnehmen haben.

Der Mensch wird ätherisch glotzäugig. Er bekommt Augen wie ein Seehund, nur viel größer, wenn er sich dem Kinematographen hingibt. Ätherisch meine ich das. Da wirkt man nicht nur auf dasjenige, was der Mensch im Bewußtsein hat, sondern auf sein tiefstes Unterbewußtes wirkt man materialisierend. Fassen Sie das nicht auf wie eine Brandrede gegen den Kinematographen. Es soll ausdrücklich noch einmal gesagt werden: Es ist ganz natürlich, daß es Kinematographen gibt; die Kinematographenkunst wird noch immer mehr und mehr ausgebildet werden. Das wird der Weg in den Materialismus sein. Ein Gegengewicht muß geschaffen werden. Das kann nur darin bestehen, daß der Mensch mit der Sucht nach der Wirklichkeit, die im Kinematographen entwickelt wird, etwas verbindet. Wie er da mit der Sucht entwickelt ein Heruntersteigen unter die sinnliche Wahrnehmung, so muß er ein Heraufsteigen über die sinnliche Wahrnehmung, das heißt in die geistige Wirklichkeit, entwickeln. Dann wird ihm der Kinematograph nichts schaden; da mag er sich dann die kinematographischen Bilder ansehen, wie er will. Aber gerade durch solche Dinge wird der Mensch dahin geführt – indem kein Gegengewicht geschaffen wird – nicht so, wie es notwendig ist, erdenverwandt zu werden, sondern immer erdenverwandter [. . .] zu werden und zuletzt völlig abgeschnürt zu werden von der geistigen Welt.[224]

Was Rudolf Steiner damals gegenüber der beginnenden Filmkunst ausführte, kann man heute erst recht auch auf alles, was mit der Computertechnik zusammenhängt, beziehen. Es geht heute darum, angesichts der Durchdringung unseres Alltages mit Computertechnologie ein neues Bewußtsein auszubilden. In dem Maße, wie unser äußeres Leben technisch wird, sollte unser Innenleben vom Bewußtsein der Existenz einer geistigen Welt und geistiger Wesen erfüllt werden.

Aus diesem Bewußtsein, das die spirituelle Dimension unseres Daseins mit einbezieht, wird sich auf längere Sicht auch die Entwicklung der Technik und ihr Einsatz im Alltag verändern.

Technische Spiegelungen

Unsere technische Entwicklung ist bis jetzt noch ein äußeres Zerrbild des inneren Fortschrittes der Menschheit in der bewußtseinsmäßigen Eroberung neuer Räume. Den Menschenseelen eröffnen sich neue Seelenräume, und sie erwerben sich neue Fähigkeiten, was sich in unseren technischen Erfindungen widerspiegelt. Bis in Einzelheiten hinein sind unsere technischen Möglichkeiten ein Zerrbild von übersinnlichen Erfahrungen und Fähigkeiten.

In der Gegenwartskultur herrscht große Euphorie über den Cyberspace, in den der Mensch eintreten kann. Dieser neue virtuelle Raum ist nichts anderes als die technische Widerspiegelung der seelisch-geistigen Welt. Wir erobern uns im Computernetz einen neuen technisch erzeugten Raum. Dieser kann leicht zum Seelengefängnis werden, wenn man seiner Faszination erliegt. Cyberspace fordert uns auf, den bereits vorhandenen, nur in uns verborgen liegenden seelisch-geistigen Raum zu finden. Wenn wir die in uns liegenden Seelenorgane ausbilden, nehmen wir diese inneren Welten wahr. Und eine tiefe Befriedigung entsteht, wenn die ersten zarten Bilder jener Welten im Inneren aufleuchten.

Wird also die in der Seele erlebbare Welt in ihrer Wirklichkeit erkannt, versteht man auch das Zerrbild Cyberspace.

Große Erwartungen hat man an das Netz der Netze, das Internet: »Information at your fingertip« – »Information auf Knopfdruck« verspricht Bill Gates[225], und es wird in anderen Worten immer wieder wiederholt: Wir leben in einer Zeit, »in der alle Informationen für jeden in Sekundenschnelle abrufbar sind [...]«[226]

Von der Wissensüberfülle des Netzes ist euphorisch die Rede. Da interpretiert man die im Unbewußten liegende Erinnerung an die geistige Welt mit der Überfülle der Weisheit, die in der Seele aufleuchtet, in die Maschinenwelt hinein.

Dominique Swain schildert, daß sie mit ihrer Seele aus ihrem Körper heraustreten und in der näheren und weiteren Umgebung umherwandern kann, obwohl ihr Körper ruhig in seinem Bett liegt. Eine technische Imitation dieser Fähigkeit findet sich in der sogenannten Telepräsenz. Wenn man zwei winzige Bildschirme vor den Augen hat, auf die die von zwei Kameraugen eines Roboters aufgenommenen Bilder übertragen werden, hat man nach einer kurzen Eingewöhnungszeit das Gefühl, als würde man aus den »Augen« des Roboters herausschauen. Stecken die Hände zusätzlich noch in Datenhandschuhen, die mit entsprechenden Greifvorrichtungen des Roboters per Funk verbunden sind, dann entsteht der Eindruck, als ob man sich innerhalb des Roboters befände und mit dessen »Händen« greifen würde. »Wie in einem lebhaften ›Außer-Körper-Erlebnis‹ scheint ihr Ich-Empfinden in den Roboter abgewandert zu sein.« So beschreibt Hans Moravec dieses Erlebnis.[227]

Kevin Warwick, Leiter des Kybernetik-Labors der englischen Universität Reading, träumt von einer Zukunft, in der das Internet Gedanken von Mensch zu Mensch überträgt.[228] Er wünscht sich also, die Fähigkeit der Telepathie technisch zu imitieren. Auch hier wird direkt ausgesprochen, was die dem Drang nach technischer Entwicklung zugrundeliegende Sehnsucht ist.

In vielen weiteren Details kann man zeigen, daß die hinter den technischen Entwicklungen liegenden Triebkräfte nichts anderes als ins Materielle herabgesunkenen Kräfte sind, die eigentlich den Weg in die geistige Welt hinein suchen. Es wird der Weg zu den geistigen Fähigkeiten auf materielle Weise gesucht anstatt auf geistige.

Besonders deutlich sieht man das an den neuen Mythen, die die Entwicklung der Computertechnologie begleiten. Claus Eurich hat in seiner Untersuchung »Mythos und Maschine« herausgearbeitet, daß sich mit Schlagworten, wie etwa »Informationsgesellschaft«, »Kommunikationsgesellschaft«, »Multimedia« oder »künstlicher Intelligenz« Empfindungen und Hoffnungen verbinden, die über die reine Nützlichkeit im Alltag hinaus- und in undurchdachte Heilserwartungen übergehen:

> *Kein Zweifel: Der Glaube an das multimediale Universum und das Vertrauen auf seine heilsbringende Kraft spiegeln neuheidnische Verehrungsstrukturen – mit dem Vorteil, daß, wenn das Objekt der Verehrung seine Faszination verliert, es ausgetauscht werden kann gegen andere Sinnsurrogate. Welche Gottheit könnte das sonst anbieten?*[229]

Auch diese neuheidnische Heilserwartung hat ihre Mythen. Ein Beispiel:

> *Warum sollte es nicht möglich sein, die graue Substanz* [des Gehirns, EH] *bei den ersten Ausfällen durch [...] hochentwickelte neuronale Elektronik zu ersetzen, [...]? Stück um Stück unseres versagenden Gehirns kann durch überlegene elektronische Ersatzteile erhalten werden. So könnten Persönlichkeit und Gedanken des Menschen klarer als vorher fortbestehen, obwohl am Ende keine Spur des ursprünglichen Körpers oder Gehirns mehr übrig ist. [...] So wird der menschliche Geist aus seinem ursprünglichen Gehirn in künstliche Hardware verpflanzt.*[230]

Das ist der Mythos der Befreiung des als Software vorgestellten menschlichen Geistes vom Körper durch Übertragung auf eine hochentwickelte Maschine. Dieser Mythos wiederholt mit technischen Bildern auf verzerrte Weise das alte Wissen, daß der Geist des Menschen ein vom Körper unabhängiges Dasein innerhalb einer geistigen Welt führen kann. Man kann auch sagen, daß in ihm der Gedanke der Reinkarnation eine Widerspiegelung erfährt.

Damit verbunden ist ein anderer Mythos, der von der Unsterblichkeit:

Eigentlich wird es Ende des 21. Jahrhunderts keine Sterblichkeit mehr geben. Nicht in dem Sinne jedenfalls, wie wir sie kennen. [...] Sobald wir jedoch den Sprung wagen und uns selbst in unserer Computertechnik installieren, wird unsere Identität auf einer sich stetig fortentwickelnden Bewußtseinsdatei basieren. Wir werden dann keine Hardware mehr sein, sondern Software. [...] Wenn wir Software sind, wird unsere Existenz nicht mehr von der Lebensdauer unserer datenverarbeitenden Schaltungen abhängen. [...] Unsere Unsterblichkeit wird davon abhängen, daß wir vorsichtig genug sind, unsere Software häufig genug zu sichern.[231]

In diesem Mythos erlangt der Mensch die Unsterblichkeit durch die Verschmelzung mit der Maschine. Dahinter verbirgt sich die alte Sehnsucht nach dem Aufgehen im Nirwana oder dem seligen Eingehen in das Paradies.

In der Tat ist die Verschmelzung des menschlichen Bewußtseins mit der Maschinenwelt das ersehnte Ziel der neuen Technikpropheten. Deutlich zeigt sich diese Sehnsucht bei Hans Moravec, wenn er in religiösen Tonfall verfallend, seiner Phantasie freien Lauf läßt:

Die bewohnten Gebiete des Universums werden sich rasch in Cyberspace verwandeln, wo sich keine offene materielle Aktivität mehr erkennen läßt, während die innere Rechenwelt von unvorstellbarem Reichtum ist. [...] Die alten Körper individueller Exes [= ehemalige Menschen, Ex-Menschen, EH], *umgestaltet zu Matrizen des Cyberspace, werden sich zusammenschließen, und der Geist der Exes wird als reine Software in ihnen umherschweifen. Mit wachsendem Leistungsvermögen würde die Überlegenheit des Cyberspace gegenüber physischen Körpern auch an der Expansionsfront erkennbar werden. Die Wellenfront der Exes mit ihren groben physischen Verwandlungsprozessen wird von einer rascheren Welle unmerklicher Cyberspace-Transformationen verdrängt, bis schließlich das Ganze zu einer Geistblase wird, die fast mit Lichtgeschwindig-*

keit expandiert. [...] Da die expandierende Cyberspace-Blase dem konventionellen Raum, den sie ersetzt, weit überlegen sein wird, kann sie in ihrem Inneren ohne Schwierigkeiten alle interessanten Dinge, die ihr begegnen, wiedererschaffen: Sie legt eine Erinnerung vom alten Universum an, während sie es verschlingt.

Die früheren Ex-Menschen und alles, was verschlungen wurde, lebt dann – ohne es zu merken – als Simulation im Innern des Cyberspace weiter.

Sie werden lebende Erinnerungen in einem unvorstellbar leistungsfähigen Geist sein, viel gesicherter in ihrer Existenz und mit mehr Zukunft vor sich als bisher, weil sie zu geschätzten Gästen eines transzendenten Schutzherrn geworden sind.[232]

Eine großartige tiefreligiöse materialistische Gottesvision wird hier von Moravec geschildert. Mit Recht stellt daher Jaron Lanier fest: »Ich halte – mit Blick auf Hans Moravec, Ray Kurzweil und andere höchst einflußreiche wissenschaftliche und politische Vordenker – diese neue Computerwissenschaft für eine Religion. Wir erleben die Geburt einer neuen Kirche.«[233]

Eine weitere technische Widerspiegelung des Geistigen sei noch hervorgehoben: Gegenwärtig wird mit immer größerer Zuversicht und zunehmendem Erfolg an der Möglichkeit gearbeitet, Blinden durch technische Implantate das Sehen wieder zu ermöglichen.

Andere Forschergruppen haben erste Erfolge erreicht mit dem Versuch, durch einen implantierten Chip Gehörlosen das Gehör wiederzugeben.

Französischen Ärzten ist es gelungen, mit Hilfe von elektronischen Elementen, die sie mit Nervenbahnen verbunden haben, querschnittsgelähmten Menschen das Gehen wieder zu ermöglichen.

Auch wenn diese Versuche zur Zeit nur begrenzte Erfolge haben, zeichnet sich doch deutlich ab, daß in wenigen Jahren moderne Chip-Technik und Gentechnik die Wunder vollbringen werden, die in der Bibel als die Taten des Christus beschrieben sind: »Blinde sehen wieder, Lahme gehen, und Aussätzige werden rein; Taube hören und Tote stehen wieder auf.«[234]

Was aus der Kraft des Lichtwesens einst – und wenn man Jacques Lusseyrand und anderen glauben mag, auch heute noch – geschehen ist, vermag Technik zu imitieren.[235] Sie tritt als der große Heiland auf, der der Menschheit verspricht, ihr in ihren Nöten zu helfen.

Technik erscheint als Gott einer neuen Kirche.

Die Chance

Treibende Kraft unserer Technikentwicklung ist die Sehnsucht nach der Welt unserer Herkunft. Diese Sehnsucht nach geistigen Fähigkeiten treibt sie an. Nur versucht sie, sie auf materielle Weise zu befriedigen, was nicht wirklich geht. Einzig und allein der innere geistige Weg führt an den Ort, der unsere Sehnsucht wahrhaft stillt.

Moderne Technik gibt uns die großartige Chance, daß wir für diesen Weg auch die notwendige Zeit und Kraft aufwenden können. Technik ermöglicht es uns, daß wir uns um unseren äußeren Lebensunterhalt nur wenig zu kümmern brauchen und dadurch Zeit für unsere innere Entwicklung und auch für andere Menschen haben. Was im Mittelalter nur den privilegierten Mönchen vergönnt war, ist heute prinzipiell für alle Menschen möglich.

Dazu müssen wir uns aber mit der drohenden Gefahr auseinandersetzen, daß uns die Maschinenwelt knechten und zu Sklaven herabwürdigen will. Unsere technische Welt wird der

Menschheit noch ungeahnte Möglichkeiten schenken. Sie wird sicher noch intensiver als bisher alle Bereiche des Lebens durchdringen. Die Auseinandersetzung damit wird das Grundmotiv nicht nur des dritten Jahrtausends, sondern der ganzen übrigen Menschheitszukunft sein. Heute ist für jeden Zeitgenossen völlig offensichtlich, worauf Rudolf Steiner 1917, als die Anfänge der Computerentwicklung noch nicht sichtbar waren, schon hinwies: »Die Zusammenschmiedung des Menschenwesens mit dem maschinellen Wesen, das wird für den Rest der Erdenentwicklung ein großes, bedeutsames Problem sein.«[236]

An dieser Herausforderung durch die Technik erwachen wir Menschen für unser eigentliches Wesen. Und aus der Erkenntnis unseres individuellen geistigen Ewigkeitswesens heraus werden wir wiederum lernen, Technik so zu gestalten, daß sie uns nicht unsere Menschenwürde raubt, sondern uns gibt.

Eine Technik gilt es zu schaffen, die auf Erden einer Kultur mit dem Antlitz des Menschen den Boden bereitet.

Anmerkungen

1 So der Sun Microsystems-Gründer Bill Joy in: Frank Siering, Aufstand der Roboter? In: Com!Online 8/2000, S. 50; Siehe auch: Bill Joy, Warum die Zukunft uns nicht braucht; in: Frankfurter Allgemeine Zeitung vom 6.06.2000.

2 Uwe Heuser/Gero von Randow, Mach's gut, Mensch; in: Die Zeit 1/1999, Milleniums Sonderausgabe vom 30.12.1998.

3 Vgl. Ines Possemeyer/Hans-Peter Salzmann/Stephan Elleringmann, Leben von Geistes Hand; in: GEO 7/1999; Stefan Klein/George Steinmetz, Handschlag mit der Zukunft; in: GEO 6/2000; sowie Carsten Wieland, Gelähmte schreiben mit Hirnströmen statt mit Händen; in: Frankfurter Rundschau vom 7.09.1999.

4 Diese Symbiose ist bereits in vielen Science-Fiction-Romanen und -Filmen zur phantasievollen Realität geworden. Der vielleicht bekannteste Film in dieser Hinsicht ist »Robocop« von Paul Verhoeven. In dem Buch zum nachfolgenden Film »Robocop 2«, das Ed Naha verfaßte, wird die Grundaussage der Filme gleich zu Beginn ausgesprochen:
»Früher hatte er auf den Namen Murphy, Alex Murphy, gehört, aber da war er noch ein Mensch gewesen. Die Zeit und die Umstände hatten seine Persönlichkeit gründlich verändert. Heute war er mehr als nur ein Mensch – und gleichzeitig viel weniger. Die ›Stütze des Gesetzes‹, so nannte man ihn. Ein Wesen, halb Mensch, halb Maschine, darauf programmiert, der Bevölkerung zu dienen.
Seine Geschichte ließ sich in wenigen Worten zusammenfassen: Dank der Fortschritte der Roboter-Technik war sein kugeldurchsiebter Körper dem sicheren Tod entrissen und in eine mächtige Metallhülle gesteckt worden.«
Beide Filme schildern die Abenteuer dieses »Maschinenmenschen«, von dem nur noch das Gehirn und das Rückenmark menschlichen Ursprungs sind, während der übrige Körper eine perfekte Maschine ist. Dieser Roboter mit einem menschlichen

Gehirn hat die Aufgabe, in einer völlig verwahrlosten Gesellschaft für Ordnung zu sorgen.
Das Buch endet im Epilog mit einer Frage, die sich Robocop stellt und die eine der wichtigsten Grundfragen der Gegenwart und der nächsten Zukunft ist: »War er ein Mensch oder eine Maschine? Wenn er ein Mensch war, dann ein recht eigenartiger. Wenn er eine Maschine war, dann eine sehr fehlerhafte, denn Maschinen kennen keine Gefühle.« (Ed Naha, Robocop 2, Bergisch Gladbach 1990, S. 189.)

5 Vgl. Gerald Traufetter, Fenster zur Welt; in: Der Spiegel 19/2000 vom 8.05.2000, S. 140; Stefan Klein / George Steinmetz, Handschlag mit der Zukunft; in: GEO 6/2000.

6 Gerald Traufetter, a. a. O.

7 Hans-Arthur Marsiske, Technik, Taktik, Torrausch; in: Spiegel-Online vom 24.07.1999. (http://www.spiegel.de/netzwelt/robocup/0,1518,32768,00.html)

8 Peter Struck, Netzwerk Schule, München/Wien 1998, S. 58.

9 Die dargestellte Schaltung schließt aus, daß alle drei Vorstandsmitglieder zugleich unterschreiben, deswegen muß in der letzten Zeile der Tabelle eine Null stehen.

10 Konrad Zuse, Der Computer – Mein Lebenswerk, Berlin 1984, S. 41.

11 Vgl. Sybille Krämer, Symbolische Maschinen, Darmstadt 1988, S. 76ff.

12 Siehe auch Bettina Heintz, Die Herrschaft der Regel, Frankfurt/M./New York 1993; Ernst Schuberth, Die Modernisierung des mathematischen Unterrichtes, Stuttgart 1971; ders., Erziehung in einer Computergesellschaft, Stuttgart 1990; Louis Locher-Ernst, Mathematik als Vorschule der Geisterkenntnis, Dornach 1973, S. 162ff.; Georg Unger, Die Rettung des Denkens, Stuttgart 1978, S. 22ff.

13 Siehe auch Ernst Schuberth, Technische Intelligenz und menschliches Denken; in: Die Drei 2/1999, S. 15ff.; ders., Erziehung in einer Computergesellschaft, a. a. O.

14 Dörte Saße, Vertrauen in Computer ist gut, Selbst-Denken ist besser, Meldung vom 14.01.2000 unter: http://www.wissenschaft-aktuell.de/

15 So beschreibt zum Beispiel der Dalai Lama in seiner Autobiographie, wie er es in seiner Kindheit liebte, die nach dem fernen Lhasa gekommenen Apparate (Uhren, Filmkameras et cetera), wenn sie defekt waren, auseinanderzunehmen, zu studieren und wieder zusammenzusetzen. Hin und wieder gelang ihm sogar eine Reparatur. Siehe: Dalai Lama, Mein Leben und mein Volk, München/Zürich 1962, S. 40f.

16 Ray Kurzweil, Homo S@piens, Köln 1999, S. 179.

17 Günther Anders, Die Antiquiertheit des Menschen, Band 2, München 1995, S. 120f.

18 Fibonacci (1175–1240) war ein Mathematiker, nach dem die sogenannte »Fibonacci-Zahlenfolge« benannt ist.

19 Siehe auch Marie Winn, Die Droge im Wohnzimmer, Reinbek 1979; Jerry Mander, Schafft das Fernsehen ab, Reinbek 1979; Rainer Patzlaff, Bildschirmtechnik und Bewußtseinsmanipulation, Stuttgart 1985; ders., Medienmagie und die Herrschaft über die Sinne, Stuttgart 1988; ders., Der gefrorene Blick, Stuttgart 2000.

20 Einer der ersten, der alle diese Fälle gesammelt und untersucht hat, war Marius von Senden in: Die Raumauffassung bei Blindgeborenen vor und nach ihrer Operation, Dissertation Kiel 1931.

21 Marius von Senden, a. a. O., S. 91.

22 Marius von Senden, a. a. O., S. 102.

23 Marius von Senden, a. a. O., S. 160.

24 Lutz von Rosenstiel/Peter Neumann, Einführung in die Markt- und Werbepsychologie, Darmstadt, 1991, S. 61.

25 Sebastian Hoth/Thomas Lenarz, Otoakustische Emissionen, Stuttgart 1997.

26 Ausführlich hat sich Rainer Patzlaff mit der Wirkung des Bildschirmes auf die Sinne auseinandergesetzt. Für ein vertiefendes Studium sei vor allem auf seine Veröffentlichungen hingewiesen.

27 Robert Gaßner, Computer und Veränderungen im Weltbild ihrer Nutzer, Frankfurt/M. 1989.

28 Gaßners erste Feststellung korrespondiert mit meiner eigenen Erfahrung in Schulklassen.

29 Robert Gaßner, a. a. O., S. 108.

30 Robert Gaßner, a. a. O., S. 114f.

31 Robert Gaßner, a. a. O., S. 121.
32 Robert Gaßner, a. a. O., S. 121.
33 Robert Gaßner, a. a. O., S. 122.
34 Robert Gaßner, a. a. O., S. 118f.
35 Robert Gaßner: a. a. O., S. 131.
36 »... always available to serve as a metaphor, example, model, or symbol. A defining technology resembles a magnifying glass, which collects and focuses seemingly disparate ideas in a culture into one bright, sometimes piercing ray. Technology does not call forth mayor cultural changes by itself, but it does bring ideas into a new focus by explaining or exemplifying them in new ways to larger audiences.« [Übersetzung vom Autor.] David J. Bolter, Turing's Man. Western Culture in the Computer Age Harmonsworth 1986; zitiert nach: Bettina Heintz, Die Herrschaft der Regel, Frankfurt/M. 1993, S. 207.
37 Joseph Weizenbaum, Die Macht der Computer und die Ohnmacht der Vernunft, Frankfurt/M. 1978, S. 160f. und S. 167.
38 Studie. Internet-Surfer vor Suchtgefahr gewarnt, in: Frankfurter Rundschau vom 24.08.1999.
39 Siehe beispielsweise: http://www.onlinesucht.de. Weitere Informationen: Kimberly S. Young, Caught in the Net, München 1999.
40 Familie & Co-Spezial: »Computer«, 1/1999.
41 »But they were staying up late on the Internet and not showing up for class the next day.« [Übersetzung vom Autor.] Zitiert nach: Karen Brady, Dropout Rise a Net Resultat of Computers; in: The Buffalo News vom 21.04.1996.
42 »It's ironic, we've put all this money in for an educational tool, and some students are using it for self-destruction.« – »I think this helps us to remember that, with computers, we can do many academic things – but we can also do really time-wasting activities.« [Übersetzung vom Autor.] Zitiert nach: Karen Brady, a. a. O.
43 Adolf Holl, Der letzte Christ, Frankfurt am Main/Berlin 1989, S. 43.
44 Start*Klar Kindergarten 3–5 Jahre, Knowledge Adventure Inc. 1998.

45 Hartmut von Hentig, Die Schule neu denken, München 1993, S. 68.

46 Ein Aperçu am Rande: Meiner Lehrergewohnheit folgend fallen mir beim Lesen des äußeren Klappentextes der CD-ROM Schreibfehler auf. Nach dem dritten Fehler neugierig geworden, beginne ich zu zählen: zwölf Rechtschreibfehler auf dem Cover eines Lernprogramms, das Lesen und Schreiben beibringen soll. Donnerwetter!

47 In den Anmerkungen für die Lehrer steht: »MUSIK – Damit können Sie die Musik ausschalten, wenn das Kind beim Arbeiten Ruhe haben soll!«

48 http://www.schulmarketing.de

49 Rudolf Steiner, Die Erneuerung der pädagogisch-didaktischen Kunst durch Geisteswissenschaft, Dornach 1977, S. 126f.

50 Cornelsen Software, Berlin 1997.

51 L. von Dávid, Die beiden Bolyai, Beiheft 11 zur Zeitschrift Elemente der Mathematik, Basel Mai 1951, S. 9

52 L. von Dávid, a. a. O., S. 10.

53 www.san-ev.de
Die zitierte Stelle war zu Beginn der Arbeit an diesem Buch an der angegebenen Stelle im Netz unter der Überschrift »Ziele der Initiative« zu finden. Nun steht ein neuer Text dort. – Ein kleines Beispiel für die Flüchtigkeit der Informationen im Internet.

54 Antonia Barber, Net's education value questioned. Few in schools think it helps kids learn; in: USA Today vom 11.03.1997.

55 http://www.schulforum.ch

56 http://ash.xanthia.com/freitod/erschiesst.html

57 http://members.chello.at/herbert.paulis/Frdg.htm

58 Sex sells; in: Com!Online 7/1999, S. 14.

59 Christiane Schulzki-Haddouti, Einsame Jagd; in: Com!Online 9/1998, S. 18f.

60 Verband Bildung und Erziehung – Landesverband Hessen, Lehrer und Schule 4/1998, S. 61.

61 Oliver Buschek, Klüger durch Klicken; in: Com!Online 8/2000, S. 26f.

62 Henry D. Thoreau; zitiert nach: Neil Postman, Wir amüsieren uns zu Tode, Frankfurt/M. 1985, S. 84.
63 Oliver Buschek, a.a.O.
64 Peter Struck, Netzwerk Schule, München/Wien 1998, S. 38.
65 Peter Struck: a.a.O., S. 41.
66 Anja Schröder, Pauken im Netz; in: Com!Online 4/2000, S. 46f.
67 Jürgen Rüttgers, Schulen ans Netz; in: Die Zeit 39/1997 vom 19.09.1997.
68 Nicola Scheifele, Klassenzimmer online; in: Com!Online 7/1999, S. 42.
69 Seymour Papert, Lernen, Leben und Lieben; Interview in: Der Spiegel 9/1994 vom 28.02.1994, S. 113f.
70 Sybille Engels, Lernen mit Pinguin und Müllmonster; in: Focus 19/1994 vom 09.05.1994, S. 142f.
71 Sybille Engels, a.a.O.
72 Bernd Wiesner, Multimedia für Mama, in: Familie & Co 10/1997.
73 Corinna Bussenius/Nina George, Wir begrüßen ein neues Familienmitglied: Hallo Computer! In: Familie & Co. 6/1998, S. 56.
74 K. Sonnenleiter/E. Jurtschitsch, Nie wieder Schule; in: Focus 4/1994 vom 24.01.1994, S. 102f.
75 Louis Perrochon, School goes Internet, Heidelberg 1996.
76 Louis Perrochon, a.a.O., S. 2
77 So der damalige Bundesbildungsminster Dr. Jürgen Rüttgers in: ders., Schulen ans Netz; in: Die Zeit 39/1997 vom 19.09.1997.
78 Wolfgang Frei, Zehn bildungspolitische Thesen eines pädagogischen Laien: Internet ins Klassenzimmer; in: Neue Zürcher Zeitung vom 16.05.1997.
79 Thomas A. Becker, Babylon im Cyberspace; in: Neue Zürcher Zeitung vom 14.03.1997.
80 Adolf Sellmann, Der Kinematograph als Volkserzieher; in: Deutsche Blätter für erziehenden Unterricht 39, 1911/12; zitiert nach: Rainald Merkert, Medien und Erziehung, Darmstadt 1992, S. 13.

81 »Books will soon be obsolete in the schools.[...] Scholars will soon be instructed through the eye. It is possible to touch every branch of human knowledge with the motion picture.« [Übersetzung vom Autor.] Zitiert nach: Larry Cuban, Teachers and Machines. The Classroom Use of Technologie Since 1920, New York 1986. S. 11.

82 »I believe that the motion picture is destined to revolutionize our eductional system and that in a few years it will supplant largely, if not entirely, the use of textbooks.« [Übersetzung vom Autor.] Zitiert nach: Larry Cuban, a.a.O, S. 9.

83 Zitiert nach: Rainald Merkert, a. a. O., S. 15.

84 »The central and dominant aim of education by radio is to bring the world to the classroom, to make universally available the services of the finest teachers, the inspiration of the greatest leaders [...] and unfolding world events which through the radio may come as a vibrant and chellenging textbook of the air.« [Übersetzung vom Autor.] Zitiert nach: Larry Cuban, a. a. O., S. 19.

85 »I was soon saying that, with the help of teaching machines and programmed instruction, students could learn twice as much in the same time and with the same effort as in standard classroom.« [Übersetzung vom Autor.] Zitiert nach: Todd Oppenheimer, The Computer Dellusion; in: The Atlantic Monthly 7/1997, auch einsehbar unter: http://www.schulforum.ch

86 »... a bridge to the twenty-first century [...] where computers are as much a part of the classroom as blackboards.« [Übersetzung vom Autor.] Zitiert nach Todd Oppenheimer: a. a. O.

87 Referiert in: Detlef Borchers: Das Internet macht dumm; in: Die Zeit 18/1996 vom 26.04.1996 und Karen Brady, Dropout Rise a Net Result of Computers; in: The Buffalo News vom 21.04.1996.

88 Corinna Bussenius/Nina George, Wir begrüßen ein neues Familienmitglied: Hallo Computer! In: Familie & Co. 6/1998, S. 55f.

89 Vgl. S. 68ff.

90 Günther Anders: Die Antiquiertheit des Menschen, Bd. 1, München 1994, S. 107.

91 »Note Eins kaum noch vergeben«; in: Frankfurter Allgemeine Zeitung vom 23.11.1999, S. 70 und »Mathematik wird immer mehr zum Stolperstein«; in: Frankfurter Rundschau vom 30.11.1999, Lokalrundschau Wetterau-Kreis S. 3.

92 K. Sonnenleiter/E. Jurtschitsch, Nie wieder Schule; in: Focus 4/1994 vom 24.01.1994, S. 103f. und Revolution des Lernens, in: Der Spiegel 9/1994 vom 28.02.1994, S. 96f.

93 K. Sonnenleiter/E. Jurtschitsch, Nie wieder Schule, a.a.O.

94 Leo Jacobs, Forschen im Zeichen der Mickymaus; in: Die Zeit 42/1997 vom 10.10.1997, S. 90.

95 Quelle: http://www.bmbf.de/presse01/pm032000.htm

96 Siehe auch Andrew Trotter, Channel One Focuses More on Style than Substance, Study Says; in: Education Week vom 29.01.1997, im Internet zu finden unter: http://www.edweek.org/ew/1997/18tv.h16

97 Neil Postman, Keine Götter mehr, Berlin 1995, S. 55.

98 Burkhard Straßmann, Werber auf Schülerjagd; in: Die Zeit 31/2000 vom 27.07.2000, S. 31 und http://www.consumersunion.org/other/captivekids.

99 Burkhard Straßmann, Werber auf Schülerjagd, a.a.O.

100 Klaus Brinkbäumer, Power auf Dauer; in: Der Spiegel 40/1999 vom 4.10.1999 (http://www.spiegel.de/spiegel/0,1518,47707,00.html).

101 http://www.san-ev.de/docs/Konzept3.asp

102 Peter Struck, Netzwerk Schule, München/Wien 1998, S. 78.

103 Peter Struck, a.a.O., S. 99f.

104 Vgl. Peter Struck, Schule der Zukunft, Darmstadt 1996.

105 Werner Sesink: Menschliche und künstliche Intelligenz, Stuttgart 1993, S. 92.

106 Neil Postman: Keine Götter mehr, Berlin 1995, S. 11

107 Rudolf Steiner: Die Erziehung vom Gesichtspunkt der Geisteswissenschaft, Stuttgart 1961, S. 11.

108 Siehe auch Rudolf Steiner, Allgemeine Menschenkunde als Grundlage der Pädagogik, Dornach 1980, S. 105ff.

109 Stefan Leber, Die Menschenkunde der Waldorfpädagogik, Stuttgart 1993, S. 220.

110 Rudolf von Delius, Schöpfertum, Darmstadt 1922, S. 24; zitiert nach: Stefan Leber, a. a. O., S. 499f.
111 Vgl. Toni Faltermaier u. a., Entwicklungspsychologie des Erwachsenenalters, Stuttgart/Berlin/Köln, 1992.
112 Toni Faltermaier, a. a. O., S. 79.
113 Toni Faltermaier, a. a. O., S. 81.
114 Siehe Rudolf Steiner, GA 174a, 174b, 180, 196.
115 Horst W. Opaschowski, Leben zwischen Muß und Muße, Frankfurt/M. 1998, S. 14.
116 Horst W. Opaschowski, Deutschland 2010, Hamburg 1997, S. 15.
117 Horst W. Opaschowski, Leben zwischen Muß und Muße, Frankfurt/M 1998, S. 25.
118 Rudolf Steiner, Vortrag vom 26.04.1920; in: Die Erneuerung der pädagogisch-didaktischen Kunst durch Geisteswissenschaft, Dornach 1977, S. 77.
119 Rudolf Steiner, Vortrag vom 7.01.1911; in: Die Mission der neuen Geistesoffenbarung, Dornach 1989, S. 40f.
120 Kenneth Ring, Den Tod erfahren – das Leben gewinnen, Bergisch Gladbach 1988, S. 81.
121 Kenneth Ring, a. a. O., S. 69
122 Kenneth Ring, a. a. O., S. 146f.
123 Kenneth Ring, a. a. O., S. 140ff.
124 Betty J. Eady, Licht am Ende des Lebens, München 1994, S. 133.
125 Kenneth Ring: a. a. O., S. 55.
126 Ines Graudenz/Dirk Randoll, So dänisch wie möglich, so deutsch wie nötig?, Köln/Weimar/Wien 1997.
127 Graudenz/Randoll, a. a. O., S. 56.
128 Graudenz/Randoll, a. a. O., S. 58.
129 Graudenz/Randoll, a. a. O., S. 86.
130 Graudenz/Randoll, a. a. O., S. 86.
131 Graudenz/Randoll, a. a. O., S. 89.
132 Graudenz/Randoll, a. a. O., S. 89.
133 »Zukunft der Bildung – Schule der Zukunft«, Denkschrift der Kommission »Zukunft der Bildung – Schule der Zukunft« beim Ministerpräsident des Landes Nordrhein-Westfalen/Bildungskommission NRW, Neuwied/Kriftel/Berlin: 1995, S. 86.

134 Horst Hensel, Die Autonome Öffentliche Schule, Lichtenau/München 1995.
135 Horst Hensel, a.a.O., S. 36.
136 Horst Hensel, a.a.O., S. 37.
137 Hartmut von Hentig, Die Schule neu denken, München/Wien 1993, S. 244.
138 Beispielsweise in dem Bericht des Rates des Club of Rome 1991: Die globale Revolution; als: Spiegel Spezial 2/1991.
139 Rudolf Steiner, Vortrag vom 3.01.1922; in: Die gesunde Entwickelung des Menschenwesens, Dornach 1987, S. 218.
140 Neil Postman, Das Technopol, Frankfurt/M. 1992, S. 198.
141 Rudolf Steiner, Vortrag vom 12.06.1921; in: Menschenerkenntnis und Unterrichtsgestaltung, Dornach 1978, S. 19.
142 »I should say that on the average we get about two percent effiency out of schoolbooks as they are written today. The education of the future, as I see it, will be conducted through the medium of the motion picture [...] where it should be possible to obtain one hundred percent efficency.« [Übersetzung vom Autor.] Zitiert nach Larry Cuban, Teachers and Machines, New York 1986, S. 9.
143 Siehe Anmerkung 85.
144 Peter Struck, Netzwerk Schule, München/Wien 1988, S. 81.
145 Vgl. Volker Fintelmann, Schlaf und Schlafstörungen, Stuttgart 1999.
146 Ferdinand Sauerbruch, Das war mein Leben, Bad Wörrishofen, 1951, S. 71f.
147 http://www.wissenschaft-aktuell.de
Nachricht vom 22.11.2000; siehe auch Pierre Maquet: Sleep on it! In: Nature Neuroscience 12/2000, S. 1235ff.
148 Rudolf Steiner: Menschenerkenntnis und Unterrichtsgestaltung, Dornach 1978, S. 54.
149 Roland Betsch, Unsterblich ist die Menschengüte; enthalten in: Betragen gut ..., Neustadt/Weinstraße 1963, S. 8f.
150 Sabine Auffermann/Joachim Mohr, Endlich kann ich schlafen; in: Spiegel-Spezial »Kinder, Kinder – Erziehung in der Krise« Nr. 9/1995, S. 23.
151 Sabine Auffermann/Joachim Mohr, a.a.O.

152 Rudolf Steiner, Die spirituellen Hintergründe der äußeren Welt. Der Sturz der Geister der Finsternis, Dornach 1977, S. 107f.
153 Steiner, Rudolf, Die pädagogische Praxis vom Gesichtspunkt geisteswissenschaftlicher Menschenerkenntnis, Dornach 1989, S. 71.
154 Platon, Sämtliche Werke, Band 2, Reinbek 1994, S. 603f.
155 Rainer Patzlaff, Die Rettung der Sinne – Aufgabe unserer Zeit; in: Erziehungskunst 6/1995, S. 626f
156 Peter Struck, Netzwerk Schule, München/Wien 1998, S. 34. [Hervorhebung durch den Autor.]
157 Peter Struck, a. a. O., S. 36. [Hervorhebung durch den Autor.]
158 Siehe Stefan Leber, Die Menschenkunde der Waldorfpädagogik, Stuttgart 1993, S. 234f.
159 Rudolf Steiner, Gegenwärtiges Geistesleben und Erziehung, Dornach 1986, S. 109.
160 Rolf Oerter/Leo Montada: Entwicklungspsychologie, München/Wien/Baltimore 1987, S. 598.
161 Rolf Oerter/Leo Montada: a. a. O., S. 598
162 Immer weniger Kinder können lesen; in: Frankfurter Allgemeine Zeitung vom 5.01.1998, S. 1.
163 Barry Sanders, Der Verlust der Sprachkultur, Frankfurt/M. 1995, S. 348.
164 Werner Glogauer, Die neuen Medien verändern die Kindheit, Weinheim 1995, S. 19f.
165 Sabine Feierabend/Erk Simon, Was Kinder sehen; in: media perspektiven 4/2000, S. 159f.
166 Bertelsmann Stiftung (Hrsg.): Die Informationsgesellschaft von morgen. Herausforderung für die Schule von heute, Gütersloh 1996, S. 68.
167 Siehe auch Edwin Hübner, Drogen verstehen, Kinder lieben, Erziehung wagen, Stuttgart 1996.
168 Günther Anders, Die Antiquiertheit des Menschen, Band 1, München 1994, S. 16.
169 Seymour Papert, Lernen, Leben und Lieben; Interview in: Der Spiegel 9/1994 vom 28.02.1994, S. 113.
170 Seymour Papert, Revolution des Lernens: Kinder, Computer, Schule in einer digitalen Welt, Heidelberg/Hannover 1994, S. 88f.

171 Hans G. Bastian/Claus Spahn, Musik macht klug; in: Die Zeit 15/2000 vom 6.04.2000, S. 47.

172 Hans Günther Bastian, Musik(erziehung) und ihre Wirkung – Presseerklärung. (http://www.rz.uni-frankfurt.de/fb09/mudikpaed/berlinstudie.html)

173 Eine Fülle von Ideen findet man auch in: Jürgen Baues/Hans-Peter Hillebrand/Egbert Hüster/Berthold Mersch, Informatik erleben. Lehr- und Übungsbuch für die Sekundarstufe I, Band I und II, Bonn 1997. Zur Beschreibung möglicher Unterrichtsgänge in der Oberstufe der Waldorfschulen sei besonders auf die von Manfred v. Mackensen im Rahmen der Pädagogischen Forschungsstelle Kassel herausgegebene Sammlung »Ursprünge, Wesenszüge und Gefahren der Computertechnik« sowie auf das Themenheft »Computer in der Schule« der Zeitschrift »Erziehungskunst« vom Juni 2000 hingewiesen.

174 Rudolf Steiner, Anthroposophische Leitsätze, Dornach 1976, S. 170.

175 Mircea Eliade, Vorwort zu: Die Schöpfungsmythen, Darmstadt 1996, S. 11.

176 Homer, Ilias, übersetzt von Johann Heinrich Voß, Leipzig 1938, S. 13.

177 Rudolf W. Müller, Geld und Geist, Frankfurt am Main/New York 1981, S. 12.

178 Rudolf W. Müller, a.a.O., S. 273.

179 Zitiert nach: Dieter Hägermann/Helmuth Schneider, Landbau und Handwerk; in: Propyläen Technikgeschichte, Band 1, hrsg, von Wolfgang König, Berlin, 1997, S. 72.

180 Das Wort »techné« bedeutet: Handwerk, Kunst, Kunstfertigkeit, Wissenschaft und ist verwandt mit »tekton« = Zimmermann, Baumeister.

181 Rudolf Steiner formulierte das sinngemäß so: Der Grieche erlebte den Gedanken einer Sache, eines Gegenstandes so zur Sache gehörig, wie wir die Farbe und die Form als zu einem Gegenstand dazugehörig erleben.

182 Siehe auch Rudolf Steiner, Die Rätsel der Philosophie, Dornach 1985.

183 Rudolf Steiner, Anthroposophische Leitsätze, Dornach 1976, S. 59.

184 Karl-Heinz Ludwig/Volker Schmidtchen, Metalle und Macht; in: Propyläen Technikgeschichte, Band 2, hrsg. v. Wolfgang König, Berlin 1997, S. 16.
185 Adolf Holl, Der letzte Christ, Frankfurt am Main/Berlin, 1989, S. 39.
186 Adolf Holl: a.a.O., S. 43.
187 Zitiert nach: Karl-Heinz Ludwig/Volker Schmidtchen, a.a.O., S. 572.
188 Vgl. auch Lienhard Wawrzyn, Der Automatenmensch, Berlin 1994.
189 Vgl. Rudolf Steiner, Die Erziehungsfrage als soziale Frage, Dornach 1960, S. 14ff.
190 Günther Anders, Die Antiquiertheit des Menschen, Band 2, München 1995, S. 132.
191 James Wallace/Jim Erickson, Mr. Microsoft, Frankfurt am Main/Berlin, 1993, S. 30.
192 Stanislaw Lem, Der Unbesiegbare, Frankfurt/M. 1976, S. 118ff.
193 Homepage: http://www.demo.cs.brandeis.edu/golem/
194 Hod Lipson/Jordan B. Pollack, Automatic design and manufacture of robotic lifeforms; in: Nature 406 vom 31.08.2000, S. 974ff.
195 Das Buch zum Film: Arthur C. Clarke, 2001 – Odyssee im Weltraum, Düsseldorf/Wien 1969.
196 Karl-Heinz Wellmann/Utz Thimm (Hrsg.), Intelligenz zwischen Mensch und Maschine, Münster 1999, S. 163.
197 Uwe Heuser / Gero von Randow, Mach's gut, Mensch; in: Die Zeit, Milleniums Sonderausgabe, 1/1999 vom 30.12.1998, S. 1.
198 Hans Moravec, Mind Children, Hamburg 1990, S. 9f.
199 Manuskript des Hessischen Rundfunks zu der Sendung »Die Tribüne« vom 15.08.1989: Wohin führt uns die künstliche Intelligenz?
200 Produktion: Joel Silver, Buch und Regie: The Wachowski Brothers.
201 Roger MacBride Allen, Isaac Asimov's Caliban, Bergisch Gladbach 1996, S. 176.
202 Roger MacBride Allen, a.a.O., S. 442.

203 Vgl. Anmerkung 120.

204 Interview mit Kenneth Ring in: Flensburger Hefte Nr. 51: Nah-Todeserfahrungen – Rückkehr zum Leben, Flensburg 1995, S. 148.

205 So schildert etwa Siegfried Woitinas in seiner liebenswert geschriebenen Autobiographie, wie sich ihm im Laufe seines Lebens durch seine stete Bemühung neue Horizonte im Inneren eröffneten: Siegfried Woitinas, Wunderbares Leben im Einklang mit der Zeit, Stuttgart 2000.

206 Kenneth Ring: Den Tod erfahren – das Leben gewinnen, Bergisch Gladbach 1988, S. 275.

207 Rudolf Steiner: Der innere Aspekt des sozialen Rätsels, Dornach 1977, S. 118ff.

208 Heide Oehms: Karma-Erkenntnis – warum?, Stuttgart 1999, S. 30.

209 »Luna, also known as the Stafford Giant, is around 1000 years old. Julia acknowledged, ›my legs got shaky‹ the first time she used rock climbing gear to reach her 6 x 8 ft. perch in the sky. ›I was scared at first, and then I just started paying attention to the tree and drawing strength from it. I saw all the scars and wounds from fires and lightning strikes. I began making a spiritual connection.‹ She spent Christmas night gazing at the stars and eating pasta and soon after [...] the worst storms in California history, driven by El Niño, descended upon her.

Butterfly's journal, Jan. 31: ›I heard the wind roaring in the distance, until it came in and completely overwhelmed me. I clenched my teeth so hard, I swear I wore them down. The wind was howling like a crazy, wild animal – the most intense noise I've ever heard. The sound of the tarps magnified it because there is no way for them to stand up against 90 mph winds. I can handle anything but losing my tarps, because then I'm exposed to the weather which has been horrendous.‹

As Julia clung for dear life to the arm-sized branch beside her platform, its bark now worn smooth from many such storms she thought, ›This is it, I'm going to die.‹ And then, wrapped around her lifeline, Luna spoke to her. She said, ›Bend, flow and let go, and I'll take care of you.‹ ›I felt such peace.‹« [Übersetzung vom

Autor.] Quelle: http://www.lunatree.org. Siehe auch: Julia Butterfly Hill, Die Botschaft der Baumfrau, München, 2000.

210 Marc Fischer/Mathias Bothor, Vorhang auf für ein kluges Luder; in: Zeit-Magazin Nr. 50 vom 5.12.1997, S. 24f.

211 Raymond A. Moody, Leben nach dem Tod, Reinbek 1997, S. 41f.

212 So berichtet beispielsweise der Afrikaner Malidoma Patrice Somé in seiner Autobiographie »Vom Geist Afrikas«, München, 1996, S. 15:
»Die meisten Studenten mußten hart arbeiten, um gute Leistungen zu erzielen. Aber als einem Initiierten fiel es mir leicht, meine Abschlüsse zu machen. Ich schwänzte einen Großteil der Vorlesungen, sorgte nur dafür, daß ich bei den Examina präsent war – und schon hatte ich meine Diplome in der Tasche. Die Antworten auf die Examensfragen sah ich meist in der Aura der Lehrer, die dauernd durch die Prüfungsräume patroullierten. Ich mußte diese Antworten nur rasch niederschreiben, bevor einer von ihnen bemerkte, wie seltsam ich ihn anstarrte.«
Paramahansa Yogananda erzählt in seiner »Autobiographie eines Yogi«, München 1992, S. 508f., wie er auf einer Reise die stigmatisierten Therese Neumann in ihrem Haus besucht:
»Meine zweite Prüfung bestand darin, daß ich mich – kurz ehe ich in ihr Zimmer hinausging – in einen Yoga-Trancezustand versetzte, um mich auf telepathischem und ›fernsehendem‹ Wege mit ihr in Verbindung zu setzen. [...] Da ich mich innerlich auf sie eingestellt hatte, begann nun auch ich die Szenen ihrer Vision zu erblicken.«

213 Raymond A. Moody, Nachgedanken über das Leben nach dem Tod, Reinbek 1986, S. 28f.

214 Rudolf Steiner, Inneres Wesen des Menschen und Leben zwischen Tod und neuer Geburt, Dornach 1978, S. 125f.

215 In seinen grundlegenden Büchern »Wie erlangt man Erkenntnisse der höheren Welten?« und in »Die Geheimwissenschaft im Umriß« hat Rudolf Steiner sehr ausführlich beschrieben, welche Fähigkeiten erübt und welche Stufen überschritten werden müssen, um einen exakten und klaren Einblick in die seelisch-geistigen Welten zu erhalten.

216 Rudolf Steiner, Anweisungen für eine esoterische Schulung, Dornach 1976, S. 17.
217 Rudolf Steiner, a. a. O., S. 18.
218 Rudolf Steiner, a. a. O., S. 18.
219 Rudolf Steiner, a. a. O., S. 20.
220 Rudolf Steiner, a. a. O., S. 20f.
221 Rudolf Steiner: Die Geheimwissenschaft im Umriß, Dornach 1962, S. 380f.
222 Rudolf Steiner: a. a. O., S. 378f.
223 Raymond A. Moody: Das Licht von drüben, Reinbek 1989, S. 61.
224 Rudolf Steiner, Bausteine zu einer Erkenntnis des Mysteriums von Golgatha, Dornach 1982, S. 90f.
225 Bill Gates: Der Weg nach vorn, Hamburg 1995, S. 21.
226 Bertelsmann Stiftung (Hrsg.): Die Informationsgesellschaft von morgen – Herausforderung an die Schule von heute, Gütersloh 1996, S. 16.
227 Hans Moravec, Computer übernehmen die Macht, Hamburg 1999, S. 263.
228 Kevin Warwick/Jürgen Scriba, Wir waren Zwillinge; in: Der Spiegel 19/2000 vom 8.05.2000, S. 152f.
229 Claus Eurich, Mythos und Maschine; in: Bernd Flessner (Hrsg.), Nach dem Menschen, Freiburg 2000, S. 34.
230 Hans Moravec, a. a. O., S. 265.
231 Ray Kurzweil, Homo S@piens, Köln 1999, S. 205f.
232 Hans Moravec, a. a. O., S. 257ff.
233 Jaron Lanier, Das neue Package; in: Frankfurter Allgemeine Zeitung vom 22.07.2000, S. 41.
234 Lukas 7–22.
235 Siehe Jacques Lusseyrand, Das wiedergefundene Licht, München/Hamburg 1970; Gulshan Esther, Der Schleier zerriß, Hamburg 1997.
236 Rudolf Steiner, Individuelle Geistwesen und ihr Wirken in der Seele des Menschen, Dornach 1992, S. 219.

Literatur

Anders, Günther: Die Antiquiertheit des Menschen, 2 Bände, München 1994 und 1995.

Auffermann, Sabine/Mohr, Joachim: Endlich kann ich schlafen; in: Spiegel-Spezial Nr. 9/1995, S. 23.

Barber, Antonia: Net's education value questioned. Few in schools think it helps kids learn; in: USA Today vom 11.03.1997.

Bastian, Hans G./Spahn, Claus: Musik macht klug; in: Die Zeit 15/2000 vom 6.04.2000, S. 47.

Bastian, Hans G.: Musik(erziehung) und ihre Wirkung. Presse-Erklärung.
(http://www.rz.uni-frankfurt.de/fb09/mudikpaed/berlinstudie.html)

Baues, Jürgen/Hillebrand, Hans-Peter/Hüster, Egbert/Mersch, Berthold: Informatik erleben. Lehr- und Übungsbuch für die Sekundarstufe I, 2 Bände, Bonn 1997.

Becker, Thomas A.: Babylon im Cyberspace; in: Neue Züricher Zeitung vom 14.03.1997.

Bertelsmann-Stiftung (Hrsg.): Die Informationsgesellschaft von morgen – Herausforderung an die Schule von heute, Gütersloh 1996.

Betsch, Roland: Unsterblich ist die Menschengüte; enthalten in: Betragen gut... Lehrer- und Schulgeschichten zwischen Rhein und Saar, Neustadt/Weinstraße 1963.

Borchers, Detlef: Das Internet macht dumm; in: Die Zeit vom 26.04.1996.

Brady, Karen: Dropout Rise a Net Result of Computers; in: The Buffalo News vom 21.04.1996.

Brinkbäumer, Klaus: Power auf Dauer; in: Der Spiegel 40/1999.
(http://www.spiegel.de/spiegel/0,1518,47707,00.html).

Buddemeier, Heinz: Illusion und Manipulation. Die Wirkung von Film und Fernsehen auf Individuum und Gesellschaft, Stuttgart 1987.

–: Leben in künstlichen Welten. Cyberspace, Videoclips und das tägliche Fernsehen, Stuttgart 1993.

Buermann, Uwe: Techno, Internet, Cyberspace. Jugend und Medien heute – Zum Verhältnis von Mensch und Maschine, Stuttgart 1998.

Bühler, Charlotte: Wenn das Leben gelingen soll. Psychologische Studien über Lebenserwartungen und Lebensergebnisse, München/Zürich 1969.

Buschek, Oliver: Klüger durch Klicken; in: Com!Online 8/2000, S. 26f.

Bussenius, Corinna/George, Nina: Wir begrüßen ein neues Familienmitglied: Hallo, Computer! In: Familie & Co 06/1998, S. 54f.

Clarke, Arthur C: 2001 Odyssee im Weltraum, Düsseldorf/Wien 1969.

Club of Rome: Die globale Revolution. Bericht 1991; in: Spiegel-Spezial Nr. 2/1991.

Clute, John: Science Fiction – Die illustrierte Enzyklopädie, München 1996.

Cuban, Larry: Teachers and Machines – The Classroom Use of Technology Since 1920, New York 1986.

Dalai Lama: Mein Leben und mein Volk, München/Zürich 1962.

Dávid, L. v.: Die beiden Bolyai, Beiheft 11 zur Zeitschrift Elemente der Mathematik, Basel 1951.

Delius, Rudolf von: Schöpfertum, Darmstadt 1922.

Eady, Betty J.: Licht am Ende des Lebens. Bericht einer außergewöhnlichen Nah-Todeserfahrung, München 1994.

Eliade, Mircea: Die Schöpfungsmythen, Darmstadt 1996.

Elkind, David: Total verwirrt – Teenager in der Krise, Hamburg 1990.

Engels, Sybille: Lernen mit Pinguin und Müllmonster; in: Focus 19/1994, S. 142f.

Erziehungskunst: Themenheft »Computer in der Schule«, 06/2000.

Eurich, Claus/Würzberg, Gerd: 30 Jahre Fernsehalltag, Reinbek 1983.

Faltermaier, Toni/Mayrin, Philipp/Saup, Winfried/Strehmel, Petra: Entwicklungspsychologie des Erwachsenenalters, Stuttgart/Berlin/Köln 1992.

Feibels, Thomas: Lernen am Computer. Thomas Feibels großer Lernsoftware-Ratgeber 2000, München 1999.

Feierabend, Sabine/Simon, Erk: Was Kinder sehen; in: media perspektiven 4/2000, S. 159f.

Fintelmann, Volker: Schlaf und Schlafstörungen. Ein Problem unserer Zivilisation – Therapie und Prophylaxe, Stuttgart 1999.

Fischer, Marc/Bothor, Mathias: Vorhang auf für ein kluges Luder; in: Zeit-Magazin Nr. 50 vom 5.12.1997, S. 24f.

Flessner, Bernd (Hrsg.): Nach dem Menschen. Der Mythos einer zweiten

Schöpfung und das Entstehen einer posthumanen Kultur, Freiburg 2000.
Frei, Wolfgang: Zehn bildungspolitische Thesen eines pädagogischen Laien: Internet ins Klassenzimmer; in: Neue Züricher Zeitung vom 16.05.1997.
Fucke, Erhard: Grundlinien einer Pädagogik des Jugendalters. Zur Lehrplankonzeption der Klassen 6 bis 10 an Waldorfschulen, Stuttgart 1991.
Gaßner, Robert: Computer und Veränderungen im Weltbild ihrer Nutzer. Eine qualitative Längsschnittanalyse bei jugendlichen und erwachsenen Computerkursteilnehmern, Frankfurt/M. 1989.
Gates, Bill: Der Weg nach vorn. Die Zukunft der Informationsgesellschaft, Hamburg 1995.
Glassman, James: It's Elementary: Buy Education Stocks Now; in: Washington Post vom 2.07.1995.
Glogauer, Werner: Die neuen Medien verändern die Kindheit. Nutzung und Auswirkungen des Fernsehens, der Videofilme, Computer- und Videospiele, der Werbung und Musikvideo-Clips, Weinheim 1995.
Graudenz, Ines/Randoll, Dirk: »So dänisch wie möglich, so deutsch wie nötig?« Eine vergleichende Untersuchung zur Wahrnehmung von Schule durch Abiturienten, Köln/Weimar/Wien 1997.
Guggenberger, Bernd: Das digitale Nirvana, Hamburg 1997.
Gulshan, Ester /Sangster, Thelma: Der Schleier zerriß, Hamburg 1997.
Hafner, Katie/Matthew, Lyon: Arpa Kadabra – die Geschichte des Internet, Heidelberg 1997.
Haller, Michael (Hrsg.): Weizenbaum contra Haefner. Sind Computer die besseren Menschen?, Zürich 1990.
Heintz, Bettina: Die Herrschaft der Regel. Zur Grundlagengeschichte des Computers, Frankfurt/M. 1993.
Hensel, Horst: Die Autonome Öffentliche Schule. Das Modell des neuen Schulsystems. Lichtenau/München 1995.
–: Die neuen Kinder und die Erosion der alten Schule. Ein Essay zur inneren Schulreform, Lichtenau/München 1995.
Hentig, Hartmut von: Die Schule neu denken. Eine Übung in praktischer Vernunft, eine zornige, aber nicht eifernde, eine radikale, aber nicht utopische Antwort auf Hoyerswerda, Mölln, Rostock und Solingen, München/Wien 1993.

Heuser, Uwe/Randow, Gero von: Mach's gut Mensch; in: Die Zeit 01/1999 vom 30.12.1998, S. 1.

Hill, Julia Butterfly: Die Botschaft der Baumfrau, München 2000.

Holl, Adolf: Der letzte Christ – Franz von Assissi, Frankfurt am Main/Berlin 1989.

Hoth, Sebastian/Lenarz, Thomas: Otoakustische Emissionen. Grundlagen und Anwendung, Stuttgart 1997.

Hübner, Edwin: Drogen verstehen, Kinder lieben, Erziehung wagen. Suchtprävention aus einem geistigen Verständnis des Drogenproblems, Stuttgart 1996.

Immer weniger Kinder können lesen; in: Frankfurter Allgemeine Zeitung vom 5.01.1998, S. 1.

Internet-Surfer vor Suchtgefahr gewarnt. Studie; in: Frankfurter Rundschau vom 24.08.1999, S. 26.

Jacobs, Leo: Forschen im Zeichen der Mickymaus; in: Die Zeit vom 10.10.1997, S. 90.

Joy, Bill: Warum uns die Zukunft nicht braucht; in: Frankfurter Allgemeine Zeitung vom 6.06.2000.

Klein, Stefan/Steinmetz, George: Handschlag mit der Zukunft; in: GEO 6/2000, S. 54f.

Kommission »Zukunft der Bildung – Schule der Zukunft« beim Ministerpräsident des Landes Nordrhein-Westfalen; Denkschrift der Bildungskommission NRW: Zukunft der Bildung – Schule der Zukunft, Neuwied/Kriftel/Berlin 1995.

König, Wolfgang (Hrsg.): Propyläen Technikgeschichte, 5 Bände Berlin 1997.

Konr@d: Hauptsache Sex. Erotik als Motor des Internets, Oktober/November 1999.

Krämer, Sybille: Symbolische Maschinen. Die Idee der Formalisierung im geschichtlichen Abriß, Darmstadt 1988.

Kurzweil, Ray: Homo S@piens. Leben im 21. Jahrhundert – Was bleibt vom Menschen?, Köln 1999.

Lanier, Jaron: Das neue Package; in: Frankfurter Allgemeine Zeitung vom 22.07.2000, S. 41.

Leber, Stefan: Die Menschenkunde der Waldorfpädagogik. Anthropologische Grundlagen der Erziehung des Kindes und Jugendlichen, Stuttgart 1993.

Lem, Stanislaw: Der Unbesiegbare. Utopischer Roman, Frankfurt/M. 1976.

Lipson, Hod/Pollack, Jordan B.: Automatic design and manufacture of robotic lifeforms; in: Nature 406 vom 31.08.2000, S. 974ff.

Locher-Ernst, Louis: Mathematik als Vorschule zur Geisterkenntnis, Dornach 1973.

Lusseyrand, Jaques: Das wiedergefundene Licht, München/Hamburg 1970.

Maar, Christa/Pöppel, Ernst/Christaller, Thomas (Hrsg.): Die Technik auf dem Weg zur Seele. Forschungen an der Schnittstelle Gehirn/Computer, Reinbek 1996.

MacBride Allen, Roger: Isaac Asimov's Caliban. Sience Fiction Roman, Bergisch Gladbach 1996.

Mackensen, Manfred von (Hrsg.): Ursprünge, Wesenszüge und Gefahren der Computertechnik mit Unterrichtsreihen, Arbeitsaufgaben, praktischen Montagen und exemplarischer Programmanalyse, Kassel 1990, 3. Auflage.

Mander, Jerry: Schafft das Fernsehen ab. Eine Streitschrift gegen das Leben aus zweiter Hand, Reinbek 1979.

Maquet, Pierre: Sleep on ist! In: Nature Neuroscience 12/2000, S. 1235.

Markefka, Manfred/Nauck, Bernhard (Hrsg.): Handbuch der Kindheitsforschung. Neuwied/Frankfurt am Main 1993.

Markefka, Manfred/Nave-Herz, Rosemarie (Hrsg.): Handbuch der Familien- und Jugendforschung. Neuwied/Frankfurt am Main 1989.

Marsiske, Hans-Arthur: Technik, Taktik, Torrausch; in: Spiegel-Online, 24.07.1999. (http://www.spiegel.de/netzwelt/robocup/0,1518,32768,00.html)

Mathematik wird immer mehr zum Stolperstein; in: Frankfurter Rundschau, 30.11.1999, Lokalrundschau Wetterau-Kreis S. 3.

Merkert, Rainald: Medien und Erziehung. Einführung in pädagogische Fragen des Medienzeitalters, Darmstadt 1992.

Moody, Raymond A.: Das Licht von drüben. Neue Fragen und Antworten, Reinbek 1989.

–: Leben nach dem Tod. Die Erforschung einer unerklärten Erfahrung, Reinbek 1997.

–: Nachgedanken über das Leben nach dem Tod, Reinbek 1986.

Moravec, Hans: Computer übernehmen die Macht. Vom Siegeszug künstlicher Intelligenz, Hamburg, 1999.

–: Mind Children. Der Wettlauf zwischen menschlicher und künstlicher Intelligenz, Hamburg 1990.

Müller, Rudolf W.: Geld und Geist. Zur Entstehungsgeschichte von Identitätsbewußtsein und Rationalität seit der Antike, Frankfurt am Main/New York 1981, 2. Auflage.

Naha, Ed: Robocop 2, Bergisch Gladbach 1990.

Note Eins kaum noch vergeben; in: Frankfurter Allgemeine Zeitung vom 23.11.1999, S. 70.

Oehms, Heide: Karma-Erkenntnis – warum? Innere Entwickung als Grundlage geistiger Fähigkeiten, Stuttgart 1999.

Oerter, Rolf/Montada, Leo u. a.: Entwicklungspsychologie. Ein Lehrbuch, München/Wien/Baltimore 1987.

Opaschowski, Horst W.: Deutschland 2010. Wie wir morgen leben – Voraussagen der Wissenschaft zur Zukunft unserer Gesellschaft, Hamburg 1997.

–: Leben zwischen Muß und Muße. Die ältere Generation: Gestern. Heute. Morgen, Frankfurt/M. 1998.

Oppenheimer, Todd: The Computer Dellusion; in: The Atlantic Monthly, July 1997.

Papert, Seymour: Die vernetzte Familie. Kinder und Computer, Stuttgart 1998.

–: Lernen, Leben und Lieben; Interview in: Der Spiegel 9/1994 vom 28.02.1994, S. 113f.

–: Revolution des Lernens. Kinder, Computer, Schule in einer digitalen Welt, Heidelberg/Hannover 1994.

Patzlaff, Rainer: Bildschirmtechnik und Bewußtseinsmanipulation, Stuttgart 1985.

–: Der gefrorene Blick. Die physiologische Wirkung des Fernsehens und die Entwicklung des Kindes, Stuttgart 2000.

–: Die Rettung der Sinne – Aufgabe unserer Zeit; in: Erziehungskunst 5/1995 und 6/1995.

–: Medienmagie und die Herrschaft über die Sinne, Stuttgart 1988.

–: Sprachzerfall und Aggression. Geistige Hintergründe der Gewalt und des Nationalismus, Stuttgart 1994.

Perrochon, Louis: School goes Internet. Das Buch für mutige Lehrerinnen und Lehrer, Heidelberg 1996.

Possemeyer, Ines/Salzmann, Hans-Peter/Elleringmann, Stephan: Leben von Geistes Hand; in: GEO 7/1999, S. 104f:

Postman, Neil: Das Technopol. Die Macht der Technologien und die Entmündigung der Gesellschaft, Frankfurt/M. 1992.

–: Keine Götter mehr. Das Ende der Erziehung, Berlin 1995.

–: Wir amüsieren uns zu Tode. Urteilsbildung im Zeitalter der Unterhaltungsindustrie, Frankfurt/M. 1985.

Randoll, Dirk: Waldorfschule auf dem Prüfstand. Auch eine Herausforderung an das öffentliche Schulwesen?, Berlin 1999.

Randow, Gero von: Roboter – unsere nächsten Verwandten, Reinbek 1997.

Revolution des Lernens; in: Der Spiegel 9/1994 vom 28.02.1994, S. 96f.

Ring, Kenneth: Auf dem Weg zu einem neuen Menschen; Interview in: »Nah-Todeserfahrungen – Rückkehr zum Leben«, Flensburger Hefte Nr. 51/1995, S. 147ff.

–: Den Tod erfahren – das Leben gewinnen. Erkenntnisse und Erfahrungen von Menschen, die an der Schwelle zum Tod standen, Bergisch Gladbach 1988.

Rosenstiel, Lutz von/Neumann, Peter: Einführung in die Markt- und Werbepsychologie, Darmstadt 1991.

Rüttgers, Jürgen: Schulen ans Netz; in: Die Zeit vom 19.09.1997.

Sanders, Barry: Der Verlust der Sprachkultur, Frankfurt/M. 1995.

Saße, Dörte: Vertrauen in Computer ist gut, Selbst-Denken ist besser. Meldung vom 14.01.2000. (http://www.wissenschaft-aktuell.de)

Sauerbruch, Ferdinand: Das war mein Leben, Bad Wörrishofen 1951.

Scheifele, Nicola: Klassenzimmer online; in: Com!Online 7/1999 S. 42f.

Schröder, Anja: Pauken im Netz; in: Com!Online 4/2000, S. 46f.

Schuberth, Ernst: Die Modernisierung des mathematischen Unterrichtes, Stuttgart 1971.

–: Erziehung in einer Computergesellschaft. Datentechnik und die werdende Intelligenz des Menschen, Stuttgart 1990.

–: Technische Intelligenz und menschliches Denken; in: Die Drei 2/1999, S. 15ff.

Schulzki-Haddouti, Christiane: Einsame Jagd. Kinderpornos im Netz; in: Com!Online 9/1998, S. 18f.

Sellmann, Adolf: Der Kinematograph als Volkserzieher; in: Deutsche Blätter für erziehenden Unterricht 39, 1911/12

Senden, Marius von: Die Raumauffassung bei Blindgeborenen vor und nach ihrer Operation. Dissertation, Kiel 1931.

Sesink, Werner: Menschliche und künstliche Intelligenz. Der kleine Unterschied, Stuttgart 1993.

Sex sells; in: Com!Online 7/1999, S. 14.

Siering, Frank: Aufstand der Roboter? In: Com!Online 8/2000, S. 50.

Somé, Malidoma Patrice: Vom Geist Afrikas. Das Leben eines afrikanischen Schamanen, München 1996.

Sonnenleiter, K./Jurtschitsch, E.: Nie wieder Schule; in: Focus 4/1994 vom 24.01.1994, S. 102f.

Steiner, Rudolf: Allgemeine Menschenkunde als Grundlage der Pädagogik. 14 Vorträge und 1 Ansprache, GA 293, Dornach 1992, 9. Auflage.

–: Anthroposophische Leitsätze. Der Erkenntnisweg der Anthroposophie. Das Michael-Mysterium, GA 26, Dornach, 1976, 7. Auflage.

–: Anweisungen für eine esoterische Schulung. Aus den Inhalten der »Esoterischen Schule«, GA 245, Dornach 1976, 4. Auflage.

–: Bausteine zu einer Erkenntnis des Mysteriums von Golgatha. Kosmische und menschliche Metamorphose, GA 175, Dornach 1982, 2. Auflage.

–: Der innere Aspekt des sozialen Rätsels. Luziferische Vergangenheit und ahrimanische Zukunft, GA 193, Dornach 1989, 3. Auflage.

–: Die Erneuerung der pädagogisch-didaktischen Kunst durch Geisteswissenschaft, GA 301, Dornach 1977, 3. Auflage.

–: Die Erziehung des Kindes vom Gesichtspunkte der Geisteswissenschaft; in: Luzifer-Gnosis. Grundlegende Aufsätze zur Anthroposophie, GA 34, Dornach 1987, 2. Auflage.

–: Die Erziehungsfrage als soziale Frage. Die spirituellen, kulturgeschichtlichen und sozialen Hintergründe der Waldorfschul-Pädagogik, GA 296, Dornach 1960.

–: Die Geheimwissenschaft im Umriß, GA 13, Dornach 1962, 27. Auflage.

–: Die geistigen Hintergründe des ersten Weltkrieges, GA 174b, Dornach 1994, 2. Auflage.

–: Die gesunde Entwickelung des Menschenwesens. Eine Einführung in die anthroposophische Pädagogik und Didaktik, GA 303, Dornach 1987, 4. Auflage.
–: Die Mission der neuen Geistesoffenbarung. Das Christus-Ereignis als Mittelpunktsgeschehen der Erdenevolution, GA 127, Dornach 1989, 2. Auflage.
–: Die pädagogische Praxis vom Gesichtspunkt geisteswissenschaftlicher Menschenerkenntnis. Die Erziehung des Kindes und jüngeren Menschen, GA 306, Dornach 1989, 4. Auflage.
–: Die Rätsel der Philosophie in ihrer Geschichte als Umriß dargestellt, GA 18, Dornach 1985, 9. Auflage.
–: Die spirituellen Hintergründe der äußeren Welt. Der Sturz der Geister der Finsternis, GA 177, Dornach 1977, 3. Auflage.
–: Gegenwärtiges Geistesleben und Erziehung, GA 307, Dornach 1986, 5. Auflage.
–: Geistige und soziale Wandlungen in der Menschheitsentwickelung, GA 196, Dornach 1992, 2. Auflage.
–: Individuelle Geistwesen und ihr Wirken in der Seele des Menschen, GA 178, Dornach 1992, 4. Auflage.
–: Inneres Wesen des Menschen und Leben zwischen Tod und neuer Geburt, GA 153, Dornach 1978, 5. Auflage.
–: Menschenerkenntnis und Unterrichtsgestaltung, GA 302, Dornach 1978, 4. Auflage.
–: Mitteleuropa zwischen Ost und West, GA 174a, Dornach 1982, 2. Auflage.
–: Mysterienwahrheiten und Weihnachtsimpulse. Alte Mythen und ihre Bedeutung, GA 180, Dornach 1980, 2. Auflage.
–: Theosophie. Einführung in übersinnliche Welterkenntnis und Menschenbestimmung, GA 9, Dornach 1978, 30. Auflage.
–: Wie erlangt man Erkenntnisse der höheren Welten?, GA 10, Dornach 1993, 24. Auflage.
Stoll, Clifford: Die Wüste Internet. Geisterfahrten auf der Datenautobahn, Frankfurt/M. 1995.
–: LogOut. Warum Computer nichts im Klassenzimmer zu suchen haben, Frankfurt/M. 2001.
Strassmann, Burkhard: Werber auf Schülerjagd; in: Die Zeit 31/2000 vom 27.07.2000, S. 31.

Struck, Peter: Netzwerk Schule. Wie Kinder mit dem Computer das Lernen lernen, München/Wien 1998.

–: Die Schule der Zukunft. Von der Belehrungsanstalt zur Lernwerkstatt, Darmstadt 1996.

Traufetter, Gerald: Fenster zur Welt; in: Der Spiegel 19/2000 vom 8.05.2000, S. 140.

Trotter, Andrew: Channel One Focuses More on Style than Substance, Study Says; in: Education Week vom 29.01.1997.

Turkle, Sherry: Die Wunschmaschine. Der Computer als zweites Ich, Reinbek 1984.

–: Leben im Netz. Identität in Zeiten des Internets, Reinbek 1998.

Unger, Georg: Die Rettung des Denkens. Exkurse über mathematische, physikalische und kybernetische Grundbegriffe, Stuttgart 1978.

Verband Bildung und Erziehung – Landesverband Hessen: Lehrer und Schule. Heft 4/1998, Juli/August 1998.

Wais, Mathias: Der Mythos der heilen Kindheit. Der junge Mensch an der Schwelle zum nächsten Jahrtausend, Stuttgart 2000, 2. Auflage.

–: Kindheit und Jugend heute. Sinn und Unsinn der Erziehung, Stuttgart 2000.

Wallace, James/Erickson, Jim: Mr. Microsoft. Die Bill-Gates-Story, Frankfurt am Main/Berlin 1993.

Warwick, Kevin/Scriba, Jürgen: Wir waren Zwillinge; in: Der Spiegel 19/2000 vom 8.05.2000, S. 152f.

Wawrzyn, Lienhard: Der Automatenmensch. E. T. A. Hoffmanns Erzählung vom Sandmann. Mit Bildern aus Alltag und Wahnsinn, Berlin 1994.

Weizenbaum, Joseph: Die Macht der Computer und die Ohnmacht der Vernunft, Frankfurt/M. 1978.

–: Wer erfindet die Computermythen? Der Fortschritt in den großen Irrtum, Freiburg 1994.

Wellmann, Karl-Heinz/Thimm, Utz (Hrsg.): Intelligenz zwischen Mensch und Maschine. Von der Hirnforschung zur künstlichen Intelligenz, Münster 1999.

Wieland, Carsten: Gelähmte schreiben mit Hirnströmen statt mit Händen; in: Frankfurter Rundschau vom 7.09.1999.

Wiesner, Bernd: Multimedia für Mama; in: Familie & Co 10/1997.

Winn, Marie: Die Droge im Wohnzimmer, Reinbek 1979.

Yogananda: Autobiographie eines Yogi, München 1992.
Young, Kimberly S.: Caught in the Net. Suchtgefahr Internet, München 1999.
Zuse, Konrad: Der Computer – Mein Lebenswerk, Berlin 1984.